L'AVENIR DU CAPITALISME

JEAN-LUC GRÉAU

L'AVENIR DU CAPITALISME

le débat

Gallimard

L'activité la plus banale se transfigure lorsque l'homme est engagé personnellement dans la durée.

Jacques Chardonne

Remerciements

La rédaction de ce livre a bénéficié des observations, critiques et conseils avisés de plusieurs amis : Marcel Gauchet, Bernard Poulet, Philippe de Lara, Hervé Juvin, Guy Tchernonog, que je tiens à remercier de leur précieux concours.

J'exprime aussi ma gratitude à d'autres amis qui ont soutenu mon travail de leurs encouragements constants ou ont facilité les conditions de sa réalisation : Claude Elmalih, Jean-Pierre Lagrange, Clarisse Herrenschmidt et Norman Palma.

1
Le capitalisme est-il encore viable ?

Rares sont ceux qui se risqueraient encore à prévoir l'avenir dans sa globalité. L'histoire du monde écoulée depuis 1945 aurait en effet déconcerté tous les auteurs qui avaient tenté auparavant cet exercice, soit dans le but de mieux préparer l'humanité à son devenir, soit dans celui de lui permettre de surmonter des périls majeurs pour ses libertés et sa prospérité. L'économiste autrichien Schumpeter, unanimement reconnu pour ses analyses du rôle de l'entrepreneur et du processus de destruction créatrice à l'œuvre dans le capitalisme, illustre superbement cette difficulté à projeter devant soi le monde nouveau qui devrait éclore à partir de celui que nous observons. Que penserait en effet aujourd'hui l'auteur de *Capitalisme, socialisme et démocratie* [1] ? Dans ce livre devenu fameux qu'il avait préparé pendant la Grande Dépression des années 1930, Joseph Schumpeter s'était livré à un exercice paradoxal de prévision de la fin du capitalisme. Tout en balayant les doutes

1. Joseph Schumpeter, *Capitalisme, socialisme et démocratie*, Paris, Payot, coll. « Bibliothèque historique », 1990.

qui s'exprimaient alors sur l'efficacité d'un système en proie à la crise cyclique la plus profonde de son histoire, il prétendait que celui-ci allait effectivement vers sa fin. Mais ses échecs économiques présumés n'en seraient pas la cause. Le système défié par la crise économique était parfaitement à même de la surmonter *matériellement*, en dépit de sa violence. Schumpeter restait entièrement convaincu de son efficacité intrinsèque. Il considérait en revanche qu'un processus insidieux le minait de l'intérieur en le privant de ce qu'il nommait les couches protectrices du système : le soutien déterminant de certaines catégories sociales, la persistance des valeurs liées à la propriété et la volonté d'exercer la fonction d'entrepreneur dans laquelle il pensait que le capitalisme s'incarnait. Schumpeter croyait pouvoir diagnostiquer plusieurs évolutions essentielles qui allaient concourir à sa perte. Ces évolutions affectaient le cadre politique, moral et social sans lequel le capitalisme ne pouvait se développer. Ainsi, les élites politiques avisées, issues de la classe aristocratique, qui avaient dirigé les démocraties représentatives dans l'intérêt bien compris des entreprises et de leurs dirigeants, allaient céder la place à des bourgeois sans autorité intellectuelle ou morale. De même, les intellectuels sécrétés par la bourgeoisie, qui subissaient l'attraction croissante des idées socialistes et refusaient de prendre la défense des intérêts de leur classe d'origine. De leur côté, les travailleurs indépendants, qui partageaient au contraire les valeurs économiques essentielles des dirigeants capitalistes, étaient en voie de raréfaction et de démoralisation. Autre évolution marquante défavorable, la notion de propriété perdait de sa force juridique et morale en prenant la forme préférentielle de titres de sociétés. Et par-dessus tout, la fonction d'entrepreneur, qu'il avait, lui Schumpeter, comprise et théorisée plus qu'aucun autre, atteignait son crépuscule dans un contexte où le développement des grandes entreprises réduisait peu à peu le champ d'action des créateurs d'entreprises nouvelles. Le processus de destruction créatrice et de renouvellement permanent de l'économie, essence du système, était désormais surtout le fait de bureaucraties.

Ces évolutions essentielles effaçaient l'impact favorable de sa réussite économique et sociale. La multitude des innovations, le progrès constant de la productivité et l'embourgeoisement croissant des prolétaires dont pouvait s'enorgueillir le capitalisme comptaient désormais moins que son isolement croissant dans la société et le désaveu moral de l'intelligentsia. Cette réussite ne changerait pas le sort du capitalisme qui s'éteindrait ainsi bien avant d'avoir pu conquérir le monde. Et c'est pourquoi Joseph Schumpeter s'inquiétait de l'avenir. Sans illusions sur le socialisme soviétique, il s'était mis à l'ouvrage pour proposer les voies et moyens d'un socialisme démocratique qui permettrait de soustraire les peuples au péril d'un régime totalitaire.

La renaissance d'après guerre, que Schumpeter, disparu en 1950, ne put observer, n'a pas apporté de démenti formel à sa prédiction de fond. Les gains sans précédent de croissance, de productivité, d'innovation de cette période ont confirmé la justesse de son pronostic sur la capacité intrinsèque du système, au-delà peut-être de ce qu'il avait imaginé. Fait le plus remarquable, le développement des Trente Glorieuses, centré sur les pays riches, s'est accompagné d'un mouvement conjoint vers la prospérité et vers une plus grande égalité des conditions économiques et sociales, dont Schumpeter prétendait justement, à rebours de la critique anticapitaliste, qu'elle représentait une tendance lourde du système. Mais c'est aussi le moment où, très précisément, se sont accusés certains des traits qui le conduisaient à imaginer sa fin. C'est alors que la fonction politique, cessant d'être l'apanage d'une élite sociale, s'est professionnalisée, et que l'intelligentsia d'extraction bourgeoise a massivement rallié le camp de l'anticapitalisme, produisant à l'occasion une critique véritablement hystérique, d'autant plus surprenante que le système honni répondait de moins en moins à la description apocalyptique qu'elle s'ingéniait à en faire. C'est alors que l'exode rural, la concentration industrielle et l'explosion de la grande distribution ont effectivement abattu des pans entiers de ces secteurs économiques qui donnaient asile à des masses d'entreprises individuelles ou familiales. C'est alors surtout que le manager a semblé prendre le pas sur l'entrepreneur et que la grande entreprise s'est muée en une bureaucratie largement affranchie de la tutelle de ses propriétaires. À la fin des Trente Glorieuses, *Capitalisme, socialisme et démocratie* donnait une vue encore tout à fait plausible de la réalité économique, sociale et idéologique constituant l'ensemble dénommé capitalisme.

Soixante ans après la parution de l'ouvrage, la réalité qui s'offre aux regards présente une image inversée. Les sérieuses difficultés rencontrées par les grandes économies développées, à partir du tournant de 1974, qui auraient pu paver le chemin des essais de socialisation, ont au contraire suscité les transformations idéologiques et institutionnelles que l'on sait, tendant à retirer aux États leur rôle direct dans la production économique. Une deuxième série de transformations a conduit à une double passation de pouvoirs des États : au profit de banques centrales indépendantes du pouvoir politique, d'une part, et, d'autre part, aux marchés financiers animés par des opérateurs spéculatifs. Par ailleurs, la propriété a été formellement remise à l'honneur : si les marchés financiers ont été réformés et développés, c'est d'abord pour ressusciter l'autorité des propriétaires du capital sur les managers. Enfin, dans la foulée de ces transformations acquises dès le milieu des années 1980, a vu le jour un vaste projet d'unification du monde économique consistant à mettre en symbiose nations riches et nations pauvres. En faisant tomber les murailles politiques et idéologiques qui cloisonnaient le monde d'après guerre et interdisait une vraie coopération entre les couches dirigeantes de l'Ouest et de l'Est, du Nord et du Sud, la fin misérable du socialisme soviétique et l'échec avéré des économies étatistes ou dirigistes du tiers-monde ont créé un nouvel espace propice au projet d'économie mondialisée. *La tâche principale des États semble désormais consister à construire un capitalisme mondial intégré.*

La nouvelle aurore de la fonction d'entrepreneur

Cependant la prédiction de Schumpeter a reçu son démenti le plus profond de la part du personnage de prédilection de sa théorie. La fonction d'entrepreneur est totalement ressuscitée.

Elle est ressuscitée d'abord dans les pays anciennement développés : aux côtés des grands groupes de l'industrie et des services confiés aux managers, les entreprises petites et moyennes se sont mises à proliférer, les unes en vue d'exploiter les innovations précisément analysées par Schumpeter dans sa *Théorie de l'évolution économique*[1], les autres afin de produire une masse de biens et de services que les entreprises de plus grande taille refusent désormais de réaliser elles-mêmes. Indiquons, afin de prendre toute la mesure du changement, comment ce double phénomène contredit le schéma d'analyse de Schumpeter et de bien d'autres à sa suite.

Pendant les trois premiers quarts du XXe siècle, les grandes entreprises ont cherché à concentrer le maximum d'opérations de chaque filière dans le double but d'accroître leur part de valeur ajoutée et de s'assurer la maîtrise économique du processus de production ; elles appliquent aujourd'hui le principe contraire consistant à confier à des entreprises plus spécialisées nombre de tâches réalisées auparavant sous leur direction, y compris des tâches de haute technicité. Les anciennes entreprises concentrées qui s'organisaient autour d'un pouvoir bureaucratique vertical et d'un management largement consacré au contrôle de l'exécution des tâches fournissaient aux yeux de Schumpeter une ébauche représentative d'un futur système de production socialiste. Il avait donc imaginé le fonctionnement de l'économie socialiste à partir de ces grandes entreprises. Or leurs remplaçantes modernes obéissent à un schéma quasiment inverse : soucieuses de concentrer leurs efforts sur les domaines où elles pensent exceller, elles ont élagué toutes

1. Joseph Schumpeter, *Théorie de l'évolution économique*, Paris, Dalloz, 1983.

leurs anciennes activités qui échappaient à ce postulat d'excellence. L'économie concurrentielle actuelle correspond ainsi de plus en plus à un réseau ou à un maillage d'activités qui se décompose et se recompose continuellement [1] : la socialisation d'un tel système serait une gageure. De ce fait, un champ considérable a été ouvert aux entreprises petites ou moyennes de création ancienne ou récente.

Mais cette redistribution des tâches au sein de la population des entreprises s'accompagne d'un mouvement plus profond de création d'entreprises nouvelles, apparu dès la fin des années 1970, et dont l'essor des « nouvelles technologies » a offert une illustration spectaculaire. Ce mouvement ne peut se justifier par de simples considérations économiques. Il provient pour l'essentiel de l'existence, au sein des nouvelles générations, d'individus pour qui *la création et le développement d'entreprises relèvent de la normalité*. Pourquoi ces individus, au lieu de se destiner à des carrières de salariés de plus ou moins haut rang, jouent-ils aujourd'hui aussi nombreux et décidés le jeu de la création ou de la reprise d'entreprises ? Il est vraisemblable qu'ils sont mieux informés et mieux soutenus dans leurs initiatives que leurs prédécesseurs. Mais il est aussi infiniment probable que la prise de risques a perdu de son ancien caractère dissuasif et que les opportunités offertes par le marché ont pris en sens contraire un caractère d'évidence. Le marché s'offre aux jeunes générations comme un théâtre d'opérations aussi naturel ou presque que le champ de labour pour le paysan des temps anciens. Ces nouvelles générations d'entrepreneurs illustrent une transformation profonde de la psychologie collective. Elles s'inscrivent dans le mouvement général qui façonne progressivement une « société de marché [2] ». Dans la société de marché en gestation, chaque individu se positionne à chaque instant comme un producteur ou un demandeur potentiel de produits et de services nouveaux. Le phénomène

1. Voir Pierre Veltz, *Le Nouveau Monde industriel*, Paris, Gallimard, coll. « Le Débat », 2000.

2. Voir Marcel Gauchet, *La Religion dans la démocratie*, Paris, Gallimard, coll. « Le Débat », 1998, p. 85 et suiv.

donne naissance du côté de la demande à ce que Gilles Lipovetsky appelle un « hyperconsommateur [1] », beaucoup plus libre de ses choix que son prédécesseur parce qu'il ne se sent plus tenu à des dépenses ostentatoires déterminées par son appartenance à une classe sociale ou par la fidélité aux marques dominantes du marché qui était le trait dominant de la société de consommation de masse d'après guerre. Symétriquement, du côté de la production, le nouvel entrepreneur explore très librement le champ théoriquement illimité des productions possibles, le plus souvent avec beaucoup de soin, mais sans éprouver le sentiment d'accomplir une geste héroïque. Dans la société de marché, l'entrepreneur tend à devenir un personnage trivial.

Par voie de conséquence, il a acquis une légitimité sociale absolue : il n'a plus besoin de couches protectrices. C'est le résultat évident de l'approfondissement marchand de la société, mais aussi de la dissémination mondiale de la population des entrepreneurs. Il triomphe sur tous les continents et sous toutes les latitudes, de Bombay jusqu'à Santiago du Chili, de Stockholm jusqu'au Cap. Ledit triomphe signifie plus qu'une reconnaissance en sa personne de la supériorité fonctionnelle du marché, après les errements parfois calamiteux des socialismes de différentes espèces. Il entraîne la projection de l'entrepreneur au sommet de la pyramide sociale, au-dessus du savant et du politique. En même temps qu'il retombe dans la normalité des types sociaux, l'entrepreneur contemporain conquiert une supériorité de fait sur les autres grands acteurs pour la raison que l'économie constitue désormais, qu'on le veuille ou non, l'horizon indépassable de nos sociétés qui ne disposent pas de personnages de rechange pour avancer vers cet horizon. Annoncée au crépuscule par Schumpeter en 1942, la fonction d'entrepreneur connaît ainsi une nouvelle aurore soixante ans plus tard.

1. Gilles Lipovetsky, « La société d'hyperconsommation », *Le Débat*, n° 124, mars-avril 2003.

Le crépuscule de la lutte des classes

Ne reste-t-il cependant rien de l'analyse critique de Schumpeter ? La violente opposition politique à la marée montante du capitalisme, qui s'est cristallisée sous la forme du mouvement antimondialiste, ne corrobore-t-elle pas son point de vue sur la tendance constante de la bourgeoisie dirigeante à sécréter et à protéger une idéologie antagoniste de ses valeurs et de ses intérêts ? Certes. Il n'est nul besoin d'une analyse approfondie pour déceler dans le refus de la mondialisation mis en scène à Seattle, à Stockholm ou à Gênes, un avatar du vieil anticapitalisme. Mais cet avatar s'éloigne de l'idéologie d'origine sur deux points. D'abord, l'intelligentsia proprement dite n'y a presque pas de part : les tribunes de la contestation n'accueillent aucun représentant véritable de quelque sphère intellectuelle que ce soit. Le mouvement ne plonge pas de racines dans le terreau de la bourgeoisie intellectuelle à l'instar des mouvements socialistes historiques. Il n'en a pas non plus vraiment dans le sol plus large du prolétariat malgré le tribut de plus en plus lourd que les salariés des vieux pays industriels paient au libre-échange mondial. Le mouvement contestataire rassemble dans le désordre, avec les nostalgiques des luttes ouvrières, des militants écologistes et surtout, de manière plus insidieuse, des détracteurs de la société de marché, qui trouvent opportunément dans le nouvel espace symbolique offert par la mondialisation une visibilité médiatique, avec l'aide, naïve il est vrai, offerte par les dirigeants des grandes nations. Chaque fois que les puissants se réunissent, avec tambours et trompettes, en une sorte de gouvernement planétaire, exerçant un pouvoir purement verbal, le mouvement contestataire se voit gratifier du rôle symétrique de tribuns de la plèbe mondiale opprimée par le système. Mais il s'agit là d'un ersatz médiatisé de l'ancien mouvement prolétarien qui était armé de revendications précises et d'idéaux de reconstruction économique, sociale et politique. Le mouvement contestataire contemporain est aussi vide de considérations théoriques et pratiques que le projet politique sous-jacent au libre-échange mondial est lui-même vide d'objectifs intellectuels ou moraux. D'ailleurs, l'obligation où se trouvent ses dirigeants de le déguiser en mouvement antimondialiste, alors qu'ils sont pour l'essentiel des héritiers non testamentaires de l'ancien internationalisme prolétarien, prouve leur crainte d'avouer leurs mobiles profonds et leur impuissance à projeter ne serait-ce qu'une esquisse de société alternative. Réduite dans les faits à un pur discours critique, sans vision du monde et sans analyse de l'histoire, leur logomachie n'a aucune chance de faire naître ce dont une véritable action politique doit nourrir les esprits : l'espoir. De surcroît, le moteur idéologique de la lutte des classes s'est éteint, alors même que les classes subsistent et que les développements récents du capitalisme ont accentué ou exacerbé les inégalités économiques et sociales. Nous vivons aujourd'hui une période de décomposition mystérieuse de l'opposition binaire entre le capital et le travail, que Marx avait théorisée à l'extrême sans contredire violemment la réalité. La révolte des Indiens du Chiapas ne prend pas la relève des luttes prolétariennes du capitalisme classique. L'action contre la mondialisation, complaisamment orchestrée et mise en scène par la gent médiatique, relève de la production symbolique. Sa principale utilité consistant à fournir un rôle social à ses acteurs, on ne risque pas de voir déboucher, par son intermédiaire, une nouvelle société mondiale des opprimés.

Un capitalisme chaotique et frénétique

Nous voici donc habitant un monde où non seulement le capitalisme semble avoir surmonté tous les défis du siècle écoulé, mais où il déborde de ses anciennes limites. Il apparaît non plus modestement comme une machine à produire et à répartir les richesses matérielles mais comme un instrument de transformation des sociétés en systèmes marchands. Il s'étend largement au-delà du périmètre constitué par l'Europe occidentale, l'Amérique du Nord et le Japon et montre par là une tendance à s'universaliser. L'auteur de *Capitalisme, socialisme et démocratie* a suivi une route entièrement fausse.

Et pourtant... Pourtant comme le triomphe pratique du système coïncide étrangement avec de multiples et massives anomalies de son fonctionnement ! Inutile cette fois d'invoquer les mânes de Schumpeter, de Keynes ou d'un quelconque grand ancêtre, pour noter la sorte de chaos progressif qui s'est installé en quelques années. On n'insultera pas l'intelligence du lecteur en se livrant pour lui à une récapitulation de l'ensemble des faits majeurs dont l'accumulation récente provoque une interrogation logique sur la *viabilité économique et financière* du capitalisme contemporain.

Les crises à répétition des économies émergentes forment une sorte de toile de fond permanente de la marche à la mondialisation. Les deux crises mexicaines de 1982 et 1995, la crise asiatique de 1997, celle de la Russie et du Brésil en 1998 et 1999, celle de l'Argentine en 2001 et de la Turquie en 2002 ont laissé des traces dans toutes les mémoires en même temps que de profondes meurtrissures dans les sociétés concernées. Mais un examen plus détaillé permettrait de décompter une centaine de cessations de paiement sur la dette des économies dites émergentes dans les vingt-cinq dernières années. Cette impuissance de nombreuses économies à trouver un régime de croissance stable de la production, même lorsqu'elles disposent d'atouts incontestables et que leurs populations sont disposées à accepter les disciplines du travail capitaliste, permet même à de bons esprits de soutenir que la mondialisation est un processus qui ne marche pas [1]. Elle crée une situation totalement ambivalente où l'entrée de pays neufs dans le cercle de la compétition mondiale, effective du point de vue matériel, est remise en cause dans son principe par les défaillances brutales et répétées de nombreuses économies nationales concernées. D'où des questions légitimes : les pays émergents, pris collectivement, ont-ils les moyens de participer à la compétition dans des conditions normales ? Les politiques suivies sont-

1. Voir Joseph Stiglitz, *La Grande Désillusion*, Paris, Fayard, 2002.

elles adéquates ? Ne devrait-on pas mettre en place des instruments de régulation nouveaux pour prévenir les crises ou enrayer l'instabilité du système ? De la réponse à ces questions dépend évidemment la confirmation définitive de l'universalité présumée du capitalisme. Sinon son triomphe idéologique et politique, en l'absence de système de rechange, pourrait s'accompagner d'un enlisement, voire d'une débâcle de certaines des nations les plus intéressées à bénéficier enfin chez elles de la capacité présumée du système à créer les richesses.

La deuxième grande préoccupation est d'origine plus récente. Les économies surpuissantes des années 1970 et 1980 sont en crise. Le Japon et l'Allemagne, qui avaient longtemps échappé aux difficultés rencontrées et non résolues par les économies industrielles comparables, se retrouvent enfermées dans une impasse. Le chômage et le déficit public y sont désormais structurels. Mais leur crise est totalement déconcertante. Elle se développe alors que la compétitivité externe des entreprises japonaises et allemandes n'est pas atteinte. Or est-il nécessaire de rappeler que leurs performances commerciales étaient à la base du raisonnement qui les érigeait en modèles ? Raisonnement qui donnait à la compétitivité externe le rôle du socle à partir duquel s'élaboraient les performances globales du Japon et de l'Allemagne. C'était tout simple : le flot croissant des exportations provoquait un sillage d'investissements et de créations d'emplois. La collectivité y trouvait son compte sous la forme d'un chômage contenu et de ressources fiscales abondantes. Japon et Allemagne demeuraient ainsi impavides face aux difficultés récurrentes de l'économie mondiale. D'où le mot d'ordre explicite : soyez compétitifs. Mais comment faire pour égaler les performances industrielles et commerciales des superpuissances ? Car toute compétition détermine inévitablement des vainqueurs et des vaincus et, dans la compétition économique, les retournements de situation sont longs à se dessiner. C'est pourquoi les propos des dirigeants français de cette époque reflétaient une sorte de découragement. Au mieux, pensaient-ils alors, nous pourrions réduire notre handicap vis-à-vis des meilleurs.

Or voilà qu'aujourd'hui les économies données un temps en référence sont devenues des contre-exemples, sans perdre pour autant leur compétitivité apparente. Le Japon est accusé de ne pas avoir su prévenir ou traiter la déflation qui a ravagé l'archipel douze années durant. L'Allemagne est tournée ouvertement en dérision pour son incapacité à réformer son système financier et son marché du travail. Le moment n'est pas venu de se prononcer sur la validité des critiques, aussi acérées aujourd'hui que les anciennes louanges étaient dithyrambiques. Oublions aussi pour l'instant la versatilité consternante des convictions que trahit la volte-face des commentateurs. Car le malheur économique du Japon et de l'Allemagne aujourd'hui fait surgir inévitablement des questions de vaste portée : comment se fait-il que l'atout de la compétitivité externe soit devenu inopérant ou faiblement opérant ? Comment se fait-il donc que le secteur exportateur ait perdu en apparence le rôle moteur qui, nous disait-on, entraînait la réussite d'ensemble du système ? Et comment est-il possible que cette défaillance se manifeste précisément alors que la mondialisation des échanges devrait offrir des occasions supplémentaires de prospérer aux économies les plus compétitives sur les marchés internationaux ? Si nous pouvons admettre *a priori* les difficultés de certains pays émergents, particulièrement handicapés, et sous bénéfice d'inventaire, nous nous heurtons d'emblée à une énigme dans les cas japonais et allemand. Les notions qui avaient servi de balises pendant les décennies 1970 et 1980 ont perdu leur pouvoir explicatif simple et rassurant. La compétitivité industrielle et commerciale n'est pas l'atout décisif que l'on avait imaginé. *Il n'existe plus de modèle fondé sur la compétitivité externe.*

Or, tandis que le Japon et l'Allemagne perdaient de leur superbe, les États-Unis retrouvaient de manière inattendue leur primauté de l'après-guerre. L'histoire officielle de ce retour en force économique et en grâce politique nous en donne deux phases successives. Une première phase, coïncidant avec les années 1980, aurait permis la désinflation et la reprise de la croissance et de l'emploi. Mais comme le retour à la prospérité s'était accompagné fâcheusement d'un investissement et d'une productivité désespérément faibles et d'amples déficits budgétaires et commerciaux, beaucoup le croyaient factice et sans lendemain. La deuxième phase, couvrant la décennie 1990, commencée dans la récession, aurait été ensuite, en sens contraire, l'occasion d'une performance sans précédent de l'économie américaine. Une double proposition résume cette performance : tandis que la consommation se maintenait sur la courbe de croissance qui avait déjà permis, durant la décennie précédente, de créer des millions d'emplois, les entreprises redressaient vigoureusement l'investissement et la productivité, l'État fédéral rééquilibrait ses comptes. Les principales contradictions qui avaient affecté le cycle de croissance antérieur semblaient surmontées. Et le déficit commercial, dernière ombre subsistante dans le tableau lumineux de la prospérité américaine, ne suscitait guère d'inquiétudes puisque les chiffres favorables de l'investissement et de la productivité laissaient augurer une compétitivité renforcée, susceptible de surpasser celle des grands concurrents asiatique et allemand. Certains économistes se plaisaient même à *analyser le déficit persistant de la balance commerciale comme le résultat de l'attractivité financière des États-Unis*. Ils inversaient sans états d'âme la relation causale qui lie les mouvements de capitaux aux mouvements de marchandises. Ce n'est pas parce que les États-Unis importaient trop de marchandises qu'ils devaient attirer les capitaux nécessaires pour payer cet excès d'importations, prétendaient-ils, mais c'est parce qu'ils étaient en quelque sorte les heureuses victimes des choix des marchés financiers : en détournant les flux de capitaux vers le territoire américain, les investisseurs provoquaient, sans le rechercher expressément, un excès de la demande interne et, fatalement, une certaine dose de déficit commercial. En d'autres termes, c'est le préjugé favorable à la compétitivité future de l'Amérique habitant l'esprit des investisseurs qui provoquait, temporairement sans doute, le déséquilibre des échanges commerciaux. Renversement de logique à la faveur d'un renversement de perspective. Au lieu de partir de la compétitivité démontrée par l'excédent commercial, on s'en remettait à l'appréciation par les marchés financiers de la compétitivité future. Or, dans les faits, l'économie consacrée par les marchés financiers constituait *un modèle fondé sur la dynamique de la demande interne*.

Mais voici que le modèle venu providentiellement remplacer le modèle exportateur défaillant est entré en crise à son tour. Les États-Unis ont subi, à partir de l'été 2000, un fort ralentissement de leur activité. Celui-ci a été totalement spontané. Un double décrochage successif de l'investissement et de la consommation a réduit la croissance américaine en provoquant une destruction massive d'emplois et des déficits profonds des budgets de l'État fédéral, des États fédérés et des grandes cités. Ce sont bel et bien les entreprises qui ont décidé de l'inflexion. La banque centrale américaine, présentée par certains comme un *deus ex machina* du cycle des affaires, capable à son gré d'accélérer ou de ralentir l'activité, n'y a pris aucune part. Alors qu'elle aurait voulu ralentir peu à peu la course folle des dépenses des ménages et des entreprises, elle a été devancée et prise au dépourvu par le brutal retournement de l'investissement intervenu à partir de l'été 2000. Les conséquences du ralentissement économique sur l'Amérique et ses partenaires l'ont conduite depuis lors à inverser son action et à procéder à une violente relance : en l'espace de quelque onze mois, entre janvier et novembre 2001, elle a réduit ses taux à un niveau si bas que les banques emprunteuses auprès de la Réserve fédérale n'ont plus à rembourser depuis, en termes réels, défalqués de l'érosion monétaire, qu'un montant inférieur à celui de leurs emprunts. Son option radicale s'est accompagnée de baisses d'impôts à la hache de l'État fédéral dans le but officiel de soutenir, là encore, l'économie défaillante. Il existe cependant quelque chose d'incongru dans ces politiques de relance inconditionnelle qui tendent à refuser le principe même d'une marche cyclique des économies. D'ordinaire, les autorités politiques se résignent à un réajustement et les autorités monétaires s'en préoccupent d'autant plus que la phase d'expansion a occasionné de lourds déséquilibres. Lorsque la dette des ménages et le déficit extérieur atteignent les niveaux excessifs observables aux États-Unis à la fin des années 1990, les banques centrales et les gouvernements se rallient normalement à la solution de la purge.

Pourquoi donc les autorités nationales américaines, et tout particulièrement la banque centrale, ont-elles agi en sens inverse de la règle classique ? Et pourquoi certains économistes applaudissent-ils à ce qui ressemble fort à une fuite en avant de l'économie américaine vers des dettes et des déficits incontrôlables ? À entendre les uns et les autres, l'économie américaine serait passée en un éclair d'un état de surchauffe objective à une situation comportant les risques d'une véritable dépression. Le spectre de la déflation a même été ressorti de la naphtaline des traités économiques. De quels risques s'agit-il ? Une première catégorie de risques tient aux rôles acquis par les marchés financiers et immobiliers. Les retraites américaines sont en bourse et le marché immobilier s'est mué en marché spéculatif parallèle au marché boursier : les chutes des deux marchés seraient synonymes de ruine des retraités et d'insolvabilité des acheteurs de logements. Autrement dit, les autorités américaines se sont ralliées, comme si elles étaient devenues les otages des marchés financiers, à une relance massive qui entretient précisément les comportements fauteurs de « bulles », ce qui laisse planer un doute substantiel sur un retour ultérieur aux grands équilibres internes et externes qui n'entraînerait pas de dommages encore supérieurs à ceux que l'on cherche à éviter présentement en pratiquant une relance massive. Dans les faits, le président de la banque centrale encourage l'exubérance irrationnelle des marchés qu'il avait dénoncée en 1996 : il en est même désormais le principal auteur. Une deuxième catégorie de risques réside dans la naissance vraisemblable d'une onde de choc mondiale porteuse de récession en Europe et au Japon et de nouvelles faillites de certains pays émergents : la relance américaine aurait aussi servi à protéger les partenaires de l'Amérique sournoisement menacés par la déflation. Quoi qu'il en soit, le ton des discours a changé plus vite encore que le climat des affaires : pour mieux frayer la voie à une relance inconditionnelle et massive, les zélotes de l'Amérique ont oublié qu'elle était vulnérable. Leur propos est maintenant de dire qu'une Amérique prospère est indispensable au monde. D'où l'admiration et le soutien que suscite chez eux la volte-face des autorités américaines. Cependant les observateurs sans trop de parti pris ont conscience de la fragilité inavouée du système. De ce fait, *le modèle américain fondé sur le dynamisme de la demande interne ne convainc plus que ses partisans inconditionnels.*

Il convainc d'autant moins qu'il a été le siège de scandales financiers stupéfiants par leur ampleur et par le cynisme de leurs auteurs. En l'espace de quelques années, l'économie qui se voulait la maîtresse d'école de la planète a connu une quinzaine de faillites frauduleuses de grandes sociétés cotées. Ces faillites ont naturellement illustré les errements du système de cotation des sociétés en bourse, incapable de distinguer la pacotille de la vraie valeur. Mais elles ont aussi révélé, avec la malhonnêteté de certains dirigeants d'entreprises, celle des comptables et des banquiers partenaires. Elles ont créé un sujet d'alarme supplémentaire en démontrant la cécité des analystes et des agences de notation, bernés par des managers indélicats, alors qu'ils sont précisément chargés d'apprécier la valeur intrinsèque des sociétés cotées. Elles ont enfin tourné en ridicule les grands prêtres des fonds de pension leurrés eux aussi par les comptes truqués et les perspectives mensongères tracées par les managers. *Elles se distinguent donc des scandales financiers antérieurs.* Depuis les faillites des Compagnies des Indes du début du XVIIIe siècle jusqu'au krach de 1929, l'histoire financière nous montre des scandales boursiers prenant leur source dans la crédulité d'un public qui, incapable d'apprécier le bien-fondé des projets exposés par les sociétés cotées, se laissait emporter par l'entraînement de la spéculation : les épargnants ignorants et avides étaient ainsi les premiers auteurs de leur ruine. Mais le « big bang » financier de la décennie 1980 semblait avoir tout changé. Non seulement il avait permis de rationaliser les procédures techniques d'émission, de cotation et de gestion des titres des sociétés cotées, mais il avait installé ce que les économistes appellent des « infrastructures » financières, c'est-à-dire précisément les institutions publiques de marché, les grands cabinets d'audit outillés pour examiner les comptes complexes des grands groupes, les agences de notation et, par-dessus tout, les fonds de placement collectif intronisés en surveillants des marchés au nom de leur mission de créer de la valeur pour les actionnaires. Ce n'est donc pas un séisme classique que la bourse américaine a connu en 2001 et 2002, mais une mise en cause radicale de son modèle de fonctionnement. Le marché financier le plus sophistiqué du monde s'est révélé à peu près aussi fiable que ses très modestes homologues du continent africain. D'où cet incroyable zèle du Congrès américain pour adopter au pied levé la loi Sarbanes-Oxley qui rend les dirigeants d'entreprises passibles, pour des fautes de nature correctionnelle, de peines égales à celles destinées aux tueurs et aux violeurs d'enfants.

Comme la relance effrénée de l'Administration et de la banque centrale, la loi Sarbanes-Oxley est une thérapeutique d'urgence. Si l'on ose ces comparaisons, la politique budgétaire fédérale représente la mise sous perfusion, la politique monétaire le placement sous tente à oxygène et la loi antifraudes l'administration d'antibiotiques à large spectre. Ces thérapeutiques conjuguées ont donné des résultats momentanément favorables. Mais elles nous laissent sans réponse sur les causes initiales des difficultés qui les ont occasionnées. Difficultés aux conséquences intellectuelles, morales et politiques incalculables en pratique. La nouvelle montée au pinacle de l'Amérique avait sous-produit un système de croyances en la force intrinsèque de son néolibéralisme, en la qualité de ses institutions monétaires et financières, en l'intégrité de ce que l'on pourrait dénommer un néoprotestantisme des affaires incarné dans les fameux fonds de pension. Or, tandis que les dirigeants américains ont livré une farouche bataille contre le spectre d'une nouvelle Grande Dépression, les enfants nourris au lait des idéaux de la nouvelle Amérique se sont retrouvés brutalement sevrés et affamés.

Le capitalisme à la mode américaine est-il viable ?

En l'an de grâce 2004, nous pouvons reprendre l'énoncé du problème de Schumpeter en inversant ses propositions. Complètement délivré de la concurrence du socialisme réel, immunisé contre les idéologies anticapitalistes issues de son époque taylorienne, le système se voit ébranlé dans ses fondements matériels et moraux par un ensemble sans précédent de crises, de contradictions et de scandales au moment précis où il vient de franchir la première étape de ce que l'on affirme être sa mondialisation. *Le capitalisme lancé à la poursuite de son objectif de mondialisation, centré sur la demande matérielle et les idéaux économiques et financiers de l'Amérique, est-il viable ?* Telle est la question obsédante qui sous-tend le débat économique actuel, quel que soit l'aspect particulier que l'on passe au microscope : le rythme de la croissance mondiale, la profitabilité des entreprises, le solde des emplois, l'état de santé des banques et des compagnies d'assurances, la gestion des déficits publics, les équilibres des balances des paiements. Cela est nouveau. Le capitalisme semblait moins vulnérable aux pires moments de la guerre idéologique menée par ses détracteurs. Il aurait alors fallu, pour le faire disparaître, un effort tenace de socialisation des grandes économies, sous-tendu par des idéologies de reconstruction complète de la société, effort d'autant plus difficile à accomplir qu'à la différence des expériences soviétique ou chinoise, menées sur un sol vierge ou presque de plantations capitalistes, il aurait dû surmonter tout un système d'habitudes de pensée et de travail. Aujourd'hui, il suffirait que l'un quelconque des pivots matériels du système se casse — la cote du dollar sur le marché international, la capacité des banques dans une économie en vue, la solvabilité des États dans les sociétés atteintes par le vieillissement démographique ou celle des fonds de pension anglais et américains installés sur les sables mouvants des bourses mondiales — pour que le château extraordinaire du capitalisme dernier cri soit menacé de ruine.

Ce que le prosélytisme socialiste et les idéologies fondées sur le rejet du marché n'ont pas réussi à provoquer, un concours d'événements défavorables, produits par les contradictions matérielles du système, pourrait le faire survenir.

Le capitalisme est-il donc encore viable ? Le doute est à tout le moins de mise. Crises et scandales à répétition ne sauraient être mis sur le seul compte d'une réglementation inadaptée, d'erreurs de méthode, de la cupidité des dirigeants d'entreprises ou de l'aveuglement économique des dirigeants politiques. Un système est robuste quand il peut surmonter sans effort surhumain les obstacles que son développement historique lui fait rencontrer. Un tel système est, au demeurant, en mesure de donner le pouvoir de décider à des hommes responsables et de les affecter là où leurs capacités les appellent. Or, si l'on prend l'une après l'autre chacune des grandes difficultés apparues récemment, aucune solution évidente ne s'impose. Et le plus irritant est sans doute le fait que *les difficultés n'ont pas de raison d'être* a priori.

De quoi souffre par exemple le patient américain ? Sûrement pas d'un manque de ressources en argent, en matière grise ou en talents de créateurs d'entreprises. C'est au contraire dans l'espace américain que se concentrent les capitaux les plus abondants, les plus nombreuses capacités scientifiques d'origine locale ou étrangère, et c'est là aussi que la volonté de créer des entreprises est le mieux soutenue. Plus encore, les États-Unis offrent l'exemple achevé d'une combinaison parfaitement réussie de ces trois ingrédients du développement : talent entrepreneurial, matière grise, financement adapté. Les déboires temporaires des entreprises dans les secteurs des nouvelles techniques de l'information ne signifient nullement que la création et le développement des entreprises nouvelles y soient principalement le fait de charlatans. Au contraire, pour avoir su attirer les talents du monde entier vers son territoire et son économie, l'Amérique s'est donné les moyens d'une domination durable dans la compétition internationale au moins dans de grands secteurs comme les systèmes d'information et les technologies du vivant. Par ailleurs, la capacité américaine à multiplier les activités de service devrait immuniser les États-Unis contre le risque de chômage structurel. Alors pourquoi a-t-on traité toutes ces dernières années l'économie américaine, conduite à la salle de soins intensifs, en grande malade ?

De quoi souffrent les patients japonais et allemand ? Les statistiques internationales sont formelles. S'il est vrai que leurs parts de marché dans le commerce mondial ont décliné récemment, ce déclin ne signifie en rien que leurs économies soient entrées en décadence. Ils restent en tête du peloton des nations innovatrices : les chiffres de dépôts de brevets exploitables ne sont pas moins favorables à ces deux pays qu'ils ne le sont aux États-Unis. Les consommateurs et les entreprises japonaises et allemandes ne souffrent pas d'une pénurie de crédit. C'est plutôt l'inverse qui est vrai : faute de demande d'argent de la part de l'économie, c'est la dette publique nationale et étrangère qui est la principale destination des placements. Le taux du crédit japonais est à zéro, sans effet apparent sur la vitalité économique.

De quoi souffrent les pays émergents régulièrement menacés de faillite ? Ils devraient connaître ce que les experts spécialisés en économie du développement appellent la phase de rattrapage qui est une phase ordinairement bénie pour les peuples, les gouvernements et les entreprises. En effet, durant cette phase, les nations dont le développement économique avait été retardé ou bloqué pour des raisons quelconques, mais désireuses désormais de combler leurs handicaps, peuvent croître à marches forcées. Elles disposent d'une main-d'œuvre laborieuse, formée et peu chère ; leurs entrepreneurs sont libres des entraves ou des charges que les États socialisants de l'après-guerre ont instituées dans les vieilles nations industrielles ; leurs étudiants peuvent s'initier dans les universités étrangères au dernier état de la science, de l'art industriel, des techniques commerciales ou du marketing ; les revenus rapidement croissants permettent de dégager l'épargne nécessaire à un essor accéléré des investissements ; les comptes publics ne sont pas obérés par les obligations financières des États-providence ; la devise nationale n'est pas encore assez fortement cotée sur le marché des changes pour menacer la compétitivité naissante. Deux pays européens, restés en marge du développement jusqu'au milieu des années 1980, donnent des exemples convaincants du processus que nous venons de décrire. L'Irlande est passée du XIXe au XXIe siècle en l'espace de vingt années. La Finlande s'est projetée d'un état de léthargie économique sous la tutelle soviétique à un statut de petite puissance high-tech dominatrice sur certains secteurs de l'économie internationale. Comment se fait-il alors que des pays comme l'Argentine ou la Turquie, déjà classés il y a trente ans dans le groupe des nations qui avaient effectué leur décollage, subissent une régression ?

De quoi souffre Wall Street ? De la défiance apparue entre les actionnaires et les managers, soit. Mais la bourse américaine est l'espace financier apparemment le mieux doté de cette fameuse transparence sans laquelle la confiance ne saurait s'établir. Les droits prééminents des propriétaires sont officiellement reconnus par l'ensemble des acteurs du système. Ce sont les comptables américains qui ont élaboré les procédures les plus tatillonnes de surveillance des comptes des entreprises. À l'occasion de la transformation des bourses, un corpus de règles et d'usages avait, sous le nom de gouvernement d'entreprise, été institué pour encadrer l'action des managers et la courber aux exigences de la création de valeur pour les actionnaires. Avant la survenue des scandales Enron, World.Com *et alii*, on aurait pu au contraire s'inquiéter de voir la bourse s'orienter de manière unilatérale en faveur des actionnaires, au risque de compromettre la croissance durable des entreprises. Exemple accablant des effets pervers chers à Raymond Boudon : les boursiers américains ont obtenu l'inverse de ce qu'ils désiraient. Pour l'instant la littérature spécialisée ne trouve d'autre explication que la cupidité des managers. Un système boursier vulnérable à la faiblesse humaine est-il viable ?

Les contradictions matérielles du système

Impossible de donner une explication d'ensemble de cette étrange situation sans marquer son point d'origine, à partir duquel les contradictions s'enchaînent. L'économie internationale est désormais dominée par la dépendance qui s'est nouée entre ses grands acteurs, américains d'un côté, asiatiques et européens de l'autre. Cet état auquel les principaux intéressés se sont complètement habitués s'est constitué sans bruit et par étapes. En l'espace d'un quart de siècle, le dynamisme des échanges internationaux s'est peu à peu centré sur la demande intérieure des États-Unis et leur déséquilibre extérieur, sans provoquer de crise financière de la première puissance économique du monde. De ce fait, l'observateur du début de ce siècle s'est accoutumé à un état des relations économiques internationales qui aurait stupéfié et scandalisé son prédécesseur d'il y a trente ou quarante ans.

Cette accoutumance n'empêche pas le déficit extérieur américain de constituer, en même temps qu'une énigme, l'une des anomalies centrales du capitalisme contemporain. Beaucoup ont longtemps voulu n'y voir qu'une manifestation de la prospérité d'une économie capable de consommer et surtout d'investir plus que les autres : l'argument est tombé en quenouille quand, malgré le ralentissement de la consommation et le fort repli de l'investissement, observés entre 2000 et 2003, le déficit commercial, au lieu de se résorber, s'est encore aggravé. Mais la manière dont la conjoncture mondiale a été affectée par ces mouvements situe exactement la question. L'économie mondiale dépendante de la demande américaine est à la merci d'une crise grave aux États-Unis. Que l'économie américaine soit la plus puissante n'implique en rien que le reste du monde doive dépendre, pour sa prospérité et ses équilibres, des décisions d'achat des ménages et des entreprises d'outre-Atlantique. Le passé le démontre. Les récessions survenues aux États-Unis jusqu'aux années 1980 n'ont pas empêché ses partenaires économiques de progresser normalement, alors que le poids des États-Unis dans le PIB et les échanges mondiaux était plus important encore qu'il ne l'est aujourd'hui. Mais comment se fait-il qu'il en aille différemment désormais ? Telle est la première question de fond, qu'accompagne une question intellectuelle et morale : est-il admissible que la puissance économique la mieux dotée soit aussi la plus déficitaire et la plus tributaire de l'épargne des autres ?

La première cause de la fragilité économique de notre monde réside donc dans ce fonctionnement particulier. Il faut insister sur ce point révélateur : les nations les plus anciennement créditrices des États-Unis, le Japon et l'Allemagne, sont aussi les plus dépendantes de la situation économique aux États-Unis. *Les créanciers sont tenus par le débiteur.* La relation de dépendance observée aujourd'hui dans un monde fondé sur la nature économique des échanges est symétrique et inverse de celles des anciens empires et de leurs colonies. Alors que la plèbe de Rome attendait impatiemment l'arrivée des céréales égyptiennes à Ostie, les entreprises japonaises et allemandes sont aux cent coups quand les commandes des donneurs d'ordres américains se font attendre. Il y aurait là un motif d'ironiser si cette situation n'était pas, dans son principe, totalement malsaine. Car le retour de l'économie américaine à une forte croissance, susceptible d'atténuer les difficultés japonaises ou allemandes, ne les résout en rien. La fuite en avant du système mondial vers toujours plus de déséquilibres laisse entière la question de son rééquilibrage *in fine.* Nous savons intuitivement qu'il n'y aura pas d'éternel retour de la prospérité américaine. L'heure de vérité sonnera quand les États-Unis se verront contraints, pour une raison ou pour une autre, de modérer leur demande.

Évidemment, le système mondial n'implique pas seulement les États-Unis et un reste du monde qui serait incarné par l'Asie principalement, l'Allemagne accessoirement. La situation réelle pourrait être présentée de manière infiniment plus complexe. Cependant, une lecture sommaire des chiffres macroéconomiques montre *une éclairante opposition entre le monde anglo-saxon et le monde asiatique.* La situation déficitaire des États-Unis est aussi, dans de larges proportions, celle de l'Angleterre, de l'Australie et de la Nouvelle-Zélande. D'autres critères pertinents révèlent la profonde similitude des économies anglo-saxonnes : endettement croissant des ménages, inflation boursière et plus encore immobilière, obsession de la profitabilité des entreprises. C'est à l'opposé que se situent non seulement l'Allemagne et le Japon, mais aussi l'Asie émergente, où l'on constate que l'épargne est abondante, que les échanges extérieurs sont excédentaires ou proches de l'équilibre et que les entreprises s'évertuent d'abord à conquérir des parts de marché, en traitant le profit en pur moyen de cette ambition, et non comme une finalité. La réussite des nations asiatiques démontre, en même temps que la tendance à l'universalité du système, sa mutabilité. En se convertissant à l'économie concurrentielle, les Asiatiques ont inventé leurs propres capitalismes. Reste précisément à savoir si l'ensemble mondial peut tourner en permanence sur l'engrenage de types économiques aussi opposés. La logique élémentaire nous apporte une réponse négative : l'opposition des types économiques entretient les déséquilibres de fond qui portent en germe une crise systémique de l'ensemble.

Le grand circuit économique mondial décrit un orbe déflationniste. Tandis qu'on a laissé se creuser des déséquilibres *quantitatifs* entre les nations commerçantes, on a délibérément institué des déséquilibres *qualitatifs*. Si l'unification économique, sociale et politique du monde est la raison pure du libre-échange généralisé, la baisse du coût du travail en est la raison pratique. La question ne va pas de soi, pas plus que celle de la dépendance du monde à l'égard de la demande américaine. Le procès adressé par Marx aux employeurs de son temps n'était pas seulement d'intention. Abaisser autant que faire se peut le prix de revient représente une catégorie première de l'entendement capitaliste. Mais le génie profond du système a sécrété les antidotes nécessaires, sous la forme de l'action revendicative de syndicats librement constitués, tandis que les entrepreneurs les plus lucides ont assez vite compris la nécessité de disposer d'un salariat stable et efficace, donc rémunéré à la hauteur approximative de sa productivité, faute duquel ils risquaient de perdre la bataille de la concurrence. De surcroît, et contrairement cette fois à l'assertion marxiste, le capitalisme est resté, jusqu'à une date très récente, d'essence *nationale*. La proposition, qui jure avec le principe originel d'un système économique né en se libérant des entraves des vieilles corporations professionnelles enclavées dans les espaces locaux ou nationaux, traduit pourtant ce fait incontesté que les premiers capitalismes d'Europe, d'Amérique et du Japon ont été créés par des bourgeois, des seigneurs ou de simples travailleurs qui faisaient corps avec leur nation. Non seulement ces créateurs n'ont pas été conduits à renier leurs racines nationales, mais la mise en place de formes économiques capitalistes a bien souvent constitué la manifestation d'un patriotisme conscient et conséquent : citons seulement à ce sujet les deux fortes incarnations prussienne et japonaise.

Mais voici que l'entrepreneur capitaliste, tel Hermès aux chaussures ailées, a emporté la patrie à la semelle de ses souliers. Sa nouvelle règle de conduite consiste à rechercher le site de production le plus favorable pour réaliser les biens au plus bas coût sans sacrifier la qualité exigée par le marché. Les dirigeants d'entreprises concernés l'ont parfois appris à leurs dépens, l'affaire est souvent aussi compliquée dans l'exécution que son principe est simple. La production moderne implique, en même temps qu'un personnel et des infrastructures adéquats, des partenariats adaptés avec d'autres entreprises. De telles conditions ne sont pas si aisément remplies. Il existe toutefois aujourd'hui d'autant plus de lieux au monde où ces conditions préexistent ou peuvent être organisées que *le critère du coût du travail est devenu prédominant pour toutes les industries et tous les services qui ne sont pas dépendants d'un marché purement local*. Les Eldorados de la délocalisation se situent désormais en Europe centrale et en Chine, en attendant l'Inde, qui doit entrer incessamment dans le groupe des sites de production à haut rapport productivité-coût du travail. Les écarts énormes de rémunération des travailleurs de tout type, entre les pays émergents convenablement dotés et les vieux pays industriels, impliquent des transferts progressifs d'activités et d'emplois vers les nouveaux venus dans la compétition mondiale. Les bases industrielles des premiers pays capitalistes sont d'ores et déjà en voie de démantèlement.

Mais ce transfert implique *une baisse de la valeur ajoutée unitaire*. Pour faire simple, tout ce qui peut être produit en Chine plutôt qu'en Europe aura une valeur marchande moindre. Car tel est le paradoxe de la mondialisation. Décidée pour réduire les coûts du travail, et accroître en conséquence le taux de profit, elle a pour conséquence la plus sûre d'abaisser les prix de vente. Comment réagiront alors les profits ? Si la concurrence implique une stabilité approximative des taux de profit dans la longue durée, elle implique du même coup que ces taux, appliqués à des prix en baisse, donneront des profits en baisse. Même si cette hypothèse n'est pas encore entièrement vérifiable, la tendance à la baisse des prix qui commence à alarmer les économistes dénote le caractère d'ores et déjà déflationniste du libre-échange généralisé. Une déflation d'un nouveau genre se profile, dans le sillage de la baisse mondiale des salaires : c'est une déflation par les *coûts* dont le principe contraste avec celui de la déflation par la demande que l'économie a théorisée. Les salariés des pays riches en seraient bénéficiaires s'ils n'étaient pas en même temps victimes de pressions sur leurs rémunérations et de menaces sur leurs emplois. Une spirale vicieuse déflationniste épouse discrètement le circuit des échanges mondiaux.

Cependant l'échec des économies émergentes en dehors de l'Asie soulève la question latine. Pourquoi l'Amérique du Sud, de culture largement européenne, se révèle-t-elle impuissante à prendre sa part du gâteau offert par le projet de baisse des salaires mondiaux ? Pourquoi le décollage effectif de l'Argentine et celui quasiment effectif du Brésil, diagnostiqués depuis longtemps, ont-ils débouché sur des faillites récurrentes ? Sans doute pour cette raison première que la conquête de l'Amérique latine par les Européens a donné naissance à des sociétés bâtardes qui ont elles-mêmes accouché d'États-nations handicapés. Les bourgeoisies n'y sont pas nationales. Cela s'exprime par leur réticence à conserver leur épargne dans l'espace national même quand le pouvoir politique y est aux mains de leurs représentants proclamés. Les États n'ont pas d'interlocuteurs valables et d'alliés responsables dans les bourgeoisies locales. La démagogie populiste qui ravage la classe politique s'explique largement par cette solitude des dirigeants politiques face aux défis complexes du développement. Les expériences économiques successives montrent l'incapacité des États du continent à financer leur développement économique et à équilibrer les comptes publics sur des ressources internes. L'hyperinflation y a ainsi son dernier foyer important.

Mais comment se fait-il justement que la mondialisation financière n'ait pas joué le rôle compensatoire qui lui était naturellement dévolu en procurant aux économies du continent des ressources de substitution ? Ou plutôt comment se fait-il qu'elle ait, à l'expérience, aggravé le mal ? Car ces pays offrent aussi des havres importants pour que soient développées des activités profitant de bas salaires et d'une haute flexibilité. Ils devraient être assurés d'investissements directs importants des entreprises étrangères et, dans ce contexte encourageant pour le crédit de leurs États, de conditions d'endettement plutôt favorables. Or c'est l'inverse que nous observons. La logique des capitaux internationaux se fonde sur la fragilité présumée des débiteurs latino-américains pour exiger des rendements largement supérieurs à ceux obtenus sur la dette des États les plus riches. La différence est moins de degré que de nature. *La dette latino-américaine est spéculative.* De ce fait, la fragilité des débiteurs se trouve mécaniquement accrue par les hauts rendements exigés. Le prélèvement réalisé sur les économies locales s'apparente à un tribut. À un moment ou à un autre, ce tribut ne peut plus être versé. La faillite se déclare et l'on fait appel à la bienveillance du Fonds monétaire international. Les pays d'Amérique latine tournent ainsi dans un cercle infernal d'endettement insupportable, de faillites, de plans d'extrême rigueur, de reprises prometteuses mais rapidement avortées à chaque affaiblissement de la conjoncture mondiale. La situation d'ensemble est d'autant plus problématique que l'endettement, largement contracté en dollars, suit les oscillations de la valeur de cette monnaie sur le marché des changes. L'étrange est que les données de la situation sont à peu près reconnues par tous mais qu'aucune solution efficace n'y a été apportée alors que les experts financiers des grands organismes internationaux ont été appelés au chevet de l'Amérique latine. Pour l'instant, la principale solution proposée, en forme d'expédient, consistant en une remise partielle de la dette, s'avère non décisive puisqu'elle affaiblirait encore le crédit international dont disposent les pays latino-américains.

Enfin, le règne de la bourse américaine relève aujourd'hui publiquement de l'imposture. L'immense échec du gouvernement d'entreprise est un signe irrécusable de l'incapacité de la bourse à réguler les stratégies d'entreprises. Il appelle des explications précises et une solution appropriée à la question centrale des rapports entre les détenteurs du capital et les managers, autres que celle consistant à resserrer les mailles du filet de surveillance tendu autour des derniers nommés. Mais le fond ultime de l'affaire est ailleurs. *La bourse américaine et les autres grandes bourses occidentales, qui suivent les pratiques de New York, ont cessé de financer les entreprises.* Ce fait énorme, clairement énoncé par les rapports officiels des autorités publiques des bourses, renverse l'image traditionnelle offerte par ces institutions. Non seulement l'argent qui se place en bourse ne tombe plus dans les caisses des sociétés, se contentant de circuler sur le marché lui-même, mais les gestionnaires des fonds de placement imposent aux entreprises, sans montrer d'états d'âme, un rachat de leurs actions et (ou) des versements massifs de dividendes. La décapitalisation des sociétés cotées est ainsi devenue la norme de la bourse dédiée à la création de valeur pour l'actionnaire. En d'autres termes, *les entreprises subventionnent les détenteurs d'actions*. La raison d'être historique du marché d'actions, qui était de procurer des ressources définitives aux entreprises, en réduisant leurs besoins de crédit, a disparu. On ne voit plus que les inconvénients du système : outre la décapitalisation des entreprises, l'évaluation erratique des titres des sociétés cotées, la formation de bulles spéculatives et les coûts extravagants de fonctionnement de marchés qui ne rendent plus aucun service appréciable. La prétendue modernisation financière de ces vingt dernières années qui devait, selon ses postulats de départ, renforcer la base capitalistique des entreprises cotées, conduit à son érosion méthodique.

Les États-Unis sont le problème du monde

Un lien simple et essentiel réunit ces questions dans leur ensemble. Il provient de la position centrale de l'Amérique, position qui n'a plus grand-chose à voir avec celle occupée jadis après la mise en place des institutions monétaires de Bretton Woods. L'influence actuelle des États-Unis procède en fait d'une décomposition du système créé en 1944. En première analyse, le rôle du dollar comme principale monnaie internationale de paiement et de réserve pourrait apparaître comme l'ultime survivance du système mis à mal en 1971 et 1973, par la fin de la convertibilité or du dollar et le passage à un régime de fluctuation générale des devises convertibles. Mais la sortie du régime de Bretton Woods a précisément délié les États-Unis de toutes les obligations inhérentes à ce régime. Le point essentiel est que la première puissance économique, commerciale et financière du monde n'est plus tenue d'équilibrer ses échanges de marchandises, même d'une façon grossièrement approximative. Le temps est loin où, en dépit, ou plus précisément, à cause du rôle de tuteur du système de changes international tenu par l'Amérique, le dollar était sanctionné chaque fois que le commerce extérieur américain glissait vers le déficit. Le temps est encore plus loin où les flux de capitaux américains vers le reste du monde contribuaient à la croissance d'ensemble. Le roi dollar porte une couronne d'usurpateur. Les dirigeants américains ont constaté que non seulement le déficit des échanges avec l'extérieur ne portait pas préjudice au crédit des États-Unis mais qu'il constituait la base d'une domination. Comme on l'a vu, les principaux partenaires excédentaires de l'Amérique deviennent ses obligés puisqu'ils doivent restituer sous forme de prêts ou d'investissements aux États-Unis les excédents qu'ils réalisent dans leur commerce avec cette nation. Mais en même temps, le pouvoir ultime de régulation de l'économie mondiale a été transféré aux autorités américaines. Cela est sans précédent. La lourde influence de l'Angleterre et celle, plus modeste, exercée par la France à la fin du XIXe siècle reposaient sur des balances commerciales excédentaires qui leur permettaient de prêter à l'extérieur. La puissance boursière de Londres procédait ainsi de la surpuissance commerciale de l'Angleterre victorienne. Tandis que la domination de Wall Street et du dollar s'enracine de façon incongrue dans le déficit extérieur des États-Unis.

Le renversement logique opéré en l'espace d'un siècle est total. La position centrale a été conquise par les États-Unis en exerçant le rôle du *demandeur en premier ressort*, c'est-à-dire de source de la demande dont dépend la prospérité des autres. À partir de là, au lieu d'assister à un recul du dollar dans le concert du commerce et des mouvements de capitaux, nous avons vu s'opérer l'extension pratique de son rôle dans les échanges entre les deux rives du Pacifique et la multiplication des prêts en dollars. La dette des pays latino-américains est ainsi — l'ironie a un parfum d'amertume — largement libellée dans la monnaie du pays déficitaire par excellence. La bourse de New York a drainé tout au long de la décennie 1990 les flux de capitaux asiatiques et européens, retirant ainsi une part de sa prospérité de l'incapacité des États-Unis à rehausser leurs exportations au niveau de leurs importations ou de leur refus de réduire leurs importations au niveau de leurs exportations.

À la position centrale de la bourse américaine s'est ajouté, à la faveur des circonstances, de façon moins voyante mais encore plus décisive, le rôle croissant de la banque centrale. Directement et indirectement. Directement, parce que l'impulsion que cette banque donne à la demande américaine s'avère à l'occasion déterminante pour la production des pays qui exportent vers l'Amérique. Indirectement, parce que le niveau des taux d'intérêt qu'elle pratique établit le taux plancher de l'ensemble des prêts en dollars à l'intérieur et à l'extérieur des États-Unis.

La position centrale conquise par l'Amérique déficitaire, qui représente un défi à la logique, constitue surtout un danger pour le monde. Si chacun voit que le défi réside dans le pouvoir transféré à un pays déficitaire en dépit de l'immensité des avantages naturels dont il jouit dans la compétition internationale, très peu en revanche s'inquiètent du risque pesant sur le système financier mondial du fait de son articulation sur la devise américaine. L'opinion commune est d'ailleurs que les États-Unis possèdent le pouvoir de décider à leur guise de la valeur internationale de leur monnaie. *Or c'est précisément ce pouvoir qu'ils n'ont pas*. Il est aux mains de la communauté des cambistes qui traitent chaque jour quelque mille neuf cents milliards de dollars ou d'équivalents dollars. Les amples variations des monnaies que nous observons sont leur fait et leur fait seul. Jusqu'ici, ils ont décidé alternativement d'un dollar faible ou fort, en respectant certaines limites. Mais rien ne leur interdit de provoquer une crise du dollar sur le mode des crises des monnaies émergentes, le jour où ils seront enfin saisis par la crainte de la faillite américaine. Le capitalisme en voie de mondialisation poursuit sa course sous une double menace, celle d'une cessation de paiements brutale de son premier client, si les juges suprêmes du marché des changes retiraient leur confiance au dollar, ou celle de sa dérobade volontaire, si les autorités américaines se décidaient enfin à rééquilibrer leurs relations commerciales et financières avec le reste du monde.

Rationaliser le capitalisme

Ces considérations appellent des réformes de grande ampleur qui vont bien au-delà de ce que mettent en avant les experts au nom du vertueux principe d'une régulation ou d'une maîtrise de la mondialisation. Que nous propose-t-on en fait sous ces vocables prometteurs ? Pratiquement rien qui soit approprié aux anomalies constatées et répertoriées.

À l'anomalie des déséquilibres affichés par la grande puissance américaine, il n'est pour l'instant que la réponse, en forme d'hypothèse, d'une formidable accélération de la demande des pays qui commercent avec les États-Unis. Mais elle est une illusion, s'agissant de l'Europe et du Japon vieillissants qui non seulement ne connaîtront pas le boom soudain qui les porterait à acheter massivement outre-Atlantique, mais devraient orienter de plus en plus leur demande non vers les productions américaines mais vers celles, à moindre prix, de l'Asie émergente. Elle l'est aussi s'agissant précisément de cette Asie émergente qui produira de plus en plus ce qu'elle achetait auparavant aux autres et bénéficie en la personne du Japon d'un fournisseur proche et compétitif.

À cette autre anomalie provenant de la pression déflationniste insidieuse liée à la baisse du coût du travail, y a-t-il une quelconque parade dans les appels réitérés, sans portée pratique, à l'amélioration des conditions de travail des salariés des pays émergents et conquérants principalement situés en Asie ? Combien de temps faudra-t-il pour que le travailleur chinois ou indien puisse seulement commencer à se comparer à ses prédécesseurs des pays développés ? Une génération sûrement, deux probablement, ce long terme dont Keynes disait, en d'autres circonstances, qu'il était synonyme de notre mort. Et, de fait, quand les salaires chinois ou indiens se seront rapprochés des salaires américains ou européens d'aujourd'hui, que restera-t-il de nos sites de production et des emplois qu'ils abritent aujourd'hui ? Que restera-t-il, du même coup, de la concurrence entre eux et nous ? Au lieu des réponses argumentées et convaincantes réclamées par la raison, nous n'entendons guère autre chose qu'une sorte de chant des sirènes du libre-échange mondial, dont le seul objet semble être d'annihiler nos facultés critiques.

À l'anomalie découlant des tribulations incessantes des pays émergents les plus fragiles, nous n'apercevons pas d'esquisse de réponse dans les discours que tiennent, à ce propos, les politiques et les experts. La longue expérience qui a été faite de leurs crises réitérées et de leurs fâcheuses conséquences n'a encore produit qu'une réflexion sommaire qui constitue, en fait, un aveu d'impuissance. Ici aussi, les élites mondiales, prodigues en paroles quand il s'agit d'idéaliser le futur, se montrent avares de solutions pratiques pour sortir des impasses du présent.

Et que dire, enfin, de l'anomalie qui discrédite la bourse contemporaine, devenue ouvertement prédatrice ? Non seulement personne ou presque ne la dénonce ni ne cherche une issue, mais tout le monde ou presque semble se réjouir de ce que, en rançonnant les entreprises, elle permette aux « épargnants » de s'enrichir. C'est ici que la recherche d'une solution rationnelle se heurte spontanément au mur, non de l'argent, mais des ornières intellectuelles qui handicapent l'analyse du système. La bourse contemporaine communie dans le dogme de la création de valeur, les politiques l'ont admis, et les économistes en font le pain quotidien de leurs analyses. Seul un énorme effort de ressaisie intellectuelle et d'audace politique nous permettrait de sortir de l'impasse représentée par un marché qui, posé depuis l'origine comme un socle du capitalisme, en est devenu la contradiction la plus manifeste et la moins acceptable.

Le moment est venu de retrouver la trace et l'inspiration du Schumpeter de *Capitalisme, socialisme et démocratie*. Théoricien de l'entreprise et de la concurrence, il n'avait pas craint de s'avancer en territoire socialiste dans le but primordial de sauvegarder les valeurs essentielles de la démocratie après le déclin du capitalisme. Si son énoncé du problème n'est plus d'actualité, sa détermination intellectuelle et morale nous montre opportunément l'exemple. Les principales données du capitalisme contemporain appellent une nouvelle organisation générale qui permettrait précisément à l'entreprise et à la concurrence d'agir dans un sens à la fois plus juste et plus efficace. Cette organisation générale est à notre portée pour peu que nous sachions nous défaire des stéréotypes de l'économie néolibérale dominante, sans rien concéder à la tentation d'un retour subreptice au socialisme.

C'est le premier pas qui s'avère le plus malaisé. Qui osera

aujourd'hui évoquer le mot « protectionnisme » encourra le reproche de cultiver la nostalgie d'un monde économique révolu, voire de souffrir d'une incomplétude de ses facultés intellectuelles. La vulgate de l'économie contemporaine pose comme une équivalence les deux notions d'ouverture des marchés et de concurrence. Les marchés sont concurrentiels s'ils sont ouverts ; s'ils sont protégés, ils ne sont pas concurrentiels. Tels sont les termes abrupts de la logique qui inspire la position de tout ce qui a voix au chapitre médiatique dans la communauté des économistes privés ou publics. Ouverture des marchés et concurrence étant posées comme des notions équivalentes, voire synonymes, il ne leur semble pas nécessaire de démontrer l'effectivité de cette équivalence. Or, non seulement cette équivalence n'est pas démontrée, mais il s'avère à l'examen que le libre-échange intégral, appliqué dans le monde d'aujourd'hui, marqué par d'énormes disparités de conditions de production, représente l'atteinte la plus caractérisée qu'ait jamais eu à affronter le principe d'une concurrence équitable, tautologie qu'on voudra bien nous pardonner, compte tenu précisément que le souci d'une telle concurrence a déserté l'esprit des dirigeants économiques et politiques. Quand les marchés de l'Europe ou de l'Amérique du Nord sont offerts aux meubles ou aux jouets fabriqués en Chine, à des conditions de coût extraordinairement bas, c'est à une éviction forcée des entreprises et des salariés des pays développés qu'on nous demande de donner notre aval, et c'est une impudence de prostituer la notion de concurrence économique dans cette manœuvre cynique, quoique insidieuse. Aucune théorie de la concurrence ne saurait justifier la sous-rémunération du travail à l'échelon mondial qui est au centre du libre-échange institué à marches forcées depuis les accords qui ont fondé l'Organisation mondiale du commerce. Laisser s'accomplir ce projet reviendrait à permettre ce que même le capitalisme le plus brutal du XIXe siècle n'était pas parvenu à instaurer de façon durable.

Mais comment faire barrage à ce projet, et empêcher le démantèlement progressif de nos bastions industriels, sans recourir à la protection commerciale ? En effet, toute autre mesure — comme les aides fiscales aux secteurs les plus exposés, envisagées par certains politiques — ne serait que palliative, tout en grevant les finances publiques des pays concernés, déjà lourdement ponctionnées par les tâches régaliennes et sociales de leurs États. Nous avons donc besoin d'un néoprotectionnisme.

Ce néoprotectionnisme constituerait *la contrepartie logique de la mondialisation des entreprises et de la capacité économique.* Le fait nouveau, massif et probablement irréversible, qui entraîne l'univers économique, ne réside pas dans l'ouverture intégrale et inconditionnelle des frontières aux marchandises, mais dans celle des territoires aux investissements productifs des entreprises. Tandis qu'un nombre sans précédent de nations ont reconnu l'entreprise comme source fondamentale de richesses, elles ont simultanément accueilli chez elles les entreprises étrangères désireuses d'y étendre leurs activités. C'est bien pour cela que la question protectionniste se pose désormais dans un énoncé nouveau. S'il ne s'agissait pour les entreprises en cause que d'exploiter les ressources de marchés locaux en expansion, on ne pourrait qu'applaudir le mouvement qui permet à de nombreux pays encore en développement d'accéder à moindres frais à l'efficacité des nations capitalistes les plus anciennes. Mais se greffe sur ce mouvement un autre mouvement de délocalisation des activités depuis leurs anciens sites de production vers les sites les moins coûteux. Mouvement qui est à l'origine de la revendication de liberté intégrale des échanges, portée en commun par ces entreprises, dominées par de triviaux calculs d'abaissement des prix de revient, et les nations d'accueil qui espèrent en profiter immédiatement, puis médiatement, quand leurs propres entreprises pourront à leur tour s'engouffrer sur les marchés des anciens pays industriels, dans le sillage des entreprises auteurs des délocalisations. La Chine nous procure une inépuisable illustration de ce double mouvement, avec des ressources en main-d'œuvre et en matière grise qui interdisent d'espérer un rééquilibrage rapide des coûts de production avec l'Europe, le Japon ou les États-Unis.

Les grandes zones développées n'ont pas de raison fondamentale de délocaliser leurs industries ou leurs services intellectuels puisque ni leur productivité ni les conditions de travail de leurs entreprises ne sont un obstacle à leur expansion économique. Les entreprises délocalisées ne fuient pas leurs territoires d'origine comme les Allemands de l'Est fuyaient le régime communiste pour connaître une vie matérielle et morale plus digne, mais simplement pour exploiter les marges nouvelles offertes par un libre-échange qu'elles imaginent providentiel. Le néoprotectionnisme vise donc non pas à les enfermer dans une nasse pour les priver de leur liberté d'action mais à les contraindre à conserver ou à développer le travail de populations aptes à des services d'une haute productivité et d'une haute qualité. Car sans cette protection, les populations en cause connaîtront bientôt les affres d'un chômage encore accru et l'effondrement progressif des avantages sociaux fondés sur leurs capacités économiques.

Une réforme conjointe, moins urgente *a priori*, conduirait à mettre en place les éléments d'un ou plusieurs systèmes monétaires internationaux, entre des pays unis par de fortes relations commerciales. De tels systèmes n'ont pas à être inventés, puisque l'Europe en a donné le prototype il y a près de trente ans, en créant l'écu et le SME. Dépassant pour la première fois le vieux régime fondé sur l'or et celui axé sur l'étalon dollar, le Système monétaire européen avait rempli les objectifs de stabilité monétaire de ses fondateurs, tout en laissant des marges d'adaptation aux monnaies et aux systèmes économiques nationaux. Mais ce que l'Europe avait imaginé et appliqué, avant d'instituer une monnaie commune pour des raisons éminemment politiques, demeure valide dans son principe et ses principales modalités : un tel système pourrait être repris dans le cadre d'une Europe élargie avant d'être imité dans d'autres régions du monde, pour parer aux perturbations économiques qui résultent de l'instabilité des principales monnaies d'échange. Ce serait aussi le moyen de s'affranchir pas à pas de la domination pratique du dollar sans avoir à recouvrir la planète d'un système monétaire intégré, qui n'est pas encore de saison.

Mais si les nations anciennement développées sont en droit de se protéger contre les pays émergents avantagés par leur seul coût du travail, elles ont aussi le devoir de se porter au secours des autres nations qui ne trouvent pas les aides financières à prix raisonnable dont elles ont besoin, non pas pour participer à la curée de la mondialisation sauvage, mais plus simplement pour constituer des tissus économiques desservant les marchés locaux, nationaux ou régionaux. Comment résoudre en effet le casse-tête latino-américain ? Sûrement pas en recherchant les solutions dans les directions qui ont déjà mené à des impasses : par exemple, ériger les politiques de rigueur financière en règle permanente pour les gouvernements des pays débiteurs en faisant l'impasse sur la volonté des peuples qui les installent au pouvoir ; par exemple, tenter de responsabiliser les bailleurs de fonds privés en leur faisant accepter la perspective de supporter des pertes sur leurs prêts, oubliant précisément que la promesse de gains élevés sans risques majeurs a été la raison principale de leurs avances. La solution est à portée de main. Elle consiste en une garantie des emprunts émis par les pays émergents offerte par un FMI rénové, abandonnant le rôle du secouriste qu'il a rempli jusqu'ici, sans remédier au problème de fond.

Exercice autrement délicat, nous dira-t-on, quand il s'agira de trouver le remède à la crise morale des marchés d'actions. Oui, sans doute, si là était la question de fond. Mais pourquoi se préoccupe-t-on à ce point de la survie de systèmes qui, sortis de leur orbite, dérivent sans but avouable dans l'espace ? Doit-on vraiment se soucier encore et encore des droits de l'actionnaire, comme s'il s'agissait de défendre la veuve et l'orphelin, ou doit-on se demander *enfin* s'il existe une raison substantielle de maintenir le règne de bourses dont la mission est devenue l'extorsion de fonds ? Les scandales américains épousent, dans une version frauduleuse, la logique d'un système prédateur. Que les actionnaires bénis par la sainte loi de la création de valeur aient en ces occasions été grugés et volés nous est, non un sujet de préoccupation et d'affliction, mais un motif de pleine réjouissance, et pour une double raison : d'abord, la satisfaction de voir que les systèmes aberrants et injustes dans leurs fondements se minent de l'intérieur ; ensuite, la valeur pédagogique de l'expérience qui démontre que les relations entre le capital et l'entreprise ne sauraient être, dans leur principe, des relations de propriétaire à objet de propriété.

Il nous est effectivement impossible d'ériger des bustes en gloire aux ressortissants dévoyés du milieu américain des affaires, mais nous entendons marquer le signalé service qu'ils viennent de rendre, à leur corps défendant, à la cause de l'entreprise. Ils ont montré où mène la conception de l'entreprise traitée en pur objet de propriété et relancé ainsi, non pas seulement le débat sur la transparence financière, mais celui sur la nature de l'entreprise et, partant, sur le fondement de ses relations avec les détenteurs de son capital. À l'instigation involontaire de ces douteux personnages pourrait s'ouvrir un moment historique pour la réflexion sur l'entreprise autour de deux questions : qu'est-ce que l'entreprise et quel est le rôle des actionnaires ?

Il sera proposé de remonter aux sources. L'entreprise dite capitaliste se distingue de ses devancières par sa constitution en personne morale, destinée à agir dans la continuité. Elle se définit presque entièrement par son objet consistant à réaliser des combinaisons productives originales. Les apporteurs de capitaux sont au service de cet objet et non l'inverse. La rémunération à laquelle ils peuvent prétendre sans faire scandale ne peut résulter que de leur contribution effective audit objet et non d'un droit de propriété de l'entreprise qui n'est que fiction.

C'est un vaste remaniement qui s'impose si l'on veut mettre fin à la contradiction issue de vingt années du règne de la création fétichiste de valeur pour l'actionnaire. Il s'agit d'abord de fonder les droits des actionnaires sur leur engagement durable dans le capital de l'entreprise par le biais d'un pacte d'actionnaires. Car comment oser se prétendre actionnaire d'une entreprise qu'on peut déserter d'une seconde à l'autre ? *Il ne saurait y avoir de pouvoir de l'actionnaire sans lien contractuel avec l'entreprise.* Il s'agit ensuite de prévoir l'association étroite des actionnaires dignes de cette dénomination par leur intégration nécessaire dans les organes dirigeants dont ils se tiennent aujourd'hui à distance. Ce deuxième renversement des pratiques actuelles se situe dans le prolongement du premier. Au lieu de laisser les actionnaires entrer et sortir du capital de l'entreprise comme les voyageurs dans les salles des pas perdus de nos grandes gares, lions-les à l'entreprise au sein de laquelle ils entendent exercer un pouvoir. Au lieu de s'en remettre pour leur information et leur association générale à la bonne marche de l'affaire à de ridicules exercices de communication financière qui s'apparentent au mieux à des concours de beauté, au pis à de méthodiques mensonges, plaçons-les au cœur des organes de gestion prévus par le législateur.

Si nous parvenions à renverser la relation aujourd'hui faussée entre le capital et l'entreprise et à ancrer le premier dans la vie de la seconde, nous ne serions plus éloignés d'une situation de fait où les bourses se verraient privées de leur pouvoir si néfaste. Les grands actionnaires ne seraient plus en état de faire peser des exigences de rentabilité sans fondement économique et les sociétés cotées ne seraient plus tentées de se livrer à des raids boursiers qui confinent au hold-up. Pourrait être réouverte, en revanche, la perspective d'un financement sans dettes des entreprises, soit en s'appuyant sur les actionnaires qui leur sont liés contractuellement, soit en émettant des actions sans droit de vote sur un marché bénéficiant, comme la bourse, d'une cotation publique.

Au débouché ultime d'un tel remaniement, ample par sa visée mais réaliste par la nature de ses propositions constituantes qui s'appuient toutes sur *des techniques monétaires et financières existantes ou ayant existé*, un nouvel avenir pourrait se dessiner pour un capitalisme rationalisé et, partant, plus respectueux des intérêts bien compris des populations qu'il englobe dans ses réseaux.

2
L'anomalie américaine

Est-il encore possible d'apporter la moindre pierre nouvelle au très ample débat suscité par l'économie américaine ? Ce débat semble avoir été entièrement balisé par les partisans comme par les détracteurs du système économique d'outre-Atlantique. Si les uns voient dans le dynamisme des États-Unis la preuve irréfutable de leur supériorité, tout particulièrement sur les vieilles économies européennes, incapables de réaliser leur mue en adoptant les méthodes américaines, d'autres sont tentés de n'y voir qu'une façade derrière laquelle s'accomplirait discrètement un processus de déclin irréversible, attesté par un déficit commercial croissant [1]. En l'espèce, c'est bien l'opposition radicale des analyses qui fait problème. Opposition radicale il y a, nous semble-t-il, du fait que l'économie américaine a progressivement acquis, durant ces vingt dernières années, des caractéristiques qui la placent à part des autres grandes économies développées. Notre thèse est que les États-Unis, tout en conservant intacts les ressorts de l'innova-

1. Voir Emmanuel Todd, *Après l'Empire*, Paris, Gallimard, 2002.

tion et de la création d'entreprises qui agissaient déjà à l'époque où Alexis de Tocqueville les visitait pour la première fois, ont inventé un modèle de consommation sans précédent dans l'Histoire, où la demande des particuliers n'est plus gouvernée par la distribution des revenus, mais par les facultés de crédit offertes sans limites apparentes par le système financier. Pour une masse d'Américains de moyenne et modeste condition, les revenus ne servent plus à couvrir leurs besoins vitaux ou sociaux, mais à assurer le service de la dette qu'ils ont contractée auparavant pour accroître leurs jouissances matérielles. Le dynamisme de la consommation américaine, qui émerveille les uns, effraie les autres, n'est pas seulement le résultat de la prospérité des affaires ou de l'optimisme indéracinable des ménages concernés, il est aussi et d'abord la conséquence d'une extension décisive du crédit qui rend obsolètes les modèles économiques courants à partir desquels les conjoncturistes bâtissent leurs prévisions. Le résident américain dépense quasiment à sa guise. Toutes les analyses prévoyant qu'il irait en modérant sa dette et sa consommation ont été jusqu'ici démenties.

Le changement de modèle économique, désormais fondé sur la primauté du consommateur, est la cause principale des résultats contrastés qui font diverger si fortement les jugements portés sur la capacité économique des États-Unis. Pas de miracle américain sans montée en puissance irrésistible de la dette des ménages, de quelque manière qu'on la calcule, en valeur absolue, en proportion de la production totale ou en fonction des revenus des débiteurs intéressés, mais pas non plus sans cet appel incessant à des importations supplémentaires nécessité par la couverture de la demande correspondante, qui n'a pratiquement jamais cessé de creuser le déficit extérieur depuis douze ans. Mais il est essentiel, au-delà du constat factuel que chacun peut établir, de ne pas commettre l'erreur qui empêcherait d'en tirer les conclusions nécessaires. En effet, il serait tentant de ne voir dans le phénomène extravagant de la montée des dettes que la conséquence financière d'une volonté irrépressible de consommer. Dans cette perspective, le débiteur serait l'otage du consommateur. Il nous semble plus exact et infiniment plus instructif de poser à l'inverse le phénomène d'endettement comme premier, parce qu'il a véritablement fait naître un nouveau type de consommateur, qui aurait bouleversé les conceptions des grands auteurs du passé, comme Schumpeter ou Keynes. Le consommateur américain évolue dans un univers qui n'est plus régi par les besoins — besoins vitaux au sens étroit du mot, ou besoins liés au standing —, mais par sa faculté de jouer du levier de l'endettement complaisamment remis entre ses mains par le système de crédit national.

Dès lors, notre propos sera multiple : montrer d'abord comment les Américains des classes moyennes ou modestes peuvent réussir à s'endetter sans rencontrer d'obstacles et comment le système financier trouve tout avantage à les y encourager, en en faisant une base essentielle de sa rentabilité ; dégager ensuite le lien de cause à effet entre la dette personnelle des Américains et la dette collective de l'Amérique, par le biais du déficit extérieur que cette nation doit financer ; expliquer encore pourquoi cette dépendance financière de l'économie la plus puissante du monde a été jusqu'ici pleinement acceptée par ses créanciers, en la personne de ses principaux partenaires commerciaux ; dire enfin pourquoi un excès de la demande américaine, contestable dans son principe, est tenu aujourd'hui pour nécessaire à l'équilibre de l'économie mondiale.

Comment les Américains s'endettent

Il y a finalement peu de temps que le crédit aux ménages a pris l'essor qui en fait à la fois un moteur de la croissance et un secteur économique à part entière. Cela peut paraître doublement surprenant. Au regard, d'abord, du rôle déterminant de la consommation de masse dans la marche générale du capitalisme : pourquoi a-t-il fallu attendre la Grande Dépression pour que les États-Unis et l'Allemagne nazie inventent simultanément ce moyen décisif de stimuler la consommation ? Dans sa *Théorie de l'évolution économique*, Schumpeter écarte délibérément de son analyse du processus de croissance le crédit aux ménages, dont il ne voit que la forme usuraire, donc prédatrice, et focalise son propos sur le rôle jugé par lui déterminant du crédit à l'entreprise et à l'innovation. Dans sa *Théorie générale*, Keynes exprime une double crainte simultanée : ou bien que les ménages épargnent trop, au risque de déprimer l'activité ; ou bien que les entreprises, manquant d'occasions d'investir, n'aient plus de raison d'emprunter auprès des ménages pour s'équiper, privant ainsi leur épargne de sa destination productive. Aucun des deux n'a l'idée d'un agent économique, baptisé ménage, qui, au lieu d'épargner, serait un débiteur chronique. Mais il est sans doute plus étonnant encore que les opportunités de profit découlant d'une activité de crédit aux particuliers n'aient été saisies que deux siècles après la révolution industrielle. Ce type d'activité ne nécessite pas d'innovation technique préalable ni d'organisation particulière difficile à mettre au point. En outre, il apparaît aujourd'hui comme un corollaire de la production de masse qui s'est développée à l'orée du XXe siècle. La mise en jeu tardive du crédit aux ménages ne peut guère s'expliquer que par le poids de la routine s'exerçant sur les financiers, habitués à placer l'argent des classes fortunées et à prêter aux entreprises en vue.

Quoi qu'il en soit, le crédit aux ménages s'est définitivement établi dans les circonstances favorables de la grande expansion d'après guerre, avec deux secteurs de développement, l'achat de logement et la consommation courante, grâce à l'octroi de prêts personnels, puis à l'usage des cartes de crédit. La réussite de cette transformation, sûrement plus fondamentale que l'expansion des marchés spéculatifs où le système s'est laissé entraîner ces vingt dernières années, s'incorpore à la réussite d'ensemble du nouveau capitalisme issu de la Grande Dépression. La stabilité des emplois et le progrès des salaires ont favorisé la solvabilité des ménages d'employés qui constituaient le public prédestiné de cette nouvelle forme de crédit. Mais on peut soutenir, de manière symétrique, que les nouveaux moyens ainsi offerts aux particuliers ont aidé à relever la propension à consommer, dont Keynes faisait une variable décisive de son analyse, et, ainsi, à lever l'obstacle sur lequel le mouvement de croissance impulsé par les entreprises risquait de se briser à tout moment du cycle des affaires.

La fin de la grande expansion d'après guerre n'a rien changé en la matière. Le crédit aux ménages, entré dans les mœurs, n'a cessé de s'étendre en dépit des soubresauts de la croissance et des transformations opérées par ailleurs sur les marchés de l'épargne. Il est même devenu une activité de type universel, en ce sens que, outre les banques et sociétés de crédit spécialisées, il est offert désormais directement par les vendeurs, comme les entreprises de distribution ou les constructeurs d'automobiles. Nul besoin semble-t-il, notons-le au passage, d'une forte expertise professionnelle pour la mener sur une vaste échelle et en tirer de substantiels bénéfices. Cette grande activité est à peine un métier. Son marché peut être considéré comme un marché captif dans la mesure où l'opération de crédit est de plus en plus souvent liée à une vente ou découle du droit de tirer sur son compte accordé par le banquier au titulaire d'une carte de crédit. Voilà qui donne à réfléchir. Après avoir longtemps ignoré ce potentiel économique, *les banques et les entreprises laissent les emprunteurs décider librement du montant des dettes contractées auprès d'elles*, sans craindre apparemment leur défaillance ultérieure.

L'indifférence relative des prêteurs vis-à-vis du risque d'insolvabilité des ménages débiteurs se justifie-t-elle ? Les particuliers ne tiennent ni comptes d'exploitation ni bilans, dont les prêteurs pourraient demander l'examen avant d'accorder leurs avances et cela rend délicat le suivi de leur position débitrice, d'autant plus que les intéressés peuvent solliciter plusieurs bailleurs de fonds à la fois. Mais ce serait au contraire une raison forte d'encadrer étroitement les pratiques du crédit à la consommation, par exemple en exigeant un regroupement des opérations auprès d'un banquier centralisant les comptes personnels du débiteur, ce qui n'est nullement le cas. Leur développement s'effectue ainsi à l'aveugle, en dépit des risques inhérents à l'insolvabilité potentielle des emprunteurs.

Cependant l'économie contemporaine n'offre qu'un épisode catastrophique lié à la défaillance des ménages emprunteurs, celui de la faillite des Savings and Loans, la grande caisse américaine spécialisée dans le crédit au logement, à la fin de la décennie 1980. Ailleurs dans le monde, le surendettement de certains ménages n'a jamais jusqu'ici entraîné de crise majeure de solvabilité pour la grande masse des consommateurs. Peut-être est-ce là la raison de l'indifférence relative affichée par les économistes vis-à-vis de cet élément. Après avoir longtemps ignoré le crédit aux ménages comme facteur de croissance, la théorie économique éprouve un mal persistant à l'intégrer à ses analyses et à orienter ses prévisions en fonction du paramètre déterminant qu'il constitue aujourd'hui.

Pourtant, la dette des ménages a atteint des chiffres qui suscitent de légitimes interrogations, au moins dans les pays anglo-saxons. Son encours représente aujourd'hui bien plus que le montant annuel des revenus distribués à l'ensemble des résidents américains ou anglais. Comme cette dette ne concerne pas les classes les plus aisées, on peut l'évaluer à quelque deux années de revenus des agents endettés. Une autre manière significative de l'apprécier consiste à la comparer à celle des ménages de pays comparables comme les ménages français, qui sont deux fois moins endettés que leurs homologues anglais ou américains. De tels écarts, significatifs d'une divergence profonde des structures économiques et financières, méritent le détour de la réflexion. Car ou bien l'on peut dire que la France, et quelques autres pays avec elle, souffre d'un retard dans son évolution économique, du fait d'une excessive prudence financière de ses ménages ; ou bien l'on peut taxer d'imprudence les États-Unis ou l'Angleterre, qui ont laissé s'accumuler à l'excès les dettes de leurs propres résidents.

Mais il importe, avant de répondre à cette question de grande portée, de voir quels sont les mécanismes pratiques qui permettent aux Américains de s'endetter si hardiment. Trois points sont remarquables.

Premièrement, l'usage discrétionnaire de la carte de crédit par les particuliers auxquels les banques ou les entreprises de distribution l'ont accordée. C'est en effet une source de profits considérables pour les financeurs. Les frais de gestion des cartes, en soi minimes, sont les mêmes, quel que soit le montant tiré par le titulaire. Chaque augmentation des sommes empruntées procure ainsi un profit net supplémentaire et accroît mécaniquement la productivité apparente du système de crédit qui bénéficie en fait d'une sorte de droit de péage. Ce fait est apparu en plein jour pendant la période difficile vécue, entre 2000 et 2003, par les banques américaines qui subissaient alors le reflux des profits qu'elles retiraient, sous forme de commissions et de plus-values, de leurs activités sur les marchés financiers. Tandis que les banques d'affaires enregistraient des pertes, les banques les mieux installées sur le marché du crédit à la consommation continuaient d'engranger des profits. L'activité la plus routinière, de caractère quasiment passif, de gestion des cartes de crédit, s'est alors avérée plus rentable que la complexe ingénierie financière mise en œuvre par les *traders*.

Deuxièmement, l'importance décisive des prêts au logement dans des pays où les prix des actifs immobiliers se sont accrus sans répit, que ce soit dans la phase ascendante du cycle économique ou dans sa phase descendante. Aux États-Unis comme en Angleterre, la prospérité insolente de l'immobilier neuf ou ancien a servi de pôle de résistance à la conjoncture, empêchant une forte récession, quand les autres secteurs moteurs se sont repliés. La conjoncture immobilière s'est désolidarisée de celle des autres secteurs, aidant le système à conserver un rythme d'activité convenable. C'est même alors, dans cette phase particulière, que le marché immobilier est devenu pleinement spéculatif, offrant aux intervenants des occasions de plus-values en remplacement de celles qui s'étaient évanouies sur les marchés financiers. Pour beaucoup d'Américains, acheter et revendre un logement a fini par constituer une opération à visées financières autant, voire plus, qu'un acte dédié à leur confort de vie. Du même coup, les volumes d'endettement nécessités par la marche accélérée du marché immobilier n'ont cessé de s'accroître.

Troisièmement, la spéculation immobilière a servi de base à une extension de l'activité du crédit américaine à partir d'un mécanisme financier entièrement nouveau et réellement déroutant qui a reçu le nom d'*equity withdrawal*[1]. Dans leur majorité, les prêts accordés aux ménages américains qui achètent ou font construire un logement sont garantis par une prise d'hypothèque. Les financiers ont créé à partir de cet usage, parallèlement au marché du crédit au logement, un marché hypothécaire, où ils peuvent mobiliser les gages qui assortissent leurs prêts. Ledit marché, progressivement développé depuis quelque quarante années, constitue le soubassement discret de tout le dispositif de crédit au logement à la prospérité de l'immobilier. Or, quand un prêt est accordé, et que la valeur de marché du logement concerné s'accroît, la valeur de l'hypothèque qui garantit le prêt s'accroît en proportion : c'est évidemment une source de plus-values potentielles pour les prêteurs détenteurs d'hypothèques. Mais la finance américaine a imaginé d'en faire également profiter l'emprunteur. Celui-ci se voit offrir désormais la faculté de réévaluer son prêt d'origine à partir de la nouvelle valeur prise par le logement acquis et par le gage qu'il supporte. Par exemple, le prêt d'achat, de 200 000 dollars à l'origine, peut être porté à 300 000 dollars si, entre-temps, la valeur du logement s'est accrue de moitié du fait de la montée des prix immobiliers. Mais, dira-t-on naïvement, à quoi peuvent bien servir les 100 000 dollars offerts en surplus, puisque le logement est déjà acquis ? À d'autres dépenses, pardi ! L'heureux bénéficiaire pourra, grâce à l'extension providentielle du prêt, équiper son logement ou renouveler son parc automobile familial.

1. Littéralement : « retrait d'actif ».

S'il est loisible de s'interroger à propos de pratiques qui comptabilisent des plus-values potentielles comme des ressources acquises — ce qu'impliquent les termes *equity withdrawal* —, il est en tout cas nécessaire de cerner les conséquences matérielles de l'innovation. Durant les trois ou quatre derniers exercices écoulés, les Américains ont usé sans restrictions de leurs facultés d'extension des prêts basés sur l'achat d'un logement. C'est ainsi que les concessionnaires automobiles ont vu nombre de leurs clients s'emparer de véhicules proposés à la vente en leur rétrocédant des fractions de prêts au logement négociés antérieurement. L'illustration révèle la nature singulière du procédé et montre comment le marché américain du crédit au logement agit en pratique à la manière d'un multiplicateur général du crédit aux particuliers.

L'incitation structurelle à l'endettement des Américains est ainsi la plus forte au monde, indépendamment des conditions de crédit déterminées par la banque centrale. Or ces conditions ont elles-mêmes connu à leur tour une évolution exceptionnelle à la faveur, si l'on peut dire, des turbulences économiques et financières survenues à partir de l'été 2000. L'abaissement progressif du prix de l'argent négocié auprès de la banque centrale à un niveau historiquement sans précédent superpose ses effets à ceux d'un système de prêt déjà très libéral. Non seulement la banque centrale, qui détient le pouvoir ultime de freiner ou de stopper la ruée des Américains vers la nasse du crédit, ne l'exerce pas, mais elle encourage cette ruée. Sa politique a fait gagner cinq points d'intérêt sur les conditions antérieures, chiffre énorme à inflation quasiment constante. Toutefois, l'impact de cette politique très accommodante serait encore largement sous-estimé si l'on ne tenait compte que de son effet incitatif. Car la réduction drastique des taux d'intérêt équivaut aussi à octroyer une subvention aux débiteurs. En effet, chaque baisse des taux du crédit courant s'applique simultanément à l'ensemble des prêts contractés à taux variables, indexés sur les évolutions du loyer de l'argent. Le président de la banque centrale a évalué l'aide financière procurée aux ménages débiteurs, par le biais de l'abaissement des taux de crédit, à 175 milliards de dollars pour l'année 2002, soit près de 2 % du PIB américain.

Ces données précises fournissent une base explicative à la résistance de l'économie américaine durant la crise des années 2000-2002. La conjugaison du désinvestissement et de la destruction des emplois industriels, deux années durant, avec l'affaissement progressif de la bourse pouvait laisser craindre une récession plus forte et surtout plus durable, analogue au phénomène déflationniste qui a accablé le Japon pendant ces quinze dernières années. Mais le concours providentiel du consommateur endetté, dont les ficelles ont été actionnées plus vigoureusement qu'elles ne l'avaient jamais été par les autorités monétaires, a enrayé ce processus durant tout le temps nécessaire au redressement des comptes des entreprises et au réveil de l'investissement. L'Amérique en proie au marasme de ses grandes entreprises et de sa bourse a fait le choix d'endetter ses citoyens pour sauver tout à la fois certaines bases essentielles de l'activité, la face de ses dirigeants et le prestige menacé de son modèle économique et financier. Si l'économie américaine a échappé à un affaissement général, pendant la période de réajustement de l'appareil de production et de purge des scandales financiers, c'est à la bonne volonté des débiteurs des classes moyennes et modestes qu'elle le doit, et non à on ne sait quels gènes miraculeux de l'économie locale, que certains admirateurs des États-Unis croient redécouvrir sans cesse. Car, quelles que soient les capacités des entreprises et des travailleurs locaux à s'adapter aux aléas du cycle des affaires, elles n'auraient pas suffi à elles seules à extirper l'économie de l'ornière où les excès des années antérieures l'avaient conduite.

À ces observations d'ordre conjoncturel, il convient encore d'ajouter un constat d'ordre structurel sur le bénéfice constant que les entreprises des États-Unis ont retiré de l'endettement des Américains. Cela tombe sous le sens : quand les ménages s'endettent pour consommer, la demande adressée aux entreprises s'accroît d'un montant supérieur à celui qui découlerait de la dépense des revenus courants. Les dettes des ménages gonflent mécaniquement le chiffre d'affaires des entreprises sans que ces dernières aient à distribuer des salaires supplémentaires. Par conséquent, nous devons voir dans l'accroissement de cette dette un facteur structurel favorable à la profitabilité des entreprises, que les économistes passent inexplicablement sous silence, malgré le rôle central que les profits jouent dans le processus de croissance. Tout changement de comportement des consommateurs tendant à réduire le montant de leurs emprunts et celui de leurs achats aurait inévitablement, en sens contraire, un impact négatif sur les profits de toutes les entreprises qui fournissent les marchés de la consommation. Jusqu'à présent cependant, grâce au gonflement de la dette de leurs acheteurs, les entreprises concernées ont pu engranger des bénéfices structurellement supérieurs à ceux qu'elles peuvent escompter, toutes conditions égales par ailleurs, de la qualité de leurs produits et de leur gestion.

L'étonnante préférence pour la dette manifestée par le peuple des consommateurs américains appelle un dernier constat, peu évoqué dans les commentaires émis sur l'économie des États-Unis. On pourrait penser, en toute première analyse, qu'un dollar d'importation supplémentaire représente un dollar ajouté à la production du pays d'origine. Pour la plupart des produits de consommation importés, il en va différemment. Soit, par exemple, un appareil électronique importé de Corée dont le prix de vente final est de 2 000 dollars. De ce prix doivent être déduits les coûts du transport sur le territoire américain, de la publicité et de la vente, éventuellement des opérations d'assurance. Par ailleurs, une fois l'appareil vendu, il pourra occasionner des frais d'après vente. Tous les dollars relevant de ces différents postes sont incorporés à la production américaine telle qu'elle est mesurée par les comptables nationaux. La vente d'un produit importé d'un prix de 2 000 dollars pourra ainsi donner lieu à un accroissement du PIB local de 1 000 dollars. La surconsommation américaine favorable aux importateurs permet aussi à l'Amérique d'améliorer sa production comptable dans une proportion nullement négligeable, tout en stimulant l'embauche tout au long des filières de vente que suivent les biens importés.

Dette des Américains, dette de l'Amérique

Si la dette des Américains était sans effets notables sur les relations commerciales et financières des États-Unis avec le reste du monde, on pourrait la traiter en simple sujet de curiosité. Mais son impact lourdement négatif sur la balance commerciale, avec ses conséquences financières, lui confère un rôle central dans les relations économiques internationales. Il s'agit moins de disserter sur le bien-fondé pratique de tous les procédés par lesquels tant de résidents américains vivent bardés de dettes, que de mesurer le lien entre les dettes des individus et la dette collective que la nation américaine contracte pour financer son déficit commercial.

Cela suppose que la cause décisive du déséquilibre réside bien dans le surendettement des ménages qui conditionne la surconsommation. Or trois autres motifs au moins de ce déséquilibre sont épisodiquement avancés. On a ainsi successivement invoqué le dynamisme de l'investissement des entreprises, la surévaluation du dollar et, enfin, la thèse selon laquelle ce seraient les partenaires japonais et européens de l'Amérique qui consommeraient trop peu et non l'Amérique qui consommerait à l'excès. Cette dernière thèse constitue d'ailleurs la doctrine officielle du gouvernement de Washington depuis plus de vingt ans que le déficit commercial américain se creuse.

Selon le premier motif, les investissements des entreprises américaines, plus dynamiques que leurs concurrentes des pays partenaires, provoqueraient un appel à des importations supplémentaires qui auraient pour conséquence *temporaire* de créer un déficit des échanges, sans conséquences dommageables à long terme puisque les États-Unis ne manqueraient pas de bénéficier plus tard d'un surcroît de compétitivité découlant de leurs investissements actuels. Cette thèse, qui émane le plus souvent d'observateurs défendant sans nuances le principe d'une supériorité globale de l'économie américaine, ne repose sur aucune logique et n'est vérifiée par aucun chiffre. Il n'existe aucune raison pour que les États-Unis s'équipent à un rythme largement supérieur à celui que connaissent en moyenne leurs différents partenaires : ils ne connaissent pas, comme la Chine d'aujourd'hui, la phase de rattrapage pendant laquelle le taux d'investissement peut atteindre durablement des niveaux supérieurs à 20 % du PIB et ils ne sortent pas non plus d'une période longue de léthargie de l'investissement, qui les obligerait aujourd'hui à refaire le terrain perdu auparavant vis-à-vis de leurs concurrents. C'est pourquoi on ne retrouve pas dans les chiffres la moindre preuve de cette thèse avancée de manière totalement hasardeuse : le taux d'investissement américain, tout à fait convenable dans l'absolu, est inférieur à celui des grands partenaires asiatiques qui sont à la source du déficit commercial de l'Amérique. Celle-ci connaît ses principaux déficits avec des nations qui investissent généralement plus et non moins qu'elle.

L'impact du taux de change sur les échanges commerciaux des États-Unis est beaucoup plus digne d'être pris en considération. Cependant, les larges fluctuations que subissent périodiquement les trois grandes monnaies du commerce extérieur (yen, euro et dollar) brouillent l'appréciation. De l'avis pour une fois unanime des économistes, le dollar a connu deux périodes de nette surévaluation : les années 1982-1985 et 1998-2002. En dehors de ces périodes, ce sont le Japon et l'Europe qui ont subi le préjudice d'une appréciation excessive de leurs monnaies. Mais il est devenu difficile d'estimer l'impact des parités sur le commerce extérieur à partir de ces seules trois grandes monnaies. L'intensification des relations commerciales d'un pays comme les États-Unis avec les nations émergentes d'Asie change largement le contexte commercial et monétaire classique. Aujourd'hui, par exemple, le creusement du déficit commercial des États-Unis avec la Chine fait dire que les premiers sont handicapés par le refus des Chinois de réévaluer leur devise — le renmibi —, qu'ils gardent soigneusement amarrée au dollar par une parité fixe qui fait presque figure d'exception dans le monde, alors que la capacité économique chinoise s'élève constamment. Mais ce serait probablement une erreur de penser qu'un renmibi plus fort réduirait notablement le déficit américain, car non seulement l'avantage en coût du travail chinois sur le travail américain, gigantesque, serait difficile à combler par une réévaluation d'ampleur classique, mais d'autres pays émergents que la Chine pourraient à leur tour profiter de la réévaluation de la devise de Pékin pour substituer les leurs aux marchandises chinoises. On doit constater enfin que les périodes de forte décrue du dollar n'ont pas permis d'amélioration sensible de la position commerciale américaine tout au long des vingt années pendant lesquelles les États-Unis sont devenus structurellement déficitaires. Un facteur permanent est à l'œuvre qui s'avère plus déterminant pour le déficit commercial américain que les variations de l'investissement ou celles de la monnaie.

Ce facteur que les gouvernements américains croient pouvoir incriminer serait la sous-consommation chronique dans les autres grandes zones anciennement développées, Japon et Europe occidentale. Point remarquable, la thèse du Trésor américain sur la question n'a jamais varié depuis vingt ans, malgré les changements successifs d'administration. Or l'hypothèse où il suffirait, pour que le commerce extérieur sorte de l'abîme, que Japon et Europe consomment plus suppose évidemment que les achats supplémentaires des ménages nippons et européens se portent en priorité vers des produits américains. Un examen rapide des postes du commerce extérieur ne montre guère de domaines où l'Europe et le Japon pourraient faire appel plus massivement aux productions de l'Amérique. Ces partenaires commerciaux de l'Amérique importent des biens de divertissement (c'est le premier poste d'exportation des États-Unis), du matériel médical et des produits pharmaceutiques, des ordinateurs, des logiciels et des armes, toutes sortes de produits dont l'achat n'est pas directement lié aux libres décisions des ménages consommateurs. Ceux-ci pourraient accroître leurs dépenses courantes sans que le commerce extérieur américain en bénéficie significativement. Si les dirigeants politiques américains prenaient la peine d'une étude un tant soit peu détaillée de l'évolution du commerce extérieur, par type de production et par pays, ils s'apercevraient vite de l'inanité du raisonnement qui sert de base à leur rhétorique.

Rejeter la faute sur les autres est un procédé courant qui trahit souvent, chez son auteur, un sentiment contraire de celui qu'il offre en public. La faute dont ils accusent les partenaires des États-Unis montre probablement que les gouvernants américains ont conscience d'un défaut de leur cuirasse économique, manque de compétitivité ou mauvaise régulation, qu'ils se refusent pour autant à diagnostiquer publiquement. Car il semble impossible que ces gouvernants, entourés des avis de véritables experts indépendants, puissent ne pas voir que le déficit a sa cause principale dans le surendettement du consommateur local. S'ils souffrent de cécité, c'est volontairement. L'endettement débridé des ménages locaux est en effet la première explication du taux d'emploi favorable qui s'est globalement maintenu aux États-Unis depuis les mandats de Ronald Reagan, et dont chaque président craint par-dessus tout l'éventuelle dégradation. Le discours officiel des administrations américaines successives reflète leur préférence politique pour l'emploi et les amène à minorer ou à ignorer les déséquilibres financiers collectifs qui en sont largement le prix.

Le creusement continuel du déficit américain administre la preuve définitive de ce surendettement. Les États-Unis ont vécu entre 2000 et 2003 un épisode hautement révélateur. Après le pic atteint par leur croissance en 1999, un vif repli de l'investissement, nécessité par le besoin d'amortir les équipements achetés par les entreprises dans la période de boom, a fortement réduit le rythme général de l'expansion. Nombre d'économistes pensaient que cette période de réajustement permettrait, de façon très classique, une réduction sensible du déficit commercial, à l'instar de ce que les États-Unis avaient connu entre 1989 et 1991, où, à la faveur d'une légère récession, leurs échanges commerciaux avaient retrouvé une situation de quasi-équilibre. Or c'est tout juste si la courbe du déficit a oscillé autour de son étiage avant de replonger vers des profondeurs inexplorées. Le chiffre mensuel qui se situait déjà à plus de 30 milliards de dollars en 2000 s'est élevé à plus de 50 milliards durant l'été 2004. Ni l'investissement, ralenti, ni la progression des revenus, stagnante, ne portent la moindre responsabilité dans cette situation inédite. Il suffit de rapprocher les courbes de la dette des ménages et du déficit commercial pour élucider l'énigme apparente du déficit massif et croissant d'une nation pourtant dotée d'avantages économiques sans pareils. Le mouvement autonome d'endettement des Américains qui dicte le rythme de leur consommation accélère proportionnellement le déficit commercial. Le déséquilibre des échanges se creuse à mesure que la dette des ménages se gonfle.

La gravité du déséquilibre principal qui affecte l'économie américaine a fini par susciter, après de longues années d'indifférence, la critique empreinte d'inquiétude des experts de l'OCDE et du FMI. Ce n'est pas tant le déficit lui-même que les conditions de son financement qui réveillent leur vigilance. Les économistes internationaux posent à haute voix la question suivante : « Comment les États-Unis feront-ils pour financer leur déficit extérieur si celui-ci se maintient ou s'accroît ? » Question que nous pouvons traduire plus complètement et plus crûment ainsi : « Comme il n'existe pas de perspective réaliste d'une amélioration de la position extérieure américaine et que la dette des États-Unis est ainsi vouée à s'alourdir d'année en année, comment réagiront finalement tous ceux qui assument dans les faits la couverture financière du surendettement de leurs consommateurs ? »

Car la dette personnelle des Américains a pour contrepartie, de manière croissante, la dette collective de la nation américaine. La position extérieure des États-Unis a cessé d'être

États-Unis : comptes des ménages :
dette/revenu disponible brut

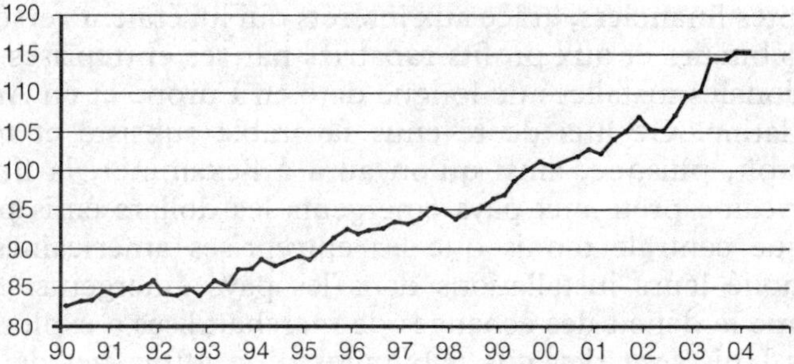

États-Unis : balance courante* en % du PIB

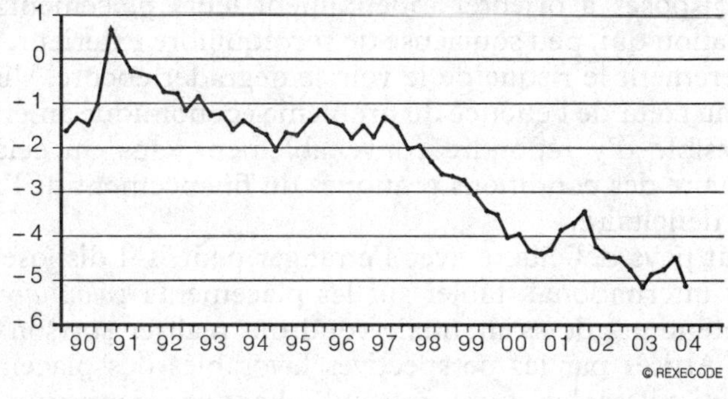

Le déficit des échanges courants aux États-Unis s'aggrave parallèlement à la croissance de la dette des ménages, calculée en proportion de leur revenu disponible brut.

* On obtient la balance courante en ajoutant à la balance commerciale la balance dite des « invisibles » : principalement, dépenses liées au tourisme, salaires adressés à l'étranger par les travailleurs migrants, paiement des intérêts et des dividendes sur les capitaux, achat et vente de brevets et de licences.

équilibrée en 1988. Jusqu'à cette date, malgré le déficit commercial déjà constaté, l'Amérique parvenait à équilibrer ses comptes financiers, grâce aux intérêts qui lui étaient versés par ses débiteurs et aux profits rapatriés par ses entreprises multinationales installées de longue date en Europe et en Amérique latine. Ce flux de revenus favorable subsiste et même s'accroît, puisque, ainsi qu'on aura à l'examiner, la finance américaine prête aux pays émergents les dollars émis par sa banque centrale tandis que les entreprises américaines ont multiplié leurs installations dans les pays émergents. Mais, comme le déficit des échanges de marchandises a explosé, les États-Unis sont devenus tributaires d'un afflux net de capitaux, accepté par leurs partenaires étrangers, pour boucler leurs comptes extérieurs. La question de savoir si ces étrangers sont disposés à orienter indéfiniment leurs placements vers une nation qui, peu soucieuse de son équilibre extérieur, court délibérément le risque de le voir se dégrader encore, s'inscrit alors au cœur de l'énoncé du problème économique américain. Impossible d'y répondre convenablement sans un éclairage sommaire des conditions pratiques du financement de l'Amérique déficitaire.

Tout pays déficitaire avec l'étranger peut, s'il dispose d'un crédit international, tabler sur les placements *volontaires* que les détenteurs de sa monnaie voudront réaliser sur son territoire. Attirés par les perspectives favorables des placements, les particuliers, les entreprises et les banques viennent y acheter des immeubles, des actions ou des titres d'emprunt. Les États-Unis ont largement bénéficié et bénéficient encore d'un flux de capitaux privés, décidés par les étrangers détenteurs de dollars qui y placent leur argent pour des raisons de rendement, de commodité ou de sécurité. Les fortunes arabes ou latino-américaines, peu confiantes dans l'avenir économique ou politique de leurs régions d'origine, y affluent régulièrement. Les épargnants japonais affectent aussi une fraction de leurs économies aux besoins financiers des États-Unis, volontairement ou involontairement, par le biais des institutions financières qui gèrent leurs ressources. Les entreprises européennes ou asiatiques désireuses de développer leurs activités sur le sol américain y réalisent des investissements directs souvent considérables. Enfin, les entreprises et les banques étrangères peuvent contribuer directement à l'équilibre financier externe des États-Unis par des placements nets en obligations et surtout en actions américaines. Cette dernière modalité a connu une très large application durant les années de bulle boursière, au point qu'en 1999 près de la moitié du déficit externe était couvert par les achats massifs d'actions cotées réalisés par des non-résidents sur les marchés de New York. À la faveur de cette conjoncture favorable, quoique largement illusoire, les États-Unis sont apparus comme le pays de cocagne de la finance internationale qui non seulement ne risquait rien à se placer sous la dépendance des détenteurs de dollars étrangers, mais allait renforcer encore, suivant un cercle vertueux, sa domination présumée en capitalisant l'épargne étrangère sur son territoire. Les événements ultérieurs ont démenti cette vision quand les entreprises européennes et asiatiques se sont rendu compte à quel point elles avaient surestimé les bénéfices attendus de leurs placements new-yorkais, sous l'influence trompeuse, il est vrai, des analystes et des banquiers d'affaires locaux. Retenons toutefois que ces placements boursiers, qui ont joué un rôle notable dans le financement vertueux du déficit extérieur américain, ne sont plus de saison. Pour l'essentiel, le financement externe des États-Unis exige désormais que cette nation contracte de nouvelles dettes vis-à-vis des étrangers détenteurs de sa monnaie.

Mais dans cette situation apparemment défavorable à son crédit, cette nation peut s'appuyer sur un mécanisme simple qui représente en fait un processus de prêts *forcés* à son bénéfice. En effet, quand les agents privés détenteurs de dollars ne trouvent pas d'intérêt personnel à les placer pour leur propre compte sur le territoire américain, il ne leur reste plus qu'à les convertir en leur propre monnaie nationale, ce qui fait aboutir les dollars dans les caisses de leur banque centrale. Or que peut faire une banque centrale de ces dollars, sinon les placer à son tour, mais cette fois sous la contrainte des faits, en titres du Trésor américain ou d'emprunts garantis par lui. Le processus général du financement du déficit externe qui semble aux yeux de la plupart le résultat de décisions volontaires, *de marché*, donc tributaires de la confiance, est en réalité sous-tendu en permanence par l'obligation implicite des banques centrales des pays excédentaires de conserver les dollars accumulés, tout en les convertissant, pour la bonne forme, en obligations et en bons du Trésor américain.

Le financement externe des États-Unis offre ainsi deux visages contrastés. Entièrement dépendante dans les apparences de la bonne volonté de l'étranger, l'économie américaine peut tabler en sens inverse sur la dépendance à son égard de ses partenaires commerciaux. Car les banques centrales asiatiques et européennes où se forment d'impressionnantes réserves de dollars ne peuvent se risquer à les rejeter sur le marché sans provoquer la crise de confiance qui, en ébranlant irréversiblement la monnaie américaine, compromettrait la poursuite favorable des échanges commerciaux avec les États-Unis. La dépendance formelle de l'Amérique vis-à-vis des détenteurs de sa monnaie s'accompagne d'une dépendance foncière, plus déterminante *pour l'instant*, des pays qui trouvent sur son marché intérieur les débouchés croissants qui soutiennent l'expansion de leurs entreprises. Les créanciers semblent donc tenus par leur débiteur.

En résumé, tandis que le déficit extérieur forme la contrepartie la plus évidente de l'endettement du consommateur américain, la dette extérieure, de plus en plus constituée de prêts consentis par les banques centrales étrangères, en représente le résultat ultime. Dette intérieure des ménages et dette extérieure de la nation sont indissolublement liées. Et compte tenu de l'étrange dépendance qui oblige les créanciers de l'Amérique à s'accommoder du déficit américain, on pourrait imaginer que le déficit et les deux dettes, intérieure et extérieure, sont voués à se reproduire ou à s'accroître sans limitation possible. Si choquante que puisse apparaître la situation qui en découle, rien pour l'instant ne permet de préjuger qu'elle puisse connaître une fin prochaine. Mais c'est là que l'anomalie américaine prend un sens qui dépasse la question banale de l'excès de consommation des ménages locaux : le surendettement américain soutient de telle sorte l'économie mondiale que celle-ci courrait un danger grave s'il advenait, pour une raison ou pour une autre, que les ménages américains cessent de s'y livrer ou que la nation américaine perde le crédit qui lui permet de faire face à ses conséquences financières. Comment se fait-il que le monde soit dépendant d'une pratique des citoyens américains à laquelle il conviendrait, en pure logique, de chercher à mettre un terme ? Pourquoi le monde ne parvient-il pas, sans l'Amérique dépensière et déficitaire, à garder durablement un rythme de croissance favorable ?

Ce que révèle l'anomalie américaine

Les États-Unis ne sont pas le seul pays gravement déficitaire dans le monde. Presque tous les pays anglo-saxons présentent de lourds déficits extérieurs qui s'expliquent d'abord par l'endettement incontrôlé de leurs ménages et l'excès de la consommation qui en découle. Ce n'est que du fait d'un poids moindre de ces pays dans l'économie mondiale que l'on accorde moins d'attention à leurs déséquilibres, tandis que la place dominante des États-Unis dans le circuit des échanges internationaux focalise les regards et suscite les analyses. Ce qui importe n'est donc pas seulement la demande et le déficit américains, mais le fait que, par leur importance, ils décident largement de la croissance mondiale. Autrement dit, l'économie mondiale se révèle incapable, quand on en retire les États-Unis, de susciter une demande telle que ses capacités de production, et tout particulièrement ses capacités industrielles, soient suffisamment occupées.

L'impact de la demande américaine sur le reste du monde est mal rendu par les statistiques du commerce extérieur. Les importations des États-Unis sont égales à 19 % du PIB national. Une fois décomposées en fonction des pays ou des régions qui en bénéficient, on comprend mal qu'elles puissent constituer une force motrice de l'économie internationale. Ainsi 5 % seulement de la production européenne prennent le chemin des États-Unis. Est-il alors concevable qu'une variation, même importante, de ces 5 % décide, comme l'affirment désormais les conjoncturistes, de la bonne tenue des économies européennes ?

C'est pourtant ce qu'ont révélé les deux épisodes successifs de la crise asiatique de 1997 et du ralentissement américain de 2000. Le premier épisode, qui reste dans les mémoires surtout en raison de la crise de la finance mondiale qui s'est ensuivie, a aussi démontré à quel point l'Asie et l'Europe étaient devenues dépendantes de la conjoncture intérieure de l'Amérique. Le redressement des économies sinistrées s'est opéré à partir de l'accélération de la croissance américaine constatée à la fin de 1998, et les économies européennes, qui avaient déjà été atteintes par l'onde de choc de la crise en Asie, se sont fortement reprises à leur tour grâce à cette accélération. S'il nous est permis de recourir à cette image, nous dirons que l'économie internationale, placée dans une position désespérée comme Napoléon à Waterloo, a vu, à l'inverse de l'Empereur, apparaître un général Grouchy sauveteur en la personne du consommateur américain puissamment aiguillonné par son banquier central. En revanche, quand la conjoncture américaine a entamé son repli en 2000, ses effets débilitants se sont rapidement étendus à diverses régions du monde, et tout particulièrement à l'Europe occidentale, dont les ressorts internes se sont révélés impuissants à maintenir un rythme de croissance significatif. Deux situations conjoncturelles différentes, mais très récentes, ont donc apporté la preuve qu'un excès de la demande américaine, discutable dans son principe, était pourtant requis pour que le reste du monde jouisse d'une croissance forte et harmonieuse.

Car l'impact de la demande américaine sur ses différents partenaires dépasse infiniment la mesure qu'on peut en faire à partir des chiffres du commerce extérieur des États-Unis. Le recours massif aux produits de consommation japonais, coréens ou chinois, qui sature les capacités de production locales, dicte du même coup les décisions d'investissement et de recrutement du secteur exportateur et soutient indirectement la consommation intérieure. L'importation par les États-Unis de biens d'équipement fournis par l'Europe industrielle consolide la conjoncture du Vieux Continent qui, très faiblement soutenue par la consommation locale, est devenue particulièrement dépendante de la bonne marche des exportations. *A contrario*, dès que les carnets de commande « Amérique » de l'Asie et de l'Europe tendent à se dégarnir, les entreprises révisent à la baisse leurs anticipations immédiates et réduisent leurs projets d'embauches et d'investissements. L'économie avoue ici son peu d'exactitude puisqu'elle se montre incapable de mesurer avec une relative précision l'impact des variations des exportations sur la conjoncture des pays concernés. Mais l'observation scrupuleuse des événements permet, en s'appuyant sur la logique du cycle des affaires, de dégager les tendances fondamentales de la conjoncture internationale. Depuis 1998 au moins, cette conjoncture se relie à la conjoncture proprement américaine d'une manière inconnue dans le passé. Alors que les récessions américaines d'après guerre n'ont, de mémoire, jamais entraîné de récession mondiale, un simple ralentissement des États-Unis provoque aujourd'hui des ondes de choc immédiates qui compromettent le courant d'expansion des autres nations développées et, parfois, des nations émergentes.

Devant ce constat universel, la tribu des économistes adopte le parti de la déploration, appelant les États partenaires de l'Amérique à trouver les moyens d'une relance de la demande locale, et se risque parfois à suggérer des palliatifs, sous forme de baisses supplémentaires des taux du crédit, de plans d'investissements publics ou de réformes du marché du travail destinées à augmenter la disponibilité des chômeurs pour exercer une nouvelle activité. Cependant les auteurs de ces propositions en connaissent les limites aussi bien que quiconque. Il n'y a guère à attendre d'un abaissement du loyer de l'argent de la banque centrale alors que celui-ci est déjà, comme il l'a été en Europe ces deux dernières années, au niveau historiquement bas de 2 %, voire à 0 %, chiffre maintenu depuis des années par la banque centrale du Japon. Guère à espérer non plus de plans d'infrastructures nouvelles, qui peuvent créer des poches d'activités temporaires mais non susciter des courants d'affaires continus. Et encore moins du côté de la réforme des conditions d'indemnisation du chômage tant qu'il ne sera pas devenu nécessaire de répondre à une reprise de la demande en offrant de nouvelles bonnes volontés sur le marché du travail.

Mais d'où vient donc que les économistes, face au constat de la faiblesse de la demande mondiale quand la demande américaine ne vient pas suppléer les insuffisances constatées ailleurs, ne cherchent pas à dégager un facteur général de cette faiblesse ? Serait-ce parce qu'ils l'ignorent ou au contraire parce que, le connaissant, ils n'entendent pas le révéler ? Ils s'abstiennent, en effet, de rapprocher ce constat d'un autre, non moins aisé, de l'abaissement du coût du travail à l'échelon mondial, abaissement guidé par les rails du libre-échange mondial. Ainsi, au moment de dire pourquoi la conjoncture internationale est si fragile et si dépendante de l'Amérique, le seul fait passé sous silence, en dépit de son caractère général et immédiatement constatable, est la moindre rémunération du travail et des compétences qui se pratique sur une échelle croissante à la faveur du libre-échange mondial. Comment les économistes s'arrangent-ils pour ignorer publiquement les effets déprimants de la déflation salariale sur la conjoncture mondiale ? Car ces effets déprimants, l'anomalie américaine les révèle. Pour que l'économie mondiale trouve le bon rythme, il faut que l'Amérique se livre à une débauche de dettes et de consommation. Alors tous les indicateurs s'orientent favorablement sous les louanges des économistes militants de la mondialisation. Mais quand le ressort américain se détend, on ne se risque plus à rechercher les causes profondes de l'enlisement qui s'ensuit. Il ne reste qu'à attendre la providentielle reprise des États-Unis, quel que soit son coût en termes de dettes supplémentaires pour les Américains et d'importation de l'épargne mondiale par l'Amérique.

Cela montre que la mondialisation en cours est américaine en un premier sens strictement matériel, puisque la demande américaine en est la condition de réalisation immédiate. Par ses excès, l'Amérique permet au monde de prendre le pari du libre-échange intégral et de la déflation salariale qu'il entraîne.

3
La déflation salariale

Le 20 septembre 1992, le peuple français était appelé à se prononcer sur l'unification monétaire de onze pays membres de l'Union européenne. Les ardents partisans du « oui » avaient alors insisté, entre autres arguments, sur la protection qu'offrirait heureusement la nouvelle monnaie contre le risque de résurgence de l'inflation auquel notre économie était, prétendaient-ils, particulièrement sensible. Leur plaidoyer s'accordait, reconnaissons-le, au discours dominant dans les sphères dirigeantes des grandes banques centrales et au sein des Trésors des grandes économies. L'économie officielle multipliait les arguments en faveur de l'inflation la plus basse possible, sous-entendant que l'inflation zéro constituait un objectif idéal vers lequel il fallait tendre. Elle affirmait que la désinflation maximale enrichirait les consommateurs, permettrait la baisse des taux d'intérêt favorable à l'investissement et à l'emploi et soutiendrait la valeur internationale de la monnaie.

La pauvreté générale de cette argumentation ne mérite plus aujourd'hui qu'on s'y attarde beaucoup. On a pris conscience, précisément pendant les années de mise en place de la monnaie européenne, que l'inflation avait cessé de menacer les économies développées et que les liaisons dangereuses que l'économie officielle avait établies entre ce paramètre économique et les autres étaient exagérées. Les consommateurs ont été beaucoup plus menacés par la perte de leur emploi que par les hausses intempestives de prix. Loin d'être un facteur de baisse des taux d'intérêt sur le marché des emprunts à long terme, la politique préventive de l'inflation menée par les banques centrales a créé, de longues années durant, une situation de rente favorable aux prêteurs à long terme. La stabilité des prix s'est révélée n'être qu'un critère parmi d'autres, et sûrement pas le plus essentiel, de la force de la monnaie sur le marché des changes. Tout était faux ou presque.

Or, à partir de l'automne 2002, dix années exactement après le référendum le plus surréaliste que la France ait connu, une vague montante d'analyses émanant d'économistes de renom a commencé à nous mettre en garde contre le risque de la déflation. Voilà de quoi être interloqués. La mise en garde émane en effet bien souvent des anciens apôtres de la lutte contre l'inflation, largement démentis par les faits : leur suffirait-il de changer de sujet et de doctrine pour avoir maintenant raison ? Et la nouvelle menace qu'ils invoquent est-elle vraisemblable alors que les prix du pétrole se sont envolés, que les indices officiels des prix des grandes nations sont tous, à l'exception du Japon, au-dessus du zéro fatidique, que les prix des logements dans de nombreuses cités européennes et américaines s'élèvent fortement et régulièrement sous la poussée spéculative des opérateurs du marché ? Les économistes ne chercheraient-ils pas, en substituant à leur ancien diagnostic un diagnostic de sens inverse, à faire oublier leurs erreurs passées, sans se préoccuper de la validité de leur nouvelle analyse ?

La menace déflationniste est hélas beaucoup moins imaginaire que le risque inflationniste a pu l'être. Répétons-le, une fois l'inflation salariale des années 1970 éradiquée dans tous les pays développés, c'est-à-dire vers 1985, le retour à une forte inflation des prix a cessé de représenter un danger sérieux. Il a fallu des épisodes particuliers comme celui de la réunification allemande pour que renaissent, dans un périmètre restreint, de véritables tensions inflationnistes. Les grands pays industriels vivent *de facto* depuis lors dans un contexte de hausse négligeable des prix des produits manufacturés et de hausse modérée des prix des services. Cette tendance a été pleinement confirmée dans la dernière phase de vive croissance dont les États-Unis et l'Europe ont bénéficié à la fin du siècle dernier. La hausse des prix n'a jamais dépassé durablement 3 %, même lorsque la conjoncture, à son plus haut, créait de vives tensions sur le marché de l'emploi. Il est arrivé un moment où les économies américaine et européenne se sont heurtées à de véritables pénuries de main-d'œuvre. Or la théorie économique dans son ensemble considère cette situation comme typiquement favorable à un retour de l'inflation. Mais d'inflation salariale, on ne vit point, et d'inflation des prix non plus vraiment, si on laisse de côté les poussées spéculatives sur les marchés boursiers et immobiliers, car c'est une autre histoire.

À elle seule, cette résistance à l'inflation manifestée par nos économies, quelque vingt ans après avoir été en proie à la fameuse « stagflation », mériterait une reconsidération du jeu des mécanismes économiques qui ont opéré dans le capitalisme classique comme dans celui d'après guerre. Contentons-nous de dire au passage qu'elle marque, de façon difficile à récuser, le déclin du poids du salariat dans l'ensemble du dispositif, y compris dans les secteurs favorisés par la conjoncture. La position d'égalité acquise par le salariat vis-à-vis de la collectivité des employeurs, pendant les années dites « glorieuses », est révolue.

Cependant le pas qui sépare l'inflation de la déflation est forcément plus large que ne sembleraient l'indiquer les indices de prix. Si l'on considère que la véritable inflation montre le bout de l'oreille à partir d'un seuil statistique de 3 % et que la déflation commence mathématiquement au-dessous de zéro, l'écart chiffré n'est que de trois points : c'est peu de chose. Cela, qui encourage d'ailleurs les nouveaux combattants de la lutte antidéflationniste à réclamer la plus grande vigilance, ne nous dit rien de ce qui sépare vraiment l'inflation de la déflation. Au demeurant, comme la déflation a disparu après guerre pour ne réapparaître au Japon que dans la dernière décennie du siècle passé, elle constitue une redécouverte qui impose un retour aux définitions théoriques. Opération doublement nécessaire pour vérifier, d'une part, que la déflation a effectivement resurgi et, d'autre part, pour voir dans quelle mesure elle s'identifie à celle dont le passé nous a offert des exemples. Deux conclusions majeures découleront de cette opération : premièrement, la déflation classique est un phénomène qui, consistant à thésauriser de la monnaie au détriment de la demande de biens, a sa source principale dans l'éclatement de bulles spéculatives ; deuxièmement, le processus déflationniste qui atteint les économies développées ne relève pas des définitions classiques, il naît dans le sillage du libre-échange mondial et de l'abaissement forcé de la rémunération du travail qui en est la raison d'être ; par voie de conséquence, les politiques de prévention de la déflation classique sont inopérantes contre la déflation contemporaine.

Un exemple de déflation classique : la déflation japonaise des années 1990

Le hasard fait que l'Histoire économique a offert récemment un exemple typique de la déflation classique. La crise japonaise qui s'est installée à partir de 1990 pour ne cesser, peut-être, qu'en 2004 a montré tous les traits caractéristiques d'une déflation pure et dure : baisse continue des prix, érosion continuelle de la propension à consommer des ménages, tarissement des crédits à la production ou à la consommation, réticence des acheteurs à payer à l'échéance et, en réponse, exigence des vendeurs de paiements cash ou en avance sur la livraison, baisse nominale des salaires, inefficacité de la baisse générale des taux d'intérêt, faillite du système bancaire.

Première caractéristique : la baisse continue de l'ensemble des prix. Ce point, fondamental pour la théorie comme pour l'opinion commune, n'est pas si facile à apprécier. Il est presque exclu que tous les prix baissent en même temps, ne serait-ce que parce que les prix de certaines importations, comme ceux de l'énergie ou les tarifs des services publics ou les prix de certaines denrées alimentaires, soutenus publiquement, peuvent rester orientés à la hausse. Ce fut le cas au Japon dans les années 1990 sans empêcher le moins du monde l'économie dans son ensemble de s'enliser dans la déflation. Ce fait démontre que la baisse d'ensemble des prix résulte d'une dépression irrésistible du marché intérieur. Mais cette baisse semble s'entretenir d'elle-même. Au lieu de stimuler l'appétit de consommer des ménages, comme le ferait une sorte de solde général des surplus des commerçants, elle les encourage à différer leurs achats, ce qui, naturellement, aggrave un peu plus la situation préexistante.

Deuxième caractéristique : l'érosion de la propension à consommer des ménages. Dans le cas japonais le plus récent, ce phénomène a été souvent interprété comme résultant d'une volonté excessive d'épargne des ménages concernés. En effet, affaiblissement de la propension à consommer ou accroissement de la volonté d'épargne peuvent apparaître comme deux descriptions symétriques d'un même phénomène. Mais cela reviendrait à confondre épargne et thésaurisation. La force de l'épargne japonaise s'est manifestée de longue date sans entraîner de conséquences dommageables pour l'économie nippone. Le fait nouveau apparu à l'occasion de la déflation est l'accumulation d'épargne liquide, sous forme de dépôts bancaires non rémunérés ou de détention d'espèces dans des coffres-forts personnels. Elle dénote une sorte de double aversion pour les achats de marchandises, d'une part, et pour les placements à terme, d'autre part, dédaignés en dépit de la rémunération dont ils jouissent. La détention d'avoirs liquides ne manifeste plus une volonté d'épargner soutenue par un motif de précaution ou par un motif de spéculation, mais un pur et simple arbitrage favorable à la détention de monnaie et défavorable à la détention de biens de quelque nature que ce soit. Les ménages japonais ont préféré thésauriser des yens plutôt que satisfaire un peu plus leurs désirs ou préparer méthodiquement leurs vieux jours. Cela signifie, soit dit au passage, que le vieillissement de la population locale n'a pas joué de rôle majeur dans le processus déflationniste, contrairement à certaines analyses. Loin d'empêcher l'essor de la consommation, les Japonais âgés, dotés de bonnes retraites, et délivrés de la nécessité d'épargner, l'ont bien souvent soutenue.

Troisième caractéristique : le tarissement du crédit à l'économie et la préférence des vendeurs comme des acheteurs pour des paiements en liquide. Ce point est de nature à désorienter le lecteur. En effet, nombre d'analyses consacrées à la crise japonaise, et tout particulièrement celles qui se sont multipliées à partir de 1995, année de rechute du Japon après un semblant de convalescence, ont insisté sur l'ampleur des mauvaises créances détenues par les banques japonaises et ont condamné à cette occasion leur refus de les éliminer pour redresser leurs comptes. À les suivre, cette politique de crédit discrétionnaire entretenait la crise de l'archipel en empêchant une véritable restructuration de l'économie intérieure. Plutôt que d'un tarissement du crédit, le Japon aurait pâti, toujours selon ces analyses, d'une politique laxiste empêchant la résorption des créances douteuses.

La contradiction est plus apparente que réelle. Il est vrai pour une part que les banques japonaises n'ont jamais retiré leur soutien à l'économie intérieure, y compris aux entreprises de solvabilité douteuse. Cette politique collective, menée avec l'accord des gouvernements successifs et de la banque centrale, a consisté dans les faits à renouveler indéfiniment la grande masse des crédits anciens, dans le but principal d'éviter l'extension des faillites d'entreprises et un effondrement consécutif de l'emploi. En revanche, le maintien des concours aux entreprises en difficulté s'est accompagné d'un tarissement des demandes de crédit pour de nouveaux projets d'entreprises ou pour la consommation, en raison de la faiblesse de la demande interne et des liquidités surabondantes dont disposaient les ménages. La fonction économique classique du crédit à la production et à la consommation a pratiquement cessé d'être exercée durant cette période.

Simultanément, les observateurs de la vie économique quotidienne au Japon ont constaté de surprenants comportements des vendeurs et des acheteurs. Par exemple, le tailleur de confection demandait un paiement par avance, par dérogation à l'usage commercial. Ou bien, en sens inverse, l'entreprise qui avait commandé une mission à un cabinet omettait de la régler dans les délais habituels. Ces observations multiples sont pleinement conformes à l'idée d'une préférence générale pour la détention d'argent liquide qui marque les phases déflationnistes.

Quatrième caractéristique : la baisse des salaires nominaux. C'est le signe d'une déflation parvenue à un stade avancé. Dans son premier stade, l'arrêt des embauches et la dépression du marché du travail ont pour effet de stabiliser les salaires de la grande masse des travailleurs qualifiés ou non qualifiés. Les contrats de travail ne pouvant être modifiés unilatéralement par les employeurs, les salaires des employés maintenus dans leurs postes sont simplement gelés en valeur absolue. Mais, si la déflation se poursuit, comme ce fut le cas au Japon au début du nouveau siècle, les entreprises profitent du renouvellement partiel de leurs effectifs pour embaucher une main-d'œuvre à plus bas prix. Le taux moyen des salaires s'abaisse par degrés. Le mouvement a pour conséquence d'enrayer l'accroissement du pouvoir d'achat des salaires qui résultait auparavant de la baisse progressive des prix à la consommation. Mathématiquement favorable aux entreprises, la baisse du salaire nominal est en fait préjudiciable aux résultats de celles qui s'adressent aux consommateurs locaux, dans la mesure où elle érode le pouvoir d'achat intérieur.

Cinquième caractéristique : l'inefficacité de la baisse des taux d'intérêt. Keynes a déployé tout son art de la persuasion pour démontrer comment le processus déflationniste désamorce le mécanisme incitateur de la baisse des taux d'intérêt[1]. La chute simultanée des volumes de vente et des prix décourage en effet les entreprises de prendre le risque d'investir, que ce soit pour moderniser leur production ou pour en accroître l'échelle. Selon leurs estimations, la baisse du prix de l'argent ne compense pas le risque de mévente et de baisse concomitante des prix de vente. Le critère essentiel n'est plus le montant des intérêts qu'on peut leur réclamer mais la difficulté d'opérer les amortissements si la mévente devait se poursuivre. Ce qu'a confirmé l'expérience japonaise : l'abaissement à zéro du taux de l'argent proposé par la banque centrale du Japon au réseau de banques commerciales qui lui est affilié est demeuré sans effet décelable. Il est même permis de se demander, à la suite de certains économistes peu soucieux d'orthodoxie, si ce taux zéro n'a pas contribué à enliser l'économie un peu plus encore, en persuadant les consommateurs japonais de l'irréversibilité de la crise économique.

Sixième et dernière caractéristique : la faillite du système bancaire. Bien que la nouvelle n'en soit jamais parvenue dans les salles de rédaction, le Japon a connu une situation de ce genre. Pour empêcher les effets dévastateurs qui auraient résulté d'une officialisation de l'événement, la banque centrale a, tout en aidant continuellement les banques à renouveler l'essentiel des créances qu'elles détenaient sur les petites et moyennes entreprises, repris à son compte, sans états d'âme, la part la plus douteuse de ces créances. Cette politique audacieuse qui fait intervenir la banque centrale comme un organisme de sauvetage financier relève objectivement de l'expédient, mais d'un expédient nécessaire grâce auquel la déflation japonaise récente n'a pas occasionné l'effondrement bancaire qui aurait démultiplié la crise ainsi qu'on le vit aux États-Unis durant la Grande Dépression.

Cette dernière expérience permet de nuancer l'analyse keynésienne classique en la matière. Une fois installée, la déflation

1. John Maynard Keynes, *Théorie générale de l'emploi, de l'intérêt et de la monnaie*, Paris, Payot, 1985.

a tendance à se nourrir d'elle-même, en aggravant par étapes les effets de la récession initiale. La préférence des ménages et des petites entreprises à conserver l'argent sous forme liquide et à ne pas payer leurs dettes, qui est au centre du processus, donne à la déflation un tour singulier qui la distingue nettement de la récession proprement dite et réduit à peu de chose l'efficacité de la politique de relance monétaire : de ce point de vue, la thèse de Keynes conserve sa validité et son actualité. En revanche, les quinze années difficiles traversées par l'économie japonaise nous ont apporté deux leçons inattendues : l'une décevante, l'inefficacité de la politique de relance par la dépense publique, l'autre réconfortante, la possibilité de sanctuariser le système bancaire par l'action de la banque centrale. La première leçon réclame peu de commentaires : un déluge de dépenses publiques, occasionné par douze plans de relance budgétaires successifs, qui a fait du Trésor japonais l'organisme le plus endetté du monde, n'est pas parvenu à ressusciter la volonté de consommer et d'investir du secteur privé. En régime de déflation pure et dure, la relance budgétaire, contrairement au bréviaire keynésien, n'a donc guère plus d'effet que la relance monétaire. Mais la seconde leçon donne aussi à réfléchir : la mise sous perfusion du système bancaire par la banque centrale a élevé une barrière d'arrêt devant l'extension du séisme financier. On peut donc gagner, grâce à cet expédient, le temps éventuellement nécessaire pour que de nouvelles conditions favorables réapparaissent, par exemple une impulsion supplémentaire des exportations ou l'arrivée sur le marché de la consommation de jeunes générations moins calculatrices et plus dépensières, nouvelles conditions favorables qui permettront une réanimation progressive de l'économie en détresse.

Comment naît la déflation classique

Très comparable par son processus au modèle de la Grande Dépression, la déflation japonaise l'est aussi par ses origines immédiates qui se situent dans l'implosion des valeurs boursières et immobilières à la fin de la décennie 1980. Observons-le au passage : les économistes, pour une fois unanimes à incriminer comme cause principale de la déflation l'éclatement des bulles spéculatives, n'ont pas voulu en tirer d'autre enseignement que factuel. À un moment où les beaux esprits s'expriment couramment sur le thème de la « société du risque », le risque majeur suscité par la formation de ces bulles, dont personne ne doute dans le principe, demeure à la périphérie de la réflexion économique et sociale. On ne s'en étonnera pas. S'il est vrai en effet que l'éclatement d'une bulle boursière et immobilière peut être le facteur déclenchant d'une déflation, il convient alors de prévenir, donc de combattre le gonflement excessif des marchés qui en sont le théâtre. Mais chercher à le prévenir, n'est-ce pas entrer en conflit avec les acteurs concernés qui verraient leurs perspectives personnelles menacées ? N'est-ce pas par la même occasion remettre en question, d'une manière plus fondamentale, une vision de l'économie appuyée sur le principe de la création de valeur pour l'actionnaire et l'extension indéfinie de ces marchés ? C'est pour ces raisons assurément que l'éclatement des bulles japonaises n'a pas suscité, malgré les dommages entraînés, les questionnements de fond auxquels on aurait été en droit de s'attendre.

Comment le poison de la déflation s'introduit-il en pratique dans l'organisme économique ? À son point de départ, la récession proprement dite présente maints aspects communs avec le processus déflationniste. Elle se situe à la fin d'une période de forte expansion, marquée par des investissements élevés, une consommation largement soutenue par un taux d'emploi favorable et un climat d'optimisme général, ainsi qu'un développement important des prêts à l'économie et, souvent, une forte montée des prix des actions et des immeubles. Dans l'analyse classique des cycles, la phase d'essor a son pendant inévitable dans un réajustement plus ou moins sévère et douloureux durant la phase déclinante. Tous les ingrédients ou presque de la déflation étant également déjà présents lors de la récession, quels sont les facteurs aggravants qui font dégénérer la récession en déflation ?

Au lendemain d'une période de forte croissance, l'économie opère trois séries de réajustements : un réajustement « physique » des capacités de production et de l'emploi, un réajustement « monétaire » du volume du crédit et un réajustement « comptable » des valeurs des actifs financiers et immobiliers. Les trois sont inévitables. Si les autorités politiques et monétaires cherchaient à les contrarier, elles prendraient le risque de laisser subsister des déséquilibres qui feraient ultérieurement obstacle à une reprise durable. L'essentiel est que la stagnation ou la récession qui s'ensuit ne donne pas lieu à un enchaînement cumulatif de facteurs entraînant l'économie dans le précipice. Beaucoup de personnes peu averties de la logique des cycles n'imaginent d'ailleurs pas d'autre issue quand elles observent le désinvestissement, le chômage, la raréfaction du crédit et le tassement des revenus. Cependant il est rare que les éléments négatifs pesant sur l'économie en phase de réajustement empêchent la reprise ultérieure. Celle-ci s'opère normalement quand les entreprises retrouvent la profitabilité suffisante pour lancer de nouveaux projets en prenant des risques raisonnables. Pour que l'économie soit entraînée sur la pente de la déflation, il faut donc que la résorption des excès de la croissance passée provoque, de la part des agents les plus importants de l'économie, des décisions qui la font pencher vers un déclin supplémentaire.

La résorption des capacités de production en excès a pour fonction capitale d'empêcher une baisse trop profonde des prix. Car c'est sur le terrain des prix que se joue en premier lieu la capacité ultérieure de l'économie à rebondir. Joseph Schumpeter n'a pas craint de prêcher, en exposant sa théorie des cycles, en faveur des ententes de prix entre les producteurs pendant la période délicate où les entreprises, ne ressentant pas encore l'entier bénéfice des réductions de dépenses sur leur profitabilité, seraient tentées, pour gagner des parts de marché, de se livrer à une guerre des prix ruineuse pour leurs concurrentes et pour elles-mêmes. Le premier risque réside donc dans une baisse anormale des prix empêchant les entreprises de voir apparaître dans leurs comptes les effets positifs de leur restructuration.

La raréfaction du crédit procède de la même logique que la réduction des capacités de production physiques. Tout comme le secteur des entreprises a besoin de fermer les unités les moins efficaces, le secteur financier a besoin de liquider une fraction des créances les plus douteuses. Son effort indispensable de réduction des encours de crédit comporte cependant le risque de compromettre l'existence ou le développement d'activités prometteuses qui n'ont pas encore pu donner tous leurs fruits. Il est d'ailleurs certain que les liquidations ordonnées par les financiers ne dénotent pas toujours une discrimination exemplaire de leur part. Cependant, si les intéressés s'efforcent d'alléger le fardeau des créances douteuses apparues dans leurs comptes, ils ont aussi le souci de garder pour des jours meilleurs une clientèle encore nombreuse. Ce souci les retient de précipiter dans la faillite une trop grande part de leurs débiteurs. Le vrai risque provient plutôt de ce que le secteur financier doive provisionner les créances douteuses. Tant que les provisions ne seront pas ramenées à leur niveau habituel, le secteur restera réticent à renouer avec une politique expansive de crédit. Tout dépend donc de l'importance de ces provisions et de la capacité des financiers à les ramener ensuite au niveau qu'ils jugent normal.

Le dégonflement des prix des actifs spéculatifs — actions en bourse détenues par les particuliers, participations dans les sociétés cotées ou non cotées détenues par d'autres sociétés, immeubles urbains — est sans doute le plus périlleux des trois réajustements. Son importance détermine souvent la capacité de l'économie à passer le cap difficile. En effet, le dégonflement de la valeur de ces actifs dégrade mécaniquement les comptes des entreprises et des banques qui en sont les propriétaires. Celles-ci doivent opérer des provisions *supplémentaires* qui viennent s'ajouter à celles précédemment mentionnées résultant du désinvestissement, des licenciements ou de l'élimination des créances douteuses. Si la correction des valeurs indûment comptabilisées à leur actif est trop brutale, les sociétés ne peuvent renouer avec les profits dans des délais raisonnables et le germe de la déflation apparaît. L'économiste Irving Fisher a spécialement diagnostiqué ce risque dans sa théorie de la *debt deflation* élaborée en 1933, année paroxystique de la Grande Dépression. Son raisonnement incrimine le fait que les entreprises et les banques, incapables de faire face à leurs engagements avec leurs ressources courantes, commencent à brader leurs actifs pour obtenir de l'argent frais, suscitant une spirale baissière de la valeur de ces actifs avec un nouvel enchaînement de conséquences négatives.

Le risque de déflation est donc d'autant plus fort que, premièrement, un important excès d'offre est apparu dans la période de croissance et que, deuxièmement, une importante surévaluation s'est manifestée sur les marchés boursiers et immobiliers. Dans le Japon de la fin des années 1990, c'est ce deuxième excès qui a été déterminant, c'est la double bulle qui a piégé l'économie productive dans le processus déflationniste ultérieur. Les entreprises et les ménages japonais ont été conduits, dans leur majorité, à abandonner leur prudence pour se livrer à des investissements totalement disproportionnés au regard des revenus futurs qu'ils pouvaient escompter. À vrai dire, un essor des marchés spéculatifs peut encourir le qualificatif alarmant de « bulle », non pas dans l'absolu, mais parce qu'il occasionne des décisions erronées de la part des agents économiques.

Cependant la folie boursière et immobilière n'est peut-être pas la cause première, et en tout cas unique, de la déflation qui a frappé le Japon. Le climat d'euphorie économique et financière n'a pas profité aux salaires dont les évolutions ont suivi un rythme très faible. Le fait que les salaires s'accroissent moins vite que la productivité globale du travail, comme cela a été le cas au Japon, crée peu à peu une sous-rémunération structurelle du travail. Ce point est d'autant plus à retenir qu'un phénomène identique a illustré l'expansion américaine des années 1920, parallèlement au boom de la bourse de New York. Il semble bien que cette sous-rémunération soit tout autant *une cause des bulles* qu'un facteur parallèle à la spéculation boursière proprement dite. Les profits d'aubaine permis par la faiblesse relative des salaires encouragent la montée des cours qui aboutit à son tour à une valorisation excessive des actions détenues par les ménages, les entreprises et les banques. Un cercle faussement vertueux se forme dans leur sillage. Il se maintiendra tant que les entreprises ne seront pas confrontées à une défaillance de la demande ou à la chute brutale de la valeur des actions.

Ce qui s'est passé récemment aux États-Unis, après la dégringolade boursière et le désinvestissement brutal des entreprises, observés entre 2000 et 2003, nous offre une illustration supplémentaire d'un tel cercle faussement vertueux. Pas plus que le Japon des années 1980, les États-Unis des années 1990 ne se sont souciés de distribuer les gains de productivité à la masse des salariés productifs. Ceux-ci n'ont eu droit qu'aux miettes du festin et lorsqu'une pénurie locale ou temporaire de main-d'œuvre ou de matière grise a contraint les employeurs à relever les salaires correspondants. Mais ainsi qu'on l'a vu, les ménages américains, bien loin de subir la déprime de leurs homologues japonais, ont, au prix d'un endettement supplémentaire, été les acteurs décisifs de la résistance offerte par l'économie pendant la période la plus difficile. Le système américain est resté debout en corrigeant les excès de ses bourses grâce aux excès de la dette de ses ménages.

La déflation classique est-elle de retour ?

La question est implicitement contenue dans les décisions prises par les banques centrales de New York et de Francfort entre 2001 et 2003. Que signifie en effet l'abaissement du taux d'intervention de la Réserve fédérale américaine de 6,5 % en mai 2000 à 1 % en juin 2003, sinon le passage brutal d'une politique de réfrènement de la surchauffe à une politique de prévention de la déflation ? Que signifie par ailleurs l'abaissement à 2 % du taux de la banque centrale européenne, alors que plusieurs pays membres de l'union monétaire connaissaient des taux d'inflation supérieurs à ce chiffre, sinon précisément l'expression d'une crainte analogue, inattendue de la part des banquiers centraux européens dont la mission écrite est d'assurer la « stabilité monétaire » ? La surprise ne naît pas seulement du changement de cap mais aussi de sa précipitation et de son ampleur.

Nous ne voyons pas de précédent à la relance forcenée de la banque centrale américaine. Celle-ci a avancé successivement trois séries de raisons pour justifier sa volte-face.

Le banquier central américain a invoqué en premier lieu la faiblesse des marchés financiers. Cela signifie qu'il entendait suppléer à la défaillance de la bourse par son offre d'argent à bas prix. Cet argument est évidemment dénué de sens si l'on demeure dans le contexte d'une récession classique. La banque centrale ne doit pas chercher à contrarier le désinvestissement exigé pour corriger les excès commis dans l'euphorie. D'ailleurs, les chiffres indiquent que les entreprises américaines ont poursuivi sans désemparer leur politique de réduction des investissements et de l'embauche tant qu'elles l'ont jugé nécessaire, sans tenir compte des facilités de crédit offertes par la banque centrale, leur objectif primordial étant alors de réduire leurs dépenses et leurs dettes. Simultanément, elles se gardaient de faire appel à la bourse pour renforcer leurs bases financières, quelle qu'ait été la gravité de leurs difficultés. *Car ce n'est jamais la bourse qui vient au secours des entreprises asphyxiées.* Celles-ci doivent rechercher d'autres solutions financières : ou bien émettre des emprunts sur le marché des obligations à risque ; ou bien mettre sur pied des augmentations de capital dont elles se sont assurées au préalable la souscription par des financiers amis ; ou bien céder les activités qui leur paraissent non indispensables. L'argument tiré par Alan Greenspan de la faiblesse des marchés financiers n'a donc pas, si l'on ose dire, de valeur financière. En revanche, la banque centrale américaine a pu plus sérieusement s'inquiéter de l'impact négatif de la chute des valeurs boursières sur les comptes des entreprises et la confiance des ménages consommateurs. Mais même ce type de considérations laisse la place au scepticisme ou à l'incompréhension. Est-il anormal, en effet, que les valeurs des actifs figurant au bilan des entreprises et des banques fassent l'objet d'une large correction les rapprochant d'une réalité dont elles s'étaient fortement éloignées ? Le dopage des valeurs boursières sous l'impulsion de la banque centrale ne participe-t-il pas au contraire, volontairement ou non, d'une entreprise d'embellissement du réel, qui s'appelle trucage quand elle est le fait conscient de managers et de comptables sans scrupules ? Quant à la répercussion négative que la baisse des actions exercerait sur la confiance des consommateurs, c'est là l'un des points les moins bien établis par la théorie économique. Mais, quand bien même cette répercussion existerait, il s'avère impossible de comprendre pourquoi la banque centrale américaine aurait pu s'en préoccuper alors qu'elle cherchait auparavant à décourager l'appétit du consommateur qu'elle jugeait publiquement tout à fait excessif. Celui-ci consommait-il trop ou pas assez ?

La banque centrale américaine s'est aussi officiellement alarmée de la faiblesse de la conjoncture chez les principaux partenaires des États-Unis. Mais dans quel sens doit-on entendre l'argument ? Faut-il comprendre que la faiblesse de la demande adressée aux États-Unis par ses principaux partenaires commerciaux obligeait la banque centrale à soutenir la demande intérieure par mesure de compensation ? Ou faut-il supposer à l'inverse qu'elle entendait prévenir une récession mondiale dans le sillage de celle des États-Unis, en dopant les achats de produits étrangers par les consommateurs américains ? Aucune de ces interprétations n'emporte la conviction. La faiblesse relative de la demande adressée aux États-Unis par les économies japonaise et européennes découle largement, ainsi qu'on l'a vu, de ce que les catégories de biens offertes à leurs acheteurs par les entreprises américaines ne couvrent qu'un faible éventail de leurs besoins. La banque centrale serait mal avisée de relancer le marché intérieur américain pour compenser cette faiblesse : voici pour la première interprétation.

Quant à considérer que les États-Unis sont désormais, selon la formule consacrée depuis lors, l'acheteur déterminant du marché mondial, chargé d'intervenir quand les autres acheteurs sont défaillants, voilà qui demande réflexion et débat, à moins de considérer comme normal, voire nécessaire, que l'économie mondiale tourne irréversiblement autour de l'Amérique au prix d'un déséquilibre extérieur toujours plus lourd de la première puissance économique. La suite des événements a d'ailleurs donné une réponse inattendue à la banque centrale américaine et aux économistes qui ont salué sa politique de soutien inconditionnel du crédit intérieur. C'est l'Asie capitaliste qui a retiré le principal bénéfice de la relance américaine, y compris le Japon, en définitive, non parce qu'il a pu accroître ses exportations directes vers le territoire américain, mais parce que, situé au centre de la sphère capitaliste asiatique, il est son principal fournisseur de biens d'équipement et, ce faisant, profite indirectement du courant d'exportations croissant de ses partenaires asiatiques en direction des États-Unis.

La banque centrale américaine a enfin prétendu vouloir soutenir le moral chancelant des entrepreneurs américains. En effet, peu après la prise de conscience des excès occasionnés par l'engouement pour les nouvelles technologies, le climat des affaires s'est inversé dans l'ensemble de la communauté des chefs d'entreprises. Le changement de politique monétaire aurait alors constitué un signal réconfortant indiquant aux dirigeants économiques que la banque centrale n'abandonnerait pas une économie en difficulté. L'argument est difficilement recevable. Obligées de nettoyer leurs comptes alourdis par des dépenses excessives, la plupart des entreprises ne pouvaient modifier leur politique restrictive d'embauches et d'investissement sous prétexte que la banque centrale montrait la voie de l'expansion.

Nous approchons cependant ici de la vérité. Les baisses de taux de la banque centrale ont eu sûrement pour objectif une vaste *opération de substitution de dettes*. Les dettes contractées durant la phase d'expansion pesaient trop lourd dans les comptes des entreprises. Un véritable mécanisme de blocage était à l'œuvre. Non pas que les dettes contractées dans le passé l'aient été à des taux excessifs. C'est leur volume qui posait problème aux entreprises, d'autant plus que leurs actionnaires faisaient désormais pression sur elles pour assainir leurs comptes sans délai. La baisse des taux de la banque centrale, opération forcenée au regard des critères classiques de la politique monétaire, a entraîné une baisse générale des taux sur l'ensemble des marchés d'emprunt, *y compris sur le marché des obligations à haut risque*, réservé aux entreprises menacées de faillite. Les entreprises endettées ont pu, à la faveur de ce nouveau contexte, remplacer leurs anciens emprunts par des emprunts sensiblement moins chers et de maturité plus longue. La banque centrale a fait en sorte que les entreprises américaines obtiennent discrètement *l'équivalent d'une remise partielle de dettes*, concourant ainsi à effacer les traces comptables des opérations déraisonnables de la fin de la décennie, typiques de ces débordements financiers qui peuvent mener à la déflation. Au fond, elle a accompli, pour une masse d'entreprises collectivement en difficulté, un *bail out*, une opération de sauvetage à la manière du FMI lorsqu'il se porte au secours des économies victimes d'une faillite souveraine.

Un autre motif plausible, mais non avoué celui-ci, de la volte-face de la banque centrale réside dans les difficultés des fonds de placement que des centaines de grandes entreprises ont institués pour assurer les retraites et la couverture maladie de leurs salariés et anciens salariés. Investis en obligations mais aussi en actions, ces fonds ont subi la profonde décrue des bourses entre 2000 et 2003, passant en trois ans d'une situation globale d'excédent à une situation déficitaire. D'où la double nécessité de freiner ou d'inverser si possible la dégringolade boursière synonyme de faillite virtuelle des fonds, et d'abaisser le coût des emprunts que les entreprises se trouvaient contraintes d'émettre sur les marchés obligataires pour faire face aux échéances contractuelles des fonds vis-à-vis de leurs bénéficiaires. Chacun aura saisi que l'enjeu financier se doublait d'un enjeu de politique sociale, par le biais d'une faillite potentielle des fonds, désastreuse pour les salariés et les retraités, et d'un enjeu de politique économique représenté par la capacité des bourses à maintenir de hautes valorisations. Dès lors, l'« exubérance irrationnelle des bourses », dénoncée en 1996, a cessé d'être un danger en 2001, pour s'imposer comme une sorte de nécessité, peu glorieuse, de la viabilité du système économique, financier et social. Et dès lors, la banque centrale a cru devoir y apporter son concours.

C'est en 2003 seulement que le mot « déflation » a été hasardé par le banquier central américain, alors que la formidable relance monétaire et budgétaire semblait encore inopérante. Il n'a jamais été possible de savoir ce qu'il entendait par ce mot dans le contexte précis où il était émis pour la première fois. Il est cependant difficile de disserter sérieusement autour du péril de la déflation alors que les marchés immobiliers sont à leur plus haut historique, que les marchés boursiers, très soutenus par la politique monétaire, n'ont pas opéré leur purge définitive, que la consommation de biens et de services continue de progresser à un rythme fort honorable, et qu'*aucun phénomène de thésaurisation n'est apparu*, bien au contraire puisque, durant toute cette étrange période conjoncturelle, les dettes des ménages ont continué de s'accroître plus vite que leurs revenus. Les responsables de la banque centrale américaine savent bien au demeurant qu'un processus déflationniste, au sens habituel, ne peut, du fait même de la sous-consommation qu'il provoque, s'accompagner d'un abyssal déficit du commerce extérieur. Si déflation il y a, ce ne peut être la déflation dont les images et les chiffres nous ont été si souvent infligés, depuis l'épisode de la Grande Dépression, ce ne peut même être cette véritable déflation, difficilement contenue, dont le Japon vient d'être victime quinze années durant.

Il ne fait aucun doute que les choix sans nuances de la banque centrale américaine ont pesé sur les décisions prises à Francfort. Pauvre banque centrale européenne ! À peine estelle entrée en fonction que, dans le camp des partisans, innombrables, de cette union monétaire dont elle devenait la poutre maîtresse, les plus lourds soupçons d'incompétence se sont portés sur ses dirigeants. Figurez-vous qu'ils avaient mal interprété leur mission : la stabilité monétaire qui, d'après ses statuts, devait servir de guide à son action n'était pas à prendre au pied de la lettre. Son rôle était au contraire de soutenir le ressort défaillant de la croissance européenne en abaissant ses taux au plus bas niveau imaginable. Aux taux extravagants, par leur élévation, des années 1991-1995 devaient succéder, avec la décennie et le siècle nouveaux, des taux non moins extravagants par leur bas niveau. Les gouvernements allemand, italien et français le laissaient entendre. Pourquoi pas des taux zéro ou presque, comme au Japon ou aux États-Unis ?

La volte-face doctrinale des dirigeants politiques et de maints économistes en Europe ne sert pas immensément le débat de fond. Chacun d'entre nous est capable, sans expertise économique préalable, d'entendre certains éléments simples et décisifs de la politique monétaire. La politique monétaire, du moins la politique de taux d'intérêt, est efficace, dans un sens ou dans un autre, quand elle franchit des *seuils*. C'est précisément durant la période préparatoire de l'union monétaire que les taux des banques centrales d'Allemagne, de France et du Benelux ont été réduits sous l'impulsion de Francfort. Et l'on a pu constater que les effets déprimants de la politique monétaire cessaient lorsque ces taux passaient au-dessous d'un seuil de 5 %. Si l'on examine la politique monétaire pratiquée ensuite au sein de l'union monétaire, on ne voit à aucun moment que les entreprises et les consommateurs aient souffert d'un argent trop cher. D'ailleurs, combien les Européens auraient été heureux de connaître des taux « banque centrale » de 4 % ou même de 5 % dans la période 1991-1995 où ils subirent les effets du crédit le plus cher de l'après-guerre !

Les pays demeurés en dehors de l'union monétaire nous donnent la preuve *a contrario* que la banque centrale européenne mène désormais une politique d'argent fortement incitative et ponctuellement laxiste. Les taux suédois ou danois, plus élevés que les taux de l'union monétaire, n'ont nullement contrarié la bonne marche des économies concernées. D'ailleurs, le taux de 2 %, pratiqué durant 2003 et 2004 par la BCE, est resté quasiment inférieur au taux d'inflation moyen de la zone. Francfort prêtait à taux d'intérêt réel négatif aux banques irlandaises, grecques, hollandaises, italiennes, espagnoles et même françaises. Pourquoi la politique si peu restrictive de la banque centrale européenne a-t-elle donc été mise en procès ? Sans doute parce que l'Europe, prise au dépourvu par le retour des vaches maigres, est à ce jour tragiquement dépourvue d'espérance économique, après avoir manqué partiellement la troisième révolution industrielle incarnée par les nouvelles technologies de l'information et de la biologie, et après avoir accepté la dissolution de son espace économique propre dans le libre-échange mondial imposé sous l'aiguillon américain. Mais il était inconvenant de lui donner la banque centrale américaine en exemple, alors que les paramètres économiques enregistrés de part et d'autre de l'Atlantique divergeaient sensiblement. L'Europe continentale n'a pas connu de débordements financiers aussi graves que l'Amérique, elle a plus largement purgé la surévaluation de ses bourses, et ses ménages, moins lourdement endettés que les ménages américains, sont moins sensibles que ces derniers aux variations du loyer de l'argent. Dans les circonstances économiques qui ont prévalu entre 2000 et 2003, toute baisse supplémentaire des taux de la banque centrale européenne n'aurait pu avoir d'autre conséquence que celle de contribuer encore plus à la montée spéculative des prix de l'immobilier dans des milliers de cités d'Europe, déjà effective à la faveur d'un endettement très peu onéreux.

En conclusion, si la déflation classique a bien été à l'œuvre au Japon, elle n'a pu se manifester véritablement aux États-Unis du fait de l'opération de sauvetage des entreprises réalisée par la banque centrale et de la disponibilité sans limites du consommateur américain, et elle n'est jamais apparue au sein de l'union monétaire européenne où presque aucune de ses conditions n'a été remplie.

Quand la Chine et l'Inde se sont éveillées

La rémunération des salariés des principaux pays développés s'est abaissée à un taux inférieur à celui qu'autoriserait leur productivité. L'assertion peut sembler incongrue quand la question salariale a été engloutie dans un mystérieux naufrage. Celle-ci a été progressivement écartée du débat public au profit de la question du chômage. On aurait pu penser que les excès salariaux, générateurs de la stagflation, ayant été corrigés et au-delà du nécessaire dans les années 1980, les perspectives d'une revalorisation des salaires conforme aux gains de productivité pourraient à nouveau se dessiner. Bien au contraire, le progrès des salaires a été formellement incriminé comme un obstacle dirimant à la création d'emplois par les entreprises, tout comme l'excessive rigidité des règles encadrant l'embauche, le licenciement et les horaires de travail. Certaines analyses ont tenté de formuler cette nouvelle problématique sous les termes de « préférence pour le chômage », signifiant que les titulaires d'emplois préféraient défendre des salaires élevés défavorables à l'embauche, au détriment des demandeurs d'emploi désireux de retrouver une activité [1].

Tout économiste non partisan sait la fausseté de l'argument dans l'absolu. L'excès de la rémunération du travail n'est que l'une des multiples causes potentielles du chômage de masse et il est malhonnête de chercher à *déduire* de ce chômage un argument décisif en faveur d'une baisse des salaires tant que leur évolution n'excède pas durablement celle de la productivité. Toutefois ce pseudo-argument a aujourd'hui acquis la force d'un slogan. Ainsi les salariés français travaillant en entreprise, qui ne sont pas les mieux rémunérés du monde, se voient-ils opposer le prix excessif de leur travail alors que leur productivité horaire se situe au premier rang mondial. Du strict point de vue comptable, et compte tenu évidemment des

1. Voir Denis Olivennes, « La préférence française pour le chômage », *Notes de la fondation Saint-Simon*, février 1994.

charges sociales s'ajoutant aux rémunérations de base, les salariés français sont en réalité rémunérés au-dessous de leur productivité.

Ils sont cependant devenus trop chers. Chaque année qui passe voit l'écart entre leur productivité et leur rémunération se creuser un peu plus à leur désavantage, mais chaque année qui passe les rend encore un peu plus chers, relativement, qu'ils ne l'étaient auparavant. Comment se fait-il qu'un travail de plus en plus productif, donc de moins en moins cher d'un point de vue comptable, devienne toujours plus cher au regard de l'employeur ?

Tout aurait changé avec le libre-échange mondial. La circulation de plus en plus libre des biens et de certains services nous contraindrait *ipso facto* soit à laisser les nations émergentes, avantagées par leurs faibles salaires, à s'emparer d'un nombre croissant d'activités naguère dominées par les vieux pays industriels, soit à abaisser drastiquement les salaires dans les pays riches encore les plus productifs. Si cela est vrai, nous devrions assister ou bien à un déplacement massif de la production vers les nations émergentes les mieux organisées, ou bien à un appauvrissement des populations des premiers pays industriels, au risque d'un effondrement progressif de la protection sociale patiemment édifiée sur la base des progrès économiques passés.

À l'appui de ce que nous avançons, une actualité économique brûlante offre, jour après jour, les deux exemples massifs et proprement terrifiants de la Chine et de l'Inde, qui se révèlent aptes l'une et l'autre à concentrer chez elles la grande masse des productions de biens et de services exportables.

« La Chine m'inquiète », disait Mme de Guermantes d'un air grave, dans *À la recherche du temps perdu*. Ce propos ridicule dans son contexte renferme aujourd'hui l'une des questions, sinon la question la plus cruciale pour l'avenir économique du monde. Près de trente ans après la disparition du Grand Timonier communiste, la Chine présente aujourd'hui un type assez saisissant d'économie capitaliste libre des entraves ou des charges qui pèsent sur les économies plus anciennement développées, mais encadrée par une hiérarchie politique formellement communiste. Cela démontre utilement qu'une économie capitaliste, sans doute possible, peut s'accommoder, temporairement du moins, d'une superstructure politique située au pôle opposé de sa propre idéologie sociale. En d'autres termes, la correspondance que les libéraux inspirés par les Lumières continuent d'établir entre les libertés économiques, sociales, culturelles et politiques peut souffrir des exceptions locales et momentanées de confortable dimension. À cet égard, l'évolution que suivra la Chine ultracapitaliste gérée par la nomenklatura issue d'un des communismes les plus rigides et inhumains de l'Histoire sera du plus haut intérêt.

Cette contradiction entre les forces de production capitalistes de la Chine et leur superstructure politique ne constitue pas pourtant le point le plus instructif sous l'angle économique. On ne peut qu'être confondu par le fait que le pays le plus peuplé du monde ait délibérément adopté, pour sortir de sa misère, un modèle de développement axé sur l'exportation. En 2003, 27 % du PIB chinois étaient constitués par les exportations, soit une proportion près de deux fois et demie supérieure à celle de l'Union européenne et des États-Unis : 27 % du PIB d'un pays qui était encore enfermé dans la prison économique du communisme il y a moins de trente ans et à qui son immense population procure un marché potentiel sans équivalent dans le monde ! Précisons que, les exportations chinoises s'accroissant à un rythme plus vif que celui du PIB, leur part dans la production totale ne cesse d'augmenter. Et c'est ainsi que le poste « pays » le plus déficitaire de l'Union européenne et des États-Unis est devenu le poste « Chine ». En juillet 2003, pour la première fois, le déficit commercial mensuel des États-Unis vis-à-vis de la Chine a atteint le chiffre rond de 10 milliards de dollars, soit 120 milliards par an, en attendant beaucoup mieux. L'énorme contribution du commerce extérieur à la croissance chinoise explique largement que la phase de décollage chinois soit la plus longue et la plus intense de toutes celles observées à ce jour.

Comment la Chine s'y est-elle prise pour conquérir aussi

vite des marchés d'exportations *a priori* longs et malaisés à investir ? Elle doit son succès à la combinaison de quatre facteurs qui n'ont jamais joué dans le passé au même degré quand un pays cherchait à s'installer sur les marchés étrangers.

Premier facteur : l'installation massive des entreprises capitalistes étrangères sur le territoire chinois. Des dizaines de milliers de sociétés japonaises, taïwanaises, américaines et européennes y ont créé des bureaux, des ateliers et des usines. L'objectif principal, quoique non exclusif, de presque toutes ces sociétés a consisté à bénéficier de la main-d'œuvre chinoise abondante, disciplinée et formée, pour exporter vers leurs propres pays d'origine. Dans la pratique, il s'est d'abord agi de réaliser des pièces ou des sous-ensembles à moindres frais qu'au Japon ou à Taïwan, et cette pratique existe toujours. Mais les sociétés qui avaient pris le risque de travailler en territoire chinois se sont rendu compte que le développement technique et scientifique du pays leur permettrait d'aller plus loin. La gamme des produits réalisés en Chine s'étend plus vite que quiconque n'avait pu le prévoir. Hormis les biens d'armement, il n'est pas un seul type de produits exportables qui ne puisse être réalisé en Chine et qui n'y sera donc pas réalisé prochainement. La Chine n'est pas concernée par la division internationale du travail. Son ambition, que personne ne songe à contrarier, est de couvrir tout l'éventail de la production manufacturée et de l'exporter massivement. Les seuls obstacles qui pourraient retarder la promotion de la Chine au rang d'usine du monde proviennent de besoins énergétiques difficiles à satisfaire et d'infrastructures sous-dimensionnées : sa richesse en charbon, matière la plus polluante qui soit, ne répond pas à la croissance de la demande d'énergie et ses infrastructures ferroviaires, qui supportent le gros du fardeau des marchandises à acheminer localement, sont saturées.

Deuxième facteur : le rôle croissant des grands distributeurs dans le choix des fournisseurs de la consommation des pays riches. La pression exercée par ces distributeurs pour abaisser les prix de leurs fournitures est épisodiquement mise en lumière par certains conflits qui les opposent aux agriculteurs locaux. Celle qui pèse sur les fournisseurs de biens manufacturés, qui se voient imposer des baisses féroces de leurs prix, souvent irréalistes, malgré un effort constant de productivité, est moins visible mais non moins douloureuse et problématique à gérer. La production dans les pays à bas salaires est l'échappatoire normale pour toutes ces entreprises pressurées par leurs donneurs d'ordres. Comment survivre autrement ? Les grands distributeurs américains et européens ont joué un rôle primordial dans le vaste mouvement de délocalisation d'activités manufacturées de toutes sortes qui se développe sous différentes latitudes mais dont la Chine est la première bénéficiaire.

Troisième facteur : le très bas niveau *relatif* des salaires. Ce niveau s'apprécie à partir de la rémunération effective, de la productivité, de la qualité et du respect des délais. Il ne fait aucun doute que le critère chinois est devenu l'un des meilleurs du monde. Les travailleurs opérant dans les deux grandes zones côtières où s'est établie la majorité des industriels chinois ou étrangers reçoivent un salaire qui représente à peu près le dixième du salaire japonais pour une qualification analogue. Néanmoins, leur contribution effective à la production n'est pas éloignée de celle des Japonais ou des Européens. Y a-t-il là de quoi s'étonner ? L'efficacité des travailleurs chinois est le double résultat des aptitudes de la main-d'œuvre et de la liberté d'action des entreprises, qu'il s'agisse d'entreprises étrangères qui ont toute latitude pour mettre en place les organisations et les procédés performants déjà en vigueur sur leurs territoires d'origine ou qu'il s'agisse d'entreprises chinoises parfaitement libres pour leur part de s'inspirer de leurs concurrentes ou de leurs partenaires étrangers installés en Chine.

Quatrième facteur : l'abaissement drastique des coûts de transport à longue distance. Sans cet abaissement, l'avantage salarial ne pourrait jouer le rôle déterminant qui lui est justement attribué. La Chine subit en effet le handicap apparent de son éloignement des marchés de consommation de ses produits et de sa dépendance vis-à-vis des fournisseurs de matières premières (coton, laine, minerai de fer et métaux non ferreux),

eux-mêmes le plus souvent éloignés de son territoire. Très heureusement pour elle, les progrès réalisés en quelque soixante ans dans les modes de transport empêchent ce handicap de réduire significativement les avantages de son site de production. Ces progrès s'accompagnent, il est vrai, d'un esclavage imposé aux marins recrutés à vil prix par les armateurs internationaux, agents du libre-échange mondial opérant avec la bénédiction des puissances économiques qui révèrent officiellement les droits de l'homme. Et l'on est en droit de s'interroger tant sur la moralité que sur la durabilité d'un système de transports mondial qui échappe à toute loi sociale. Néanmoins, la mansuétude des puissances commerciales donne les conditions nécessaires à une expansion à bas prix des transports à longue distance qui conditionne l'extension du libre-échange.

C'est ainsi que la Chine offre aux entreprises du monde l'immense armée de réserve que Karl Marx avait cru voir se former dans les premiers pays industriels européens à la faveur des crises cycliques de son temps. Mais l'aspect le plus troublant de cette affaire, et de loin le plus instructif pour qui s'efforce de comprendre les tendances lourdes de l'évolution économique mondiale, réside non pas tant dans le fait que cette armée de réserve soit mise à disposition par le parti marxiste-léniniste au pouvoir, mais qu'elle soit employée délibérément en lieu et place des autres travailleurs des pays plus anciennement industrialisés. Le reniement de ses dogmes économiques par le PC chinois nous importe moins que le reniement du travail américain ou européen par ses employeurs traditionnels. La dénationalisation de nos entreprises est l'un des faits nouveaux les plus difficiles à interpréter de l'histoire économique récente. Le capitalisme apatride pourfendu par les fascismes et les communismes sort de l'imagination trop féconde des idéologies antidémocratiques et anticapitalistes du XXe siècle pour commencer à prendre forme concrètement à la faveur du libre-échange mondial. S'il n'a pas atteint le stade de la maturité, il a cependant dépassé celui de l'esquisse. Et toute la vulgate des marchés financiers tend à lui donner un statut de norme dans l'esprit du public.

États-Unis : commerce extérieur avec la Chine
Soldes mensuels

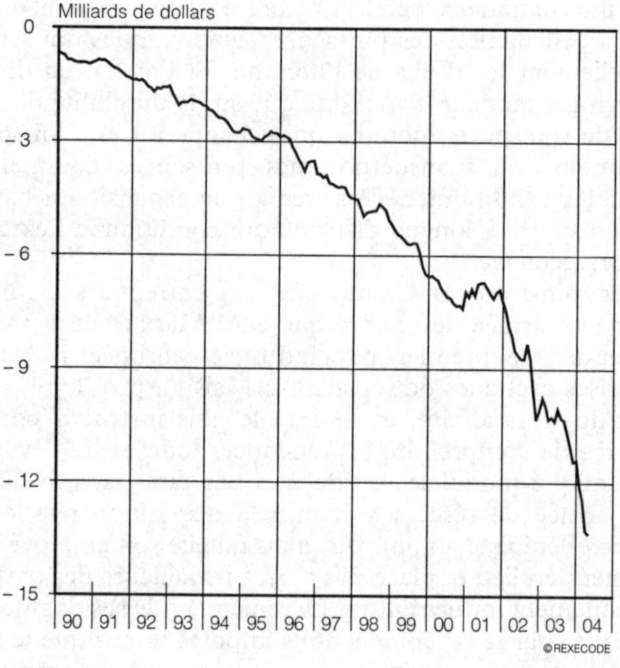

Le creusement rapide du déficit des échanges commerciaux des États-Unis et de l'Union européenne avec la Chine, depuis quinze ans, démontre que l'ouverture commerciale, présentée officiellement comme une source d'avantages réciproques, bénéficie principalement à l'économie chinoise.

Union européenne (Europe des quinze) :
commerce extérieur avec la Chine

Soldes mensuels

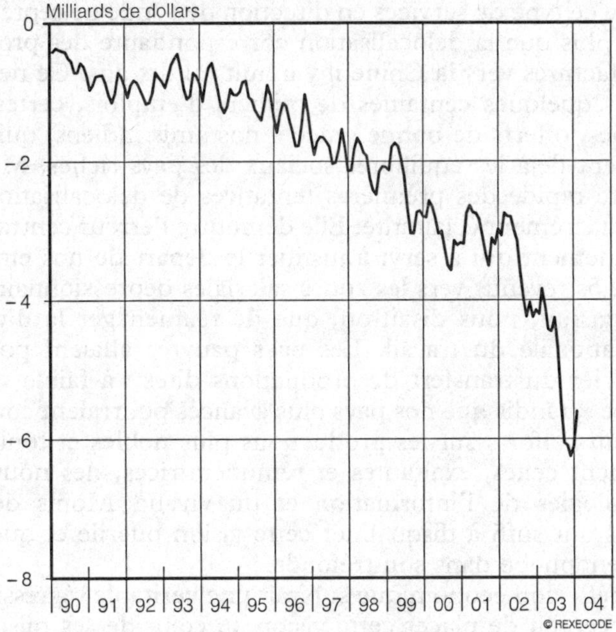

Il n'y a aucun produit manufacturé, ou presque, dont la production ne pourrait être déplacée vers la Chine. De même, il n'y a presque aucun service « intellectuel » dont la réalisation ne pourrait être confiée à l'Inde. Le monde des affaires vient d'en prendre conscience. L'Inde offre au capitalisme de ce début de siècle une deuxième armée de réserve dans le domaine des services requérant une compétence technique et scientifique particulière. Qu'il s'agisse de comptabilité, de service informatique, d'analyse financière, d'imagerie médicale, de diagnostic médical à distance, de films documentaires, de travaux d'architecture, toutes les activités de ce type où les ressources de l'informatique sont aujourd'hui déterminantes ont entamé leur migration vers l'Inde. Nous n'en sommes qu'aux prémisses de la grande transhumance. La délocalisation de ce type de services en direction de l'Inde ne représente guère plus que la délocalisation correspondante des produits manufacturés vers la Chine il y a huit ou dix ans. Ce ne sont pas les quelques centaines de milliers d'emplois, certes très qualifiés, offerts de bonne grâce à nos amis indiens, qui déstabilisent déjà les équilibres sociaux des pays riches. Mais la réussite rapide des premières tentatives de délocalisation est particulièrement éclairante. Elle démontre l'erreur centrale du raisonnement qui a servi à justifier le départ de nos emplois et de nos revenus vers les zones salariales dépressionnaires. Il ne s'agissait, nous disait-on, que de réaménager la division internationale du travail. Les pays pauvres allaient pouvoir bénéficier du transfert de productions dites « à faible valeur ajoutée », tandis que nos pays plus avancés pourraient concentrer leurs efforts sur les productions plus nobles et tout spécialement celles, exaltantes et rémunératrices, des nouvelles technologies de l'information et du vivant. Moins de dix années ont suffi à disqualifier cette vision puérile et quelque peu xénophobe dans son tréfonds.

La réflexion économique subirait une véritable régression si elle acceptait de placer cette vision au cœur de ses raisonnements. Le schéma que cette vision soutient se situe en effet au pôle opposé des raisonnements éclairants tenus par Walt Rostow dans *Les Étapes de la croissance économique* [1]. Quand celui-ci évoquait le développement comme la manifestation de l'aptitude de chaque nation concernée à incorporer les technologies efficaces, il incluait la possibilité pour les nouveaux candidats à la prospérité de mettre en œuvre non seulement les techniques anciennement développées dans les pays riches, mais aussi les techniques nouvelles dans leur phase d'essor. De fait,

1. Walt Rostow, *Les Étapes de la croissance économique*, Paris, Economica, troisième édition, 1997.

pourquoi un pays lancé dans la vaste opération du rattrapage devrait-il suivre pas à pas l'itinéraire déjà emprunté par d'autres longtemps auparavant ? Pourquoi devrait-il se cantonner aux productions qui ont assuré le décollage des premiers pays industriels, telles que les industries textiles ou métallurgiques ? La question stratégique prioritaire pour un pays encore neuf est celle du choix des activités où il devra accomplir ses efforts. Un pays de petite ou moyenne dimension ne dispose pas des moyens requis pour couvrir un large éventail de productions. En revanche, des pays comme la Chine ou l'Inde ignorent cette problématique. L'immensité de leurs ressources humaines et le mouvement général qui porte d'innombrables entreprises étrangères à s'y installer les autorisent à constituer des économies non spécialisées concurrentes de l'Europe et de l'Amérique sur tout l'éventail des productions anciennes, actuelles ou futures, où leurs populations ont excellé ou pourraient exceller.

C'est à dessein, bien entendu, que nous avons limité aux deux exemples de la Chine et de l'Inde un raisonnement applicable à toute autre nation présentant, à défaut de la multitude de travailleurs disponibles et de l'étendue exceptionnelle du marché intérieur, des caractéristiques comparables : discipline et efficacité de la main-d'œuvre, disponibilité de techniciens locaux, entreprises locales aptes à coopérer avec les entreprises étrangères. Ce dernier critère est sans doute le plus difficile à remplir. Il s'avère impossible d'importer purement et simplement la croissance, même en ce moment unique où, du fait de l'ouverture des frontières aux investissements directs des entreprises étrangères, les pays pauvres ou émergents peuvent les accueillir en grand nombre. Les opérateurs étrangers ont inévitablement besoin de s'appuyer sur des fournisseurs locaux efficaces. La difficulté éventuelle de trouver les partenaires voulus représente un frein authentique à une délocalisation massive des productions de biens et de services exportables. Tout permet cependant de penser que ce frein jouera de moins en moins. La fonction d'entrepreneur a pris presque partout le rôle qui lui était dénié voici encore trente ans sur les deux tiers de la surface habitée de la planète. Il a reçu des gouvernements et des parlements une sorte de délégation de pouvoirs pour réaliser la marche au développement économique. « Entrepreneurs de tous les pays, unissez-vous » pourrait constituer un slogan acceptable pour la plupart des responsables politiques d'Asie, d'Amérique latine, voire d'Afrique.

La « dénationalisation » des entreprises occidentales

Les promoteurs de la mondialisation ont donné à la déflation salariale la force d'une contrainte normative. Il ne s'agit plus du tout de cette déflation *subie* à l'occasion des grandes crises cycliques du passé. Alors, même les pires épisodes de récession ou de dépression provoquaient au pire une érosion modérée du pouvoir d'achat salarial. Keynes insistait d'ailleurs avec force sur la « viscosité » des salaires, dans laquelle il voyait un verrou protecteur empêchant la spirale dépressive de se poursuivre indéfiniment. La déflation salariale présentement à l'œuvre est le fruit de la volonté humaine. Nous assistons à une rupture délibérée du lien entre la productivité du travail et sa rémunération. Confier à la République tchèque le soin de réaliser des productions mécaniques autrefois situées en France ou en Allemagne revient à diviser par trois ou quatre la rémunération d'un travail de qualité égale. Confier au Mexique la tâche d'assembler des automobiles américaines ou japonaises destinées au marché américain qui auraient été en d'autres temps montées sur le site des États-Unis, c'est diviser le coût du travail par six ou sept. Confier à la Chine la production de jouets que l'Europe assumait il y a peu encore, c'est diviser ce coût par dix ou douze. Les écarts chiffrés sont tels que même les difficultés d'appréciation statistique liées à la valeur des monnaies ne changent rien de fondamental. La mondialisation écrase les salaires.

Nous avons conscience d'entrer en territoire idéologiquement miné. Un pieux conservateur de la doctrine marxiste et surtout des succédanés que lui ont donnés Lénine ou Rosa Luxembourg ne trouvera dans ces derniers méandres de l'Histoire capitaliste qu'une formidable et définitive confirmation de la tendance lourde, consubstantielle au système, à exploiter le travail humain. Il y verra la manifestation naturelle d'un capitalisme providentiellement libéré de ses anciennes entraves par la chute du communisme et des régimes dirigistes du tiers monde. Ce faisant, il passera à côté de la novation fondamentale que constitue la recherche méthodique d'une main-d'œuvre et d'une matière grise moins chères qu'elles ne le sont encore dans les pays anciennement développés.

Car l'Histoire ne donne pas d'exemples significatifs de recherche du plus bas coût du travail par le capital. Et les théoriciens de l'économie n'en trouvent pas davantage. Ricardo souligne le fait que le capital reste attaché à son territoire d'origine. Marx postule que la rémunération du travail est aussi basse que possible, compte tenu des besoins minimaux de la société concernée, mais son analyse reste centrée sur les pays où l'industrie moderne a pris son essor et où, précisément, le niveau de vie s'est déjà élevé plus haut que partout ailleurs. Max Weber et Schumpeter écartent l'idée que les colonies aient constitué une source de main-d'œuvre à bon marché pour les puissances coloniales. De fait, les industries anglaises ou françaises n'ont même pas étudié l'hypothèse d'une mise au travail à grande échelle des populations des colonies. Est-ce parce que leurs dirigeants n'avaient pas une confiance suffisante dans les qualités de la main-d'œuvre locale ? Est-ce parce que l'avantage pécuniaire représenté par les bas salaires était contrebalancé par des coûts de transport vers les marchés de consommation incomparablement plus élevés qu'ils ne le sont aujourd'hui ? Ou est-ce pour une raison plus fondamentale qui tiendrait au lien étroit qui a longtemps uni la production industrielle naissante à ses marchés les plus proches ? L'essor initial des premières économies capitalistes s'est en effet appuyé sur la formation de marchés nationaux. Fernand Braudel le reconnaît lui-même, sans craindre de se contredire, alors que sa thèse historique sur la dynamique du capital met au centre du processus une méthode vieille comme l'Antiquité consistant à exploiter les écarts béants entre les prix d'achat et les prix de revente dans le commerce à longue distance[1].

C'est bel et bien une conjugaison du capital national et de la main-d'œuvre nationale orientée en priorité vers un marché local ou national qui est à l'origine du système économique baptisé capitalisme. Walt Rostow a précisément énoncé les différents facteurs qui donnent nécessairement au processus de développement un caractère national : intensification préalable de la production agricole pour fournir aux activités industrielles et commerciales la main-d'œuvre nécessaire ainsi que ses moyens de subsistance ; rôle de l'enrichissement des agriculteurs et du perfectionnement des techniques agricoles dans l'essor de la demande adressée à l'industrie ; intensification progressive des relations interindustrielles permettant à chaque grand secteur d'être à la fois pourvoyeur et demandeur vis-à-vis d'autres grands secteurs. De telles relations ne peuvent se multiplier au départ que dans un cadre national ou presque exclusivement national.

Par ailleurs, la réflexion économique contemporaine sous-estime gravement l'importance du sentiment d'appartenance nationale comme mobile collectif du développement dans les phases d'essor du capitalisme. Aujourd'hui, nous avons tendance à établir une sorte d'équivalence, voire d'identité, entre le patriotisme économique et le protectionnisme commercial. C'est là une vision particulièrement réductrice du patriotisme économique. Celui-ci ne consiste pas à refuser par principe la concurrence extérieure mais à œuvrer au sein de l'espace national avec des partenaires nationaux, qu'il s'agisse de la main-d'œuvre, des fournisseurs, des distributeurs, des banquiers ou des autres apporteurs de capitaux : autrement dit, à constituer le capitalisme concurrentiel national. Cette volonté d'accomplissement au sein de l'espace national a donné lieu à la formation d'un tissu serré de relations entre tous les grands sec-

1. Voir Fernand Braudel, *La Dynamique du capitalisme*, Paris, Arthaud, 1985.

teurs de l'économie : ce point échappe entièrement à un Fernand Braudel obnubilé par sa fantasmatique vision d'un capitalisme du grand large, commencé et recommencé de manière sempiternelle. À l'opposé de la vision de Braudel, la fameuse thèse de List en faveur d'une protection de l'espace économique national contre les concurrents plus avancés correspond largement à la réalité des premières étapes du capitalisme [1]. Les agents économiques nationaux sont prêts à mettre en place de concert les éléments nécessaires à la constitution d'une économie de plus en plus productive et de plus en plus diversifiée. Mais cette volonté de progrès collectif pourrait être entravée ou empêchée d'agir par une ouverture trop précoce des frontières aux productions étrangères. En d'autres termes, si la protection commerciale de l'espace national n'est pas le facteur déterminant de la construction d'une économie nationale, elle représente néanmoins une précaution nécessaire à l'épanouissement de cette économie lorsque les bases intérieures de la croissance se sont constituées. Une confirmation *a contrario* de cette interprétation pourrait être donnée par l'échec de certains pays en développement qui se sont efforcés, entre 1950 et 1980, de bâtir une industrie à l'abri de la concurrence étrangère, par une politique de substitution de productions nationales aux productions importées. Échec qui s'explique non par le protectionnisme extérieur, mais par la constitution de monopoles intérieurs organisés sous la tutelle de l'État, particulièrement improductifs, qui ont gaspillé les chances offertes par la protection contre une concurrence étrangère qui aurait écrasé dans l'œuf leurs premières tentatives. On ne peut donc arguer de ces exemples malheureux pour disqualifier tout choix de protection commerciale. Autrement dit, encore, et en guise de conclusion sur ce thème délicat des rapports entre la volonté politique collective et ses manifestations économiques, si une ambition nationale ne se construit pas à partir du protectionnisme, celui-ci peut néan-

1. Friedrich List, *Système national d'économie politique*, Paris, Gallimard, coll. Tel, 2000.

moins être une condition nécessaire pour faire aboutir les projets économiques que cette ambition mobilise. On doit regretter que ces considérations ne trouvent plus place ni dans le raisonnement des théoriciens du développement, ni dans les discours des instances internationales chargées de le promouvoir.

Comment expliquer le phénomène inverse qui conduit tant d'entreprises occidentales à donner la priorité à l'abaissement inconditionnel des prix de revient et, de ce fait, à éliminer le critère d'appartenance nationale de leurs décisions stratégiques ? La thèse économique dominante élaborée au sein des marchés financiers se résume dans l'expression *struggle for life*. La chasse à la main-d'œuvre et à la matière grise les moins chères possibles, à qualité égale, serait désormais une condition de survie de toutes les sociétés agissant sur des marchés fortement concurrentiels. Cette proposition revient à inverser l'ordre des facteurs explicatifs. Les zélateurs du libre-échange mondial partent de l'idée que, l'ouverture des frontières avec la Chine ou ses homologues étant acquise, il convient pour chaque compétiteur d'en tirer les conséquences pour sa stratégie de production. Or pourquoi les frontières ont-elles été ouvertes sinon pour permettre aux entreprises d'exploiter un travail incomparablement moins cher dans les conditions de production les plus modernes ? Le projet libre-échangiste a procédé d'une décision collective des élites dirigeantes des pays développés prise sous la pression des marchés financiers, des grands distributeurs et des groupes multinationaux les plus puissants, ainsi qu'à l'instigation politique d'une Amérique qui a intégré ce projet trivial d'exploitation des ressources humaines dans un projet plus vaste et peut-être plus candide visant à conformer les peuples attardés aux normes économiques et culturelles de l'Amérique. *Les frontières ne s'ouvrent pas spontanément.* La suppression des contingents ou des taxes douanières procède inévitablement de décisions des États prises individuellement ou en application d'accords bilatéraux ou multilatéraux. De nature politique, elle implique une association de l'État, interprète de l'intérêt national, aux ambitions des dirigeants d'entreprises et, par voie de conséquence, la nécessité pour ces dirigeants de démontrer, autrement que par des pétitions de principe sur le thème de l'ouverture et de la liberté économique, la nécessité d'ouvrir le ventre du marché intérieur à la réimportation de productions délocalisées du territoire national.

Outre l'action souvent déterminante des grands distributeurs, déjà soulignée, le mouvement vers la mondialisation paraît indissociable de la prise de pouvoir des marchés financiers. Le phénomène est à deux faces. Sous sa face pratique, il implique la subordination d'ensemble de la production et la subordination particulière de chaque société cotée aux objectifs des fonds d'épargne collectifs opérant en bourse — dans cette subordination prennent paradoxalement leur source les grands scandales financiers récents. Sous sa face idéologique, il pose le principe d'une unité formelle du capitalisme au vu de laquelle les différences ou les oppositions de cultures, de systèmes politiques, de mœurs économiques et financières ne peuvent exister qu'à l'état de survivances. La prétention des marchés financiers à réguler, donc à gouverner l'économie mondiale, implique l'unité du Capital et, sous son égide, l'unité du Travail. Il n'y a rien d'abusif à décrire le nouveau système comme une tentative explicite de réaliser le schéma marxiste enjambant les frontières entre nations et continents. Mais alors que l'unité en cause est aux yeux de Marx une unité de substance constatable dès le moment où le capital s'empare de la force de travail, elle est ici le résultat d'une mutation interne d'un système, accomplie sous l'impulsion du réseau des marchés financiers surplombant les États-nations et les entreprises.

La volonté d'unifier le monde procède de l'ambition de l'Amérique contemporaine, encouragée par la disparition du socialisme réel dans sa conviction d'incarner la marche, voire la fin de l'Histoire. De ce point de vue aussi, les doctrines libérales véhiculées à partir des marchés financiers évoquent furieusement la foi marxiste en un sens et un achèvement irrévocable de l'Histoire des sociétés humaines. Mais il n'est plus besoin, cette fois, d'une interprétation du monde. La version anglo-saxonne enregistre l'échec de l'expérience communiste bâtie en opposition aux institutions économiques, sociales et politiques des pays d'Occident, puis en déduit, par un retournement de la pensée, que les économies et les sociétés anglo-saxonnes, formellement les plus antagonistes du système soviétique, sont les sociétés les meilleures que l'on puisse imaginer, quel que soit par ailleurs leur degré d'imperfection. Non seulement la chute du communisme n'a pas occasionné le nouveau débat qui aurait permis d'établir de nouvelles oppositions de valeurs et de politiques, mais elle a engendré une orthodoxie qui rivalise avec la soviétique par son étanchéité dogmatique et qui enferme ainsi les peuples et leurs élites dans un nouveau conformisme stérilisant et dangereux. Elle ne clôt la période de la guerre froide idéologique et de la rivalité de systèmes que pour laisser s'activer les Lilliputiens des marchés financiers sur le corps du Gulliver capitaliste.

Les arguments fallacieux du libre-échange mondial

Quoi qu'il en soit, les entreprises ont pris le sillage doctrinal et accepté les oukases stratégiques que leur dictaient les bourses. Le plus lourd de ces oukases leur demande de *considérer le travail comme un « intrant » de la production et non comme une source de la valeur ajoutée*. Il ne s'agit pas là d'un argument polémique à la Viviane Forrester. Le travail est, du point de vue *comptable*, une source économique de la valeur ajoutée tant à l'échelon de chaque entreprise qu'à l'échelon de l'économie dans son ensemble. Cela signifie qu'au regard des comptabilités privées et nationales le travail n'est pas une consommation intermédiaire du processus productif, comme les matières premières, les produits semi-finis ou les différents services que l'entreprise achète au-dehors. Son incorporation à la valeur ajoutée implique qu'il a valeur productive. En effet, ce que l'on désigne comme la valeur ajoutée n'est ni plus ni moins que la production. Le PIB d'une nation est constitué par la somme des valeurs ajoutées des entreprises travaillant sur son territoire.

La littérature économique d'origine anglo-saxonne trahit ce que l'on peut désigner comme le nouveau statut économique du travail dans le capitalisme sous influence financière. Elle use en effet du même terme — *outsourcing* — pour décrire l'opération consistant à « externaliser » une fonction de l'entreprise et celle consistant à « délocaliser » une activité sur un autre territoire, y compris quand cette activité continue de s'exercer au sein de l'entreprise. Le travail délocalisé est explicitement assimilé à un service externe. Le nouvel angle de vue envisage donc le travail comme un coût à l'état pur. Il n'y a plus dès lors à s'étonner de l'apparition de modèles d'entreprises sans travailleurs dont les dirigeants et les cadres auraient pour seule fonction de réaliser l'interface entre le marché et les fournisseurs de produits commandités par ces entreprises. Ces modèles ne doivent pas être pris au pied de la lettre. L'entreprise sans travailleurs est et restera une fiction ou une illusion d'optique : même externalisé, le travail demeure soumis à une organisation déterminée au sein d'une entreprise déterminée. Mais ce genre de fantasme traduit précisément, par son outrance, la volonté sous-jacente de séparer moralement l'entreprise et le travail, à défaut de pouvoir les séparer économiquement et juridiquement. On mesure mieux ainsi la gravité du tournant stratégique pris par les entreprises dans le contexte de la mondialisation commerciale que ses apôtres défendent en occultant le changement du statut moral du travail qui l'accompagne.

Revenons cependant aux considérations purement économiques qui forment le plaidoyer ordinaire en faveur du libre-échange mondial. Il en est quatre, toujours les mêmes, toujours présentées avec la force apparente de l'évidence.

Premièrement, l'ouverture réciproque des marchés est la condition d'une concurrence aussi large et aussi intense que possible. Les arguments protectionnistes ne seraient que des alibis pour des économies non compétitives, principalement intéressées à se protéger de concurrents plus efficaces. Il serait particulièrement audacieux de dire qu'un tel point de vue n'a jamais eu de fondement et que le protectionnisme n'a pas abrité de causes contestables. Faisons observer cependant d'emblée que le choix n'est plus aujourd'hui entre le protectionnisme étroitement national et une libération graduelle des échanges internationaux, mais entre la liberté tous azimuts de circulation des marchandises exportables, qui nous a été quasiment imposée, et une régulation des échanges destinée tant à protéger les pays les plus faibles — ces pays les plus pauvres qui, tels les oisillons n'ayant jamais battu des ailes, sont encore éloignés du stade de l'émergence — que les plus riches, dont les acquis économiques de plusieurs siècles d'efforts et de création sont menacés par une concurrence indue fondée sur la sous-rémunération des ressources humaines. *Le protectionnisme dont il faudrait débattre n'est pas un protectionnisme de principe mais de circonstance.* Prenons garde de suivre les propagandistes du libre-échange mondial pratiquant la bonne vieille politique de l'amalgame dont les partis communistes étaient orfèvres. Dans leurs bouches, le protectionnisme est une tentative de retour à la situation de fermeture étroite des frontières *nationales*, autant dire qu'il est l'expression d'un lepénisme économique. Cet amalgame grossier n'a d'autre but que de clore par avance tout débat sur le sujet. C'est donc un devoir de l'ouvrir.

L'argument invoquant le bénéfice d'une concurrence élargie est substantiellement mensonger. Des statistiques récentes indiquaient que 65 % de l'accroissement des exportations chinoises entre 1994 et 2003 pouvaient être imputés à des importations d'entreprises multinationales installées en Chine. Il nous révèle ainsi que le ressort du libre-échange mondial s'appuie sur la délocalisation et non sur une volonté de concurrence élargie. L'intensification des importations en provenance des pays à bas salaires étant le fait des entreprises nées dans les pays développés, chacun comprendra que la concurrence a peu à voir avec le problème. Voudrait-on dire cette chose absurde qu'une entreprise japonaise, taïwanaise ou américaine réimportant de Chine se fait concurrence à elle-même ?

Mais ce premier argument appelle un contre-argument dont on s'étonne qu'aucun courant économique ne s'en soit emparé, bien qu'il soit imparable. L'expérience démontre que les mesures de protection commerciale les plus efficaces ne font entrave à la concurrence que si elles s'accompagnent de mesures d'interdiction concomitantes des investissements directs étrangers dans le pays bénéficiaire de la protection commerciale. Illustrons ce point par un exemple donné par les États-Unis. Au lendemain du deuxième conflit mondial, les grands groupes américains désireux de s'implanter sur les marchés européens décidèrent de créer des établissements de production et de recherche sur le Vieux Continent. Ils nourrissaient la crainte, en l'occurrence sans fondement, d'une interdiction des marchés locaux à leurs exportations. L'Europe bénéficia alors d'un flux considérable d'investissements américains accompagnés de transferts de savoir-faire. L'illustration est d'autant plus convaincante que les nations européennes n'avaient pas encore formé de zone de libre-échange intérieur. Dans ces conditions de liberté de circulation des marchandises restreinte aux territoires nationaux, la nécessité d'accéder aux économies en reconstruction constituait déjà un motif suffisant pour entraîner, de la part des multinationales américaines désireuses d'y écouler leurs produits, des décisions d'investissements à longue portée. Nous voyons donc, à partir de cet exemple éclairant, à quel point le protectionnisme est moins univalent que sa représentation dans les thèses libre-échangistes.

Deuxièmement, l'ouverture de nos marchés serait une condition préalable de l'accès des pays pauvres au développement. Voici encore un argument acceptable dans son principe, mais dénué de force pratique. À quelques exceptions près, toutes les expériences passées de développement économique ont pris appui principalement sur le marché intérieur et accessoirement sur les exportations, généralement orientées vers les voisins immédiats. Mais même lorsque les exportations ont joué un rôle important à l'instant du décollage, la demande interne connaissait déjà une forte croissance. La question n'est pas banalement quantitative. Pour qu'une économie soit capable d'exporter des produits élaborés et non seulement des produits de base, il faut que son système de production soit parvenu au préalable à former un réseau complexe de relations interindustrielles, unissant les fabricants de produits exportables à tout un ensemble de fournisseurs locaux. Or l'ouverture inconditionnelle des marchés des pays riches aux productions des pays pauvres ne garantit en rien que des tissus économiques cohérents parviendront à se nouer.

L'argument précédent s'accompagne parfois d'un plaidoyer pour un traitement dissymétrique des échanges commerciaux, contraignant les pays riches à ouvrir leurs frontières tout en laissant les pays pauvres libres de fermer les leurs. Le plaidoyer s'apparente à une forme de charité déguisée, moins désobligeante que les dons en monnaie ou en nature, mais, comme toute forme de charité, peu favorable à l'essor de l'esprit d'entreprise et au renforcement de la responsabilité collective. Il s'appuie présentement sur ce que certains ont appelé le scandale du coton. En substance, il faudrait mettre fin aux aides discriminatoires que les États-Unis accordent à leurs producteurs pour leur permettre de soutenir la concurrence des pays producteurs pauvres d'Afrique ou d'Amérique latine. Mais ce plaidoyer en faveur des paysans pauvres équivaut à un plaidoyer en faveur de la basse rémunération du travail humain. Les bas prix du coton sur le marché international impliquent un maintien des producteurs brésiliens ou tchadiens au bas standard de vie qui est le leur aujourd'hui. La liquidation de la production américaine subventionnée aurait un sens si elle offrait la perspective d'un redressement des prix du coton mondial et d'un progrès des conditions de vie des producteurs les plus pauvres, qui n'est nullement assurée. On peut craindre au contraire que le privilège commercial accordé aux contrées les plus pauvres ne consiste en fait qu'à *les maintenir dans un statut non avoué d'économie coloniale* produisant à bas prix le coton destiné à être transformé par les ilotes chinois ou indonésiens.

La controverse ouverte autour de la concurrence cotonnière révèle l'étroitesse du prisme économique retenu par les adeptes du libre-échange mondial. Peut-on imaginer que l'avenir de l'économie tchadienne puisse se préparer à partir d'un privilège commercial ? Y a-t-il une chance sérieuse de voir naître un tissu économique à partir de l'exportation préférentielle d'un produit de base ? Ne vaudrait-il pas mieux aider les pays pauvres à former patiemment une économie locale, modeste à ses débuts, mais cohérente, qui chercherait à pourvoir les marchés locaux en produits plus élaborés mais à la portée de leurs entreprises ? Il semble que le deuxième terme de l'alternative soit de loin préférable. Tout bien considéré, le deuxième argument est d'essence idéologique.

Troisièmement, le déversement des productions réalisées dans les pays à bas coût du travail sur les marchés riches serait la contrepartie de l'écoulement des productions plus élaborées des pays anciennement industrialisés en direction des pays pauvres ou émergents. Reconnaissons l'admirable simplicité de l'argument. Pas de commerce extérieur sans réciprocité. Mais y a-t-il vraiment symétrie des protagonistes ? D'un côté, des pays riches qui sont capables de pourvoir à la grande majorité de leurs besoins en produits manufacturés, et ne sont dépendants que pour leur approvisionnement, il est vrai essentiel, en énergie et en matières premières. De l'autre côté, des pays encore éloignés de la maturité économique, dépendants des pays riches pour l'obtention des biens d'investissement requis par leur nouvelle croissance. Illustrant ce propos, si la Chine, encore elle, pourtant déjà passablement industrialisée, est tributaire des biens d'équipement fournis par le Japon, le Japon n'a nul besoin vital à importer de Chine sinon pour abaisser ses coûts de production par le biais d'une délocalisation partielle de ses activités, délocalisation qui est précisément le problème.

L'entrée des pays neufs dans la carrière industrielle peut ainsi se heurter à la difficulté de financer les achats de biens d'équipement auprès des pays étrangers producteurs. Il leur faut donc disposer de devises à cette fin. C'est pourquoi ils ont été conduits à réclamer un accès aux marchés des pays riches qui leur permettrait d'engranger les devises nécessaires, sans passer par des emprunts préalables sur le marché international des capitaux. Mais la large ouverture des pays émergents aux investissements directs des entreprises mondialisées a fortement amenuisé cette difficulté particulière de financement. Une part notable des équipements achetés à l'extérieur est en effet directement prise en charge par des investisseurs étrangers. On note une fois de plus comment la mondialisation des entreprises modifie le contexte économique traditionnel. Il n'existe donc plus de condition impérative d'ouverture systématique des frontières entre pays émergents et pays développés.

Par ailleurs, ce troisième argument sous-entend une répartition internationale du travail entre des populations « évoluées » fabriquant des biens à forte valeur ajoutée et des populations « attardées » réalisant les autres catégories de biens, répartition dont le bien-fondé économique et la valeur morale soulèvent la plus vive des critiques. Entre les grands groupes d'économies à l'échelon mondial, la véritable césure sépare les pays aptes au développement de ceux qui y sont encore réfractaires et non pas celle qui les hiérarchise naïvement entre économies fondées sur le savoir high-tech et économies réduites à se consacrer aux activités traditionnelles. Le troisième argument s'appuie sur une reconstruction artificielle et fausse de la division internationale du travail.

Quatrièmement, enfin, l'importation par les pays riches des produits réalisés à bas prix dans de lointaines contrées y serait dorénavant un facteur décisif d'accroissement du pouvoir d'achat collectif. Auparavant, cet accroissement procédait d'une revalorisation des salaires et des aides sociales. Désormais, il deviendrait possible d'accéder à plus de biens et services sans augmenter ces revenus, grâce à la baisse des prix des produits importés.

Un raisonnement simple permet de saisir la vacuité de l'argument. Imaginons en effet que la substitution d'importations à bas prix venant de l'Asie profonde à des productions réalisées jusqu'ici sur les territoires des nations d'Europe ait pour effet de réduire d'un demi-point l'indice annuel des prix à la consommation. La moindre hausse des prix offrira-t-elle un supplément de pouvoir d'achat aux acheteurs ? Évidemment non. Il faudrait en effet que les revenus et les prix évoluent indépendamment les uns des autres. Or les salaires distribués par les employeurs et les revenus issus de la redistribution publique restent étroitement corrélés à l'évolution des prix : *moindre hausse des prix implique moindre revalorisation des salaires, des retraites et de la masse des prestations sociales versées par les systèmes de redistribution nationaux.* L'impact présumé des importations à faible prix est annulé dans les faits par les pratiques habituelles, d'ailleurs parfaitement justifiées, de fixation des revenus en tenant compte de l'évolution observée des prix.

La faute de raisonnement dépasse la norme. Elle consiste à décrire l'échange de biens internationaux comme un échange direct de biens réalisé entre consommateurs. En quelque sorte, l'ouvrier de la Basse-Saxe échangerait avec celui de Shanghai comme si l'un et l'autre procédaient à un troc que l'intervention de leurs employeurs habilités à mettre leurs productions sur le marché rendrait invisible. L'ouvrier premier nommé serait le grand bénéficiaire de l'échange parce qu'il pourrait s'emparer de la production que le second cède à vil prix sur le marché international. Une telle vision ramène l'échange international à l'expression d'un troc implicite pas si différent de celui auquel se livraient les tribus polynésiennes ou mélanésiennes selon la description donnée par les anthropologues. Le pouvoir d'achat de l'ouvrier de Basse-Saxe se fixe en fait sur le marché du travail en fonction de la rémunération que son employeur est disposé à lui verser en contrepartie de son service qualifié, rémunération que ledit employeur aura d'autant moins de motifs de rehausser que l'évolution des prix aura été plus basse. De surcroît, et tout à l'opposé de la thèse avancée par les tenants du libre-échange intégral, la pression concurrentielle supplémentaire qui s'exerce à partir des zones émergentes devient, dans le discours tenu par les employeurs face à leurs salariés, un argument imparable en faveur d'un gel progressif de leurs rémunérations, justifié par la nécessité de préserver la sacro-sainte compétitivité. Le quatrième argument n'est qu'un leurre.

Déflation salariale, déflation de la valeur ajoutée

Il ne suffit pas cependant de balayer ces arguments indigents. La justification des bas salaires, des salaires le plus bas possible, en dehors de la pellicule dirigeante, est lourde d'implications morales et sociales. Au fur et à mesure que les activités tendent à se concentrer dans les zones de basse pression salariale, l'écart entre la rémunération du travail et sa productivité tend à se creuser au détriment de la première citée. Cela est à considérer indépendamment du fait que le travail ainsi sous-payé est de nationalité norvégienne, indonésienne ou péruvienne, qu'importe.

Prenons en effet une vue cavalière du libre-échange mondial. Imaginons un instant que le capitalisme a été soumis à la juridiction d'un État unique couvrant le monde entier, tandis que demeurent évidemment les écarts de rémunérations et de conditions de travail qui prévalent aujourd'hui. Dans ces conditions, la défense des intérêts nationaux, jugée néfaste par les partisans du libre-échange mondial, se trouverait privée de ses anciens points d'appui et les dernières entraves à une circulation entièrement libre des marchandises seraient irréversiblement levées. Ce que nous appelons délocalisation s'appellerait alors plus simplement localisation, chaque entreprise prenant soin de choisir, au sein du marché mondial qu'elle exploite, le site de production qui lui apparaîtrait le plus favorable. Néanmoins, la question centrale que nous avons soulevée, en évoquant une déflation salariale à l'échelon mondial, continuerait de se poser dans son intégralité. L'écart entre la productivité et la rémunération du travail se creuserait par étapes, érodant peu à peu la demande potentielle. Comment l'État mondial pourrait-il alors s'assurer que la production mondiale s'écoulera dans sa totalité alors que les revenus distribués par les entreprises n'y suffiraient pas ? Faudrait-il qu'il organise l'endettement forcé des ménages chargés d'absorber la production mondiale ?

Les arguments avancés en faveur du libre-échange intégral sont à prendre comme des arguments d'opportunité : la mauvaise foi a sa place dans le prétoire économique comme dans le prétoire judiciaire. Mais *nous n'apercevons pas l'avantage durable des opérations de délocalisation pour les entreprises qui les veulent et qui les réalisent.* La baisse drastique des coûts du travail qui en est la raison d'être présente-t-elle un intérêt durable pour la collectivité des entreprises ? Nous avons peine à le croire.

Pour certains économistes et tout particulièrement pour les analystes financiers, la baisse des prix de la main-d'œuvre et de la matière grise procurerait des superprofits aux entreprises. Les bénéfices s'élèveraient au-delà des normes anciennes, à la satisfaction des actionnaires et des dirigeants. Ils correspondraient alors à la « plus-value relative » analysée par Marx dans la célèbre section V du livre premier du *Capital*[1]. Le libre-échange mondial réaliserait enfin sa prédiction hasardeuse. Toutefois, ce schéma implique que *la concurrence ne s'exerce pas vraiment.* En régime de concurrence, il va de soi que les gains de prix de revient résultant d'une meilleure productivité, de coûts d'approvisionnement moindres, de frais financiers en baisse, de salaires réduits *doit* se répercuter sur les prix de vente dès lors que les entreprises concurrentes y ont également accès. Leur accaparement par une entreprise n'est envisageable que si la concurrence est absente ou si elle a commis l'erreur de ne pas exploiter les nouvelles conditions plus favorables. Une telle situation ne peut s'observer ni d'une façon générale ni surtout d'une façon durable. Quatre illustrations devraient aider à le comprendre.

Première illustration : quand Boeing a décidé de transférer l'aménagement intérieur de ses avions civils au Mexique, qu'a donc fait Airbus sinon confier les mêmes tâches aux Mexi-

1. Karl Marx, *Le Capital*, livre premier, Gallimard, coll. « Bibliothèque de la Pléiade », t. I, *Économie*, 1963.

cains ? Imagine-t-on un seul instant que les baisses de prix de revient ainsi obtenues n'aient pas été répercutées dans les propositions de prix figurant dans les négociations des deux grands constructeurs avec leurs acheteurs ? Deuxième illustration : quand les industries mécanique et automobile allemande transfèrent méthodiquement certaines de leurs activités en Europe centrale, que font leurs concurrents européens, voire japonais ou coréens, sinon imiter leur « exemple » ? Croit-on que les prix catalogue des constructeurs ne sont pas revus en conséquence ? Troisième illustration : quand les producteurs de films documentaires confient au savoir-faire indien le soin de les réaliser à un prix égal au quart de leur prix de réalisation dans les pays où siègent leurs sociétés, peut-on imaginer qu'ils laisseront leurs prix de vente habituels en l'état ? Quatrième illustration, de caractère plus général : peut-on s'attendre raisonnablement à ce que les grandes centrales d'achat de la distribution, qui décident d'une masse de prix sur les marchés de consommation des pays riches, cessent d'exercer sur les fournisseurs la pression qui permettra ensuite d'afficher des prix en baisse dans les points de vente qu'elles approvisionnent, pour laisser aux producteurs délocalisés le bénéfice d'un travail à bas prix ? Au mieux, les distributeurs réussiront à accaparer temporairement une fraction de la plus-value obtenue par ce moyen, mais au détriment de leurs fournisseurs en amont, qui auront pris sur eux, au profit de leurs acheteurs, le risque et le coût opératoire de la délocalisation.

Déflation salariale signifie déflation de la valeur ajoutée. Le lien qui unit les salaires et la valeur de la production dans les comptes des entreprises et dans la comptabilité nationale est, dans le principe, intangible. Tout mouvement prolongé des salaires dans un sens quelconque ne peut pas ne pas se répercuter sur les prix de vente et la valeur ajoutée qu'ils reflètent. C'est pourquoi nous commençons à observer une tendance à la baisse des prix qui ne trouve son origine ni dans des gains de productivité exceptionnels, ni dans une faiblesse particulière de la demande. Cette explication ne figure pas — pas encore — au chapitre « Déflation » des manuels d'économie.

Mais l'essence déflationniste du libre-échange mondial devrait trouver une confirmation plus large à chaque étape nouvelle accomplie sur le chemin qu'il balise. Car elle est sans parade. La déflation dont il s'agit, rampante, ne peut être contrecarrée par une politique classique de soutien de la demande menée par les autorités politiques et monétaires. Bien au contraire, la relance inconditionnelle de la demande ne pourrait que masquer la véritable origine de la pression déflationniste. L'érosion de la valeur ajoutée par compression des salaires représente un défi impossible à relever par les médecines classiques de réanimation de l'économie, à moins de faire cesser l'action des facteurs qui y contribuent.

Mais si la valeur ajoutée décline, qu'adviendra-t-il des profits ?

La réponse ne se dessine pas encore nettement. Tout dépendra de l'évolution des taux de profit. Ceux-ci pourront-ils s'accroître dans une proportion suffisante pour maintenir les profits en dépit de la baisse tendancielle de la valeur ajoutée ? Ou bien seront-ils simplement maintenus, en raison de l'intensité de la concurrence, ce qui tirerait la profitabilité des entreprises vers le bas ? Improductive pour les entreprises dans le premier cas, la stratégie de délocalisation leur serait dommageable dans le second. En toute hypothèse, les managers et les actionnaires courent le grand risque de voir leurs espérances de superprofits contredites par les faits. Ce résultat contrariant ferait injure au génie visionnaire de ceux qui ont fait le choix du libre-échange mondial avant de l'imposer aux États et aux organisations internationales. Une baisse tendancielle des profits, qui viendrait miner la base proprement économique du capitalisme pris au piège de ses calculs hasardeux, et menacer la prospérité des bourses, n'est pas inimaginable.

Rien de ce que nous venons de dire n'aurait sa place sans la réussite incontestable de nombre de nations neuves de l'Asie émergente. Le sentiment s'impose que cette immense région du monde a trouvé les méthodes et les ressources humaines nécessaires à son expansion. Ceci rend plus frappants par contraste le relatif échec et les épreuves financières rencontrés en Amérique latine, malgré l'évident désir des populations locales d'accéder, elles aussi, aux étapes les plus gratifiantes de la croissance économique. Le monde prétendument émergent est en réalité coupé en deux, entre une Asie en phase explosive et une Amérique latine perpétuellement menacée par l'implosion de ses systèmes économiques et financiers. Il existe de ce fait une énigme, liée aux déboires incessants des pays d'Amérique latine, dont les malheureux intéressés attendent toujours la résolution.

4
Des capitaux sans tête

L'éternel retour des crises financières dans les pays d'Amérique latine a fait obstacle à leur inclusion effective dans le concert des économies favorisées par le libre-échange et mis en doute l'universalité potentielle du système capitaliste. Pourquoi certains pays, comme l'Argentine et plus encore le Brésil, aux atouts économiques incontestables, sont-ils voués périodiquement à cesser de payer les intérêts de leur dette, à subir l'effondrement de leur monnaie, à emprunter le rôle humiliant du mendiant de l'argent public international rassemblé dans les comptes du Fonds monétaire international et de la Banque mondiale ? Pourquoi leur fragilité chronique les empêche-t-elle de devenir des économies souveraines au sens exact d'un mot qui implique la faculté d'assurer un développement régulier sans vivre de drame financier récurrent ni encourir la menace d'exclusion de la communauté économique internationale ? Pourquoi, par-dessus tout, l'essor de la finance internationale, effectif depuis la décennie 1980, qui offrait des perspectives sans précédent à ces pays, a-t-il occasionné tant de déceptions ? La résurgence périodique des difficultés entretient un malaise. Pour les uns, qui se meuvent dans les cercles antimondialistes, les échecs subis mettent en cause un système de profit capitaliste dont la malfaisance atteint son paroxysme sous sa forme financière : si l'on prête aux pays pauvres, nous disent-ils, c'est dans le seul but de les soumettre à une prédation régulière lucrative pour les bailleurs de fonds des nations riches. Pour d'autres, comme de nombreux responsables politiques de l'Administration et du Congrès à Washington, les rechutes continuelles d'économies sauvées à grand renfort d'aide publique internationale révèlent que cette aide, au lieu de consolider les pays concernés, les pervertit en exerçant un effet déresponsabilisant sur leurs dirigeants, voire sur leurs peuples.

Essayons d'échapper aux postulats de l'anticapitalisme militant ou du libéralisme doctrinaire. Dans cette matière épineuse parmi d'autres offerte à la réflexion par les transformations de la fin du XXe siècle, un préalable s'impose : déterminer précisément à quelle logique obéissent les mouvements de capitaux au sein de ce qu'on nomme la globalisation financière. Est-ce seulement pour répondre à un besoin exprimé par les pays émergents que ces mouvements ont connu un essor massif ? S'agit-il au contraire d'un moyen pour certains pays riches de valoriser leur épargne ? Et comment se fait-il que l'amère expérience des faillites souveraines — près d'une centaine, survenues à chaud ou à froid en l'espace de trente ans — n'ait pas conduit à imaginer les remèdes à une situation dommageable tant pour les peuples contraints à de durs sacrifices que pour les contribuables des États les plus riches appelés épisodiquement à mettre la main au gousset afin d'éteindre les incendies que ces faillites font naître sur le marché des prêts internationaux ?

Une enquête sommaire révèle que le phénomène le plus récent d'afflux de capitaux dans les pays dits émergents est en fait le quatrième de l'Histoire moderne. Il ne faut donc pas y voir une novation radicale. L'expérience donne à observer un phénomène curieux : les capitaux internationaux, au lieu de se diriger de manière progressive et continue vers les pays qui offrent les promesses les plus encourageantes, s'y ruent par vagues successives, d'une manière qui apparaît plutôt dictée par des modes que par des calculs rationnels, sans que les prêteurs aient étudié au préalable les chances de réussite. Les investissements de la finance internationale, dans les pays émergents avant la lettre, ont le plus souvent revêtu un caractère de pari. Néanmoins, les leçons des expériences malheureuses n'ont jamais été tirées sérieusement. Une attraction plus forte que la rationalité économique pousse les prêteurs vers tout ce qui a parfum d'exotisme.

Le premier grand mouvement s'est produit durant la période dite de première mondialisation, entre 1870 et 1914, le deuxième au lendemain du premier conflit mondial, le troisième à l'occasion de la crise pétrolière des années 1970-1980 qui a donné naissance, très provisoirement, à une opération de recyclage des pétrodollars en direction de pays pauvres. Aucune de ces expériences n'a débouché sur la constitution d'un monde économique et financier homogène ou, si l'on préfère, d'un capitalisme mondial.

La mondialisation anglaise

À s'en tenir aux chiffres, la première de ces expériences est la plus impressionnante. Angus Maddison a calculé que le stock de capitaux d'origine étrangère dans les pays en développement de l'époque (1880-1913) s'est élevé progressivement de 8,6 % à 32 % de leur PIB [1]. De tels chiffres n'ont jamais été retrouvés ni approchés par la suite. Pour en apprécier l'extrême élévation, indiquons que le décollage économique s'accompagne d'un taux d'investissement minimal de l'ordre de 20 % du PIB, qui cumule la contribution nationale et l'éventuelle contribution étrangère. Cet afflux avait à sa source les

1. Voir, sur les différentes vagues financières internationales des deux derniers siècles, « La globalisation financière, facteur de développement ? » par Guy Longueville, *Conjoncture BNP Paribas*, mars 2003.

grands pays excédentaires du moment, Grande-Bretagne, Allemagne et France dont les balances extérieures dégageaient des soldes positifs allant de 3 à 10 % du PIB. Les destinataires principaux en étaient l'Australie, la Nouvelle-Zélande, le Canada, la Russie et, déjà, l'Argentine. Fait remarquable, la première vague de capitaux adressée à des pays en développement a coïncidé comme la présente avec une expérience de libéralisation des échanges de marchandises qui a permis à différents historiens d'avancer fermement la thèse d'une première mondialisation.

L'analogie entre les deux mondialisations ne semble pas aller au-delà du parallélisme des formes offert par la libre circulation des capitaux et des marchandises. L'essentiel des capitaux attirés par les pays en développement s'orientait vers le financement des infrastructures : chemins de fer, télégraphe, téléphone. Les bénéficiaires pouvaient ainsi consacrer leur propre capacité d'épargne à l'expansion de leurs agricultures et de leurs premières industries. On peut parler à ce sujet de réussite, si l'on excepte la Russie, dont le défaut de paiement, entraîné par la guerre et l'instauration du communisme, ne peut être considéré que comme une exception involontaire et malheureuse au succès général du processus économique de la première mondialisation. Mais il semble évident que cette mondialisation avant la lettre a bénéficié de deux atouts considérables qui ont fait défaut dans les expériences ultérieures.

Le premier est le cousinage culturel entre les pays importateurs de capitaux et leurs bailleurs de fonds. Constatons en effet que les premiers pays bénéficiaires — Canada, Australie et Nouvelle-Zélande, colonies de peuplement anglo-saxonnes — représentaient moins des partenaires extérieurs que des extensions de la sphère anglo-saxonne. Constatons dans le même esprit que l'Argentine de cette époque attirait un grand nombre de ressortissants du Vieux Continent, et c'est ce qui a donné à ce pays, comme au Chili, la coloration la plus européenne de toutes les nations d'Amérique latine. On peut donc considérer, toutes conditions égales par ailleurs, que la première mondialisation commerciale et financière consistait pour l'Europe occidentale à exporter ses ressources excédentaires vers d'autres régions comparables par le peuplement et la culture, pour les rattacher ou les incorporer à son système économique propre. Le point ici relevé semble fondamental pour la bonne compréhension ultérieure de l'expérience présente de mondialisation, si profondément différente de l'ébauche de la fin du XIXe siècle.

L'autre atout était la complémentarité de fait entre les pays en développement et leurs bailleurs de fonds. D'un côté, des producteurs de matières premières agricoles et minières, de l'autre les nations industrielles principales consommatrices de ces matières premières. L'épargne excédentaire des nations industrielles s'investissait spontanément dans le financement des infrastructures réclamées par l'acheminement des productions locales. Les unes et les autres étaient d'ailleurs associées au sein du système monétaire fondé sur l'étalon or qui facilitait les mouvements de capitaux en garantissant la stabilité des parités de changes. Quand le premier conflit mondial survint, les pays importateurs de capitaux avaient réussi à mettre sur pied des économies suffisamment efficaces pour honorer la dette contractée durant la période initiale du développement.

Les traits principaux de cette expérience en indiquent les limites. La première « mondialisation » s'est réalisée dans la famille des peuples européens. Réservée à l'humanité « blanche » répandue sur différents continents, elle a englobé dans les faits des populations aussi proches les unes des autres que les colonies grecques de la Méditerranée pouvaient l'être de l'Athènes antique. L'expérience actuelle qui entraîne l'ensemble des peuples asiatiques, de cultures d'ailleurs hétérogènes, et les pays d'Amérique latine fortement métissés, et tend à leur permettre de rejoindre ou de dépasser ponctuellement les vieilles nations industrielles, consacre au contraire un changement de nature dans le mouvement mondial vers la croissance économique. Chacun de nous ressent d'ailleurs bien la singularité du présent moment historique et tout le poids des interrogations qu'il fait naître.

La très particulière première mondialisation coïncide aussi remarquablement avec le mouvement impérialiste des nations européennes, du Japon, voire des États-Unis. Le développement important de ces nations, qui avaient déjà franchi les deux premières étapes de la croissance définies par Rostow, s'est accompagné de l'extension de leur puissance coloniale et d'un effort d'armement qui contredisaient formellement le projet pacifique de développement économique et commercial incarné par la première mondialisation. Ces nations se sont refusées à choisir entre le beurre et les canons, précisément parce que leur puissance économique leur procurait alors assez de moyens pour envisager d'établir une domination politique assise sur le pouvoir des armes sans mettre en péril pour autant leur expansion économique intérieure. Que le moment particulier de la cristallisation nationaliste ait aussi été celui de la première mondialisation incline à penser que celle-ci n'était pas, dans son tréfonds, une mondialisation au sens où chacun l'entend aujourd'hui, c'est-à-dire une confrontation pacifique des capacités économiques, mais traduisait en actes la volonté des premières puissances industrielles de se créer des zones d'influence par la voie économique parallèlement à leurs tentatives de domination par la voie diplomatique et militaire. L'Angleterre victorienne nous paraît incarner à merveille cette double orientation, fondée en outre, dans son cas particulier, sur une suprématie financière et une capacité de prêter la plaçant au centre de gravité du dispositif, permettant de dire que la première mondialisation était à la fois d'inspiration anglaise et assise sur la puissance matérielle anglaise, qu'elle était *une mondialisation anglaise*.

Des expériences sans lendemain

À peine la Première Guerre mondiale terminée, une deuxième vague de capitaux extérieurs se mit à affluer vers les pays en développement. Comme la vague précédente, celle-ci trouvait sa base financière dans les excédents des pays les plus riches. Il fallait, pour que des courants de capitaux réguliers se manifestent, que certains pays réussissent à se constituer des excédents substantiels. Ce préalable est souvent et mystérieusement oublié. La question de la liberté de circulation des capitaux, qui occupe tant de place dans la littérature économique contemporaine, n'a en effet de sens que si certaines nations dégagent des excédents durables disponibles pour être reprêtés aux pays déficitaires.

Cependant le mouvement des années 1920 ne constituait pas une simple réplique du précédent. Les pays riches exportateurs de capitaux disposaient d'excédents d'autant plus importants que leurs taux d'investissement avaient fortement reculé. Ces pays n'avaient pas encore trouvé — il faudra attendre vingt bonnes années supplémentaires, la plus grande crise économique et la plus grande guerre de l'Histoire pour cela — le nouveau modèle d'expansion efficace, susceptible de prendre la suite de la croissance du siècle précédent achevé en 1914. La deuxième révolution industrielle était là, matérialisée par les découvertes fondamentales du moteur à explosion et de l'électricité, mais elle n'avait pas, pour la servir, les institutions économiques et financières appropriées. Pour faire le plus bref et le plus parlant possible, elle restait enlisée dans un modèle de consommation bourgeois et aristocratique. C'est aussi de cette manière qu'on peut comprendre, avec le recul fourni par l'expérience, la démesure boursière qui précéda la Grande Dépression et le maintien parallèle d'un engouement pour les placements à haut rendement mais à haut risque des pays en développement. Faute de débouchés directs suffisants dans les industries locales, l'épargne des pays riches se détournait vers la lessiveuse boursière et les emprunts des pays émergents.

Symétriquement, les pays recherchant les capitaux étrangers présentaient des fragilités manifestes. Ils cumulaient déficits publics et déficits extérieurs. Cela signifie dans les faits que le déficit extérieur provenait largement de l'incapacité du secteur public à équilibrer ses comptes. La surconsommation et le surinvestissement révélés par le déficit extérieur prenaient leurs sources dans les dépenses disproportionnées des administrations, stimulées par la mégalomanie ou le clientélisme des dirigeants politiques locaux.

Le mouvement financier international des années 1920 montrait donc sa fragilité de deux côtés : celui des prêteurs qui considéraient les pays en développement comme un substitut à la pénurie de placements rémunérateurs à domicile et celui des emprunteurs négligeant d'investir de manière productive. Il procure de ce point de vue un deuxième terme de comparaison avec l'expérience la plus récente. À présent, l'épargne financière disponible ne se contente pas des placements sûrs offerts par la dette publique des pays riches ni de la rente offerte par des bourses qui ont connu durant le dernier quart de siècle la progression la plus forte de leur histoire : comme dans les années 1920, elle entend aussi récolter les intérêts de la dette des pays pauvres. Autre point de symétrie essentiel, les pays qui empruntent de nos jours sur le marché international des capitaux cherchent principalement à pallier des déficits publics que l'épargne locale ne prend pas à sa charge.

À cette analogie d'ordre financier s'opposent des contradictions dans les domaines commercial et monétaire. Alors que l'expérience en cours s'inscrit dans un mouvement délibéré de mondialisation des échanges commerciaux, les années 1920 ont vu au contraire un repli marqué des échanges internationaux de marchandises. Alors que les prêts actuels sont émis dans une monnaie principale, le dollar, qui est la devise du pays le plus riche et le plus déficitaire, ceux d'alors étaient obligatoirement contractés en monnaies de pays excédentaires, le dollar, bien sûr, et la livre sterling. Alors enfin que les prêteurs d'aujourd'hui peuvent tabler sur des opérations de sauvetage des pays défaillants menées sous l'égide du Fonds monétaire international, les prêteurs de cette époque assumaient la totalité des risques.

Avec un système de prêts destinés à financer principalement des gouvernements budgétivores et mégalomaniaques, on ne s'étonnera pas que l'expérience ait pris fin, dans le sillage de la grande crise de 1929, par des défauts de paiement définitifs sur les emprunts obligataires des deux tiers des pays endettés. *Exit* la deuxième vague de capitaux, *exit* la deuxième expérience.

L'issue calamiteuse de la deuxième grande expérience de prêts internationaux peut-elle expliquer la quasi-interruption constatée pendant les Trente Glorieuses ? L'expansion sans précédent des grands pays industriels durant cette période, accompagnée d'une formation abondante d'épargne, était cependant plutôt propice à une nouvelle expansion des prêts internationaux, dans des conditions rappelant celles de la première mondialisation. Mais différents facteurs ont joué en défaveur d'une réouverture à grande échelle du système des prêts internationaux. Ainsi que chacun le sait, cette période de succès économique pour les pays industrialisés de type capitaliste fut aussi celle du socialisme militant, jusqu'à l'absurde, dans les pays pauvres de différents continents, même dans ceux qui n'avaient pas adopté le modèle pur et dur du marxisme-léninisme et la planification bureaucratique centralisée. La thèse dominante était alors celle du développement autocentré par substitution progressive des productions locales, réalisées sous la tutelle de l'État avec le privilège d'un monopole d'écoulement de la production, aux productions importées. L'option socialiste de maints pays pauvres faisait ainsi obstacle à la réédition de l'expérience connue sous le nom de première mondialisation. Mais un autre facteur, strictement économique, aurait de toute manière empêché qu'une expérience de ce genre prenne de l'ampleur. En effet, l'épargne des pays riches se réinvestissait essentiellement sur place. Ce point est d'autant plus remarquable et instructif que deux des opportunités de placement considérées aujourd'hui comme primordiales étaient alors réduites à leur plus simple expression : les Trésors publics n'empruntaient guère, du moins en comparaison de leurs opérations actuelles, et les marchés d'actions, atones, offraient peu d'espérance de gains majeurs aux boursicoteurs du moment. Malgré cela, l'épargne de plus en plus démocratisée par le revenu croissant des citoyens des pays riches restait confinée dans l'espace national, au lieu de se porter, comme on aurait pu le concevoir *a priori*, vers des placements exotiques alléchants et éventuellement rémunérateurs, au moins dans les quelques pays qui n'avaient pas adopté de modèle de développement dirigiste ou étatique. Il n'y eut pas, durant les années glorieuses, de vague de capitaux internationaux.

La grande explication de cette longue interruption réside prosaïquement, avant toute autre, dans ce qui est par ailleurs un achèvement remarquable du système monétaire issu des institutions de Bretton Woods : l'équilibre des balances commerciales. De ce fait, la condition préalable pour qu'une épargne excédentaire soit mise par certaines nations à la disposition d'autres nations n'était pas remplie durablement. Le système monétaire y faisait obstacle. Cette époque s'éloignant peu à peu et ses traits commençant à s'effacer de certaines mémoires, rappelons donc que le régime de Bretton Woods ne consistait pas seulement à lier les monnaies entre elles d'une manière fixe et ajustable, mais aussi à exercer sur les pays commerçants une contrainte telle qu'ils étaient tenus d'équilibrer ou de rééquilibrer leurs échanges de marchandises. Il leur était quasiment interdit de dépenser durablement plus que la valeur de ce qu'ils produisaient. Cette règle de bonne ménagère appliquée aux échanges internationaux avait aussi pour conséquence imparable de limiter les montants d'épargne disponibles pour les placements extérieurs. Comment, dans ces conditions, aurait-on pu assister à un essor du marché international des prêts basé sur l'épargne privée ? Les pays pauvres cherchant à se développer devaient donc s'appuyer sur leur épargne intérieure et sur l'aide publique des autres nations.

La preuve *a contrario* de ce qui précède nous est offerte par la réouverture immédiate du marché des prêts internationaux dès la fin du régime de Bretton Woods et la réapparition de déséquilibres extérieurs significatifs, concomitante de la crise des prix pétroliers. Les pays consommateurs de pétrole, victimes inopinément de lourds déficits commerciaux, organisèrent le recyclage des pétrodollars à leur profit immédiat. La tâche pratique du recyclage incomba au système bancaire mondial. Il n'existait pas en effet, à ce moment précis, de marché international des capitaux tel qu'il fonctionne à présent. Aujourd'hui, le financement international s'effectue par émissions de titres d'emprunt, les obligations, qui peuvent être achetées à leur convenance par de nombreux fonds de placement. Dans les faits, les banques ne jouent plus le rôle central qui a été longtemps le leur non seulement dans le financement proprement dit, mais dans la prise de risques qui en résulte. Prenant le contrepied de leurs anciennes pratiques, elles transforment leurs prêts en titres d'emprunt qu'elles revendent sur les marchés financiers. Or la source lointaine de ce changement de stratégie des banques réside précisément dans les déconvenues subies par elles à l'occasion de l'épisode du recyclage des pétrodollars, qui tourna en déroute.

En effet, l'épisode des pétrodollars fut consommé en quelques années. Les pays consommateurs retrouvèrent vite, après avoir réorienté leurs exportations, un équilibre approximatif de leurs balances commerciales. Ils cédèrent alors le rôle d'emprunteurs aux pays pauvres non industrialisés. Réveillée telle une Belle au bois dormant, après un demi-siècle de torpeur, par l'arrivée, en guise de princes charmants, des rois mages du Proche-Orient, la finance internationale orienta les pétrodollars vers les pays pauvres déficitaires, sans prendre garde à leur bon emploi, ce qui l'aurait détournée de financer des infrastructures disproportionnées et ces projets mirobolants d'industries d'État qui donnèrent lieu plus tard, après leur faillite, au surnom générique d'« éléphants blancs ». Le défaut de paiement du Mexique en 1982 inaugura la série qui mit fin à l'expérience de recyclage des pétrodollars. Les sommes prêtées avaient été si mal utilisées dans leur ensemble que les emprunteurs, bénéficiaires à l'origine de prêts à des taux inférieurs à l'inflation internationale, furent acculés à la faillite quand ils durent acquitter, à partir de 1980, des taux d'intérêt plus conformes à l'usage et effectuer leurs remboursements dans une monnaie, le dollar, qui s'était appréciée dangereusement pour les débiteurs en monnaie américaine. *Exit* la troisième vague de capitaux internationaux, *exit* la troisième expérience.

Une expérience sans précédent

Pourquoi et comment la quatrième vague des prêts internationaux aux pays émergents s'est-elle déclenchée à partir de 1989 ? C'est une vague remarquable par sa puissance, son originalité et sa complexité. Elle est la première à se placer délibérément dans le contexte d'une libéralisation concomitante du commerce des marchandises et des mouvements de capitaux, non plus dans le cercle restreint formé par l'Europe et ses colonies de peuplement, mais dans un périmètre qui inclut potentiellement l'ensemble des nations du monde, exception faite de quelques vestiges de l'aventure communiste et des pays africains naufragés. Les économistes usent à ce propos du terme consacré d'intégration commerciale et financière, ce qui peut laisser supposer que les pays en question ne forment qu'une seule grande entité économique. Ils disent en fait plus modestement deux choses : premièrement, que les flux de capitaux en direction des pays pauvres sont conditionnés par l'ouverture préalable de leurs frontières commerciales et, deuxièmement, que ces flux prennent de plus en plus la forme d'*investissements directs* des entreprises occidentales sur le territoire des pays émergents, soit pour y desservir le marché local, soit pour réexporter vers les marchés riches dans le cadre d'une stratégie de délocalisation. Cette vague de capitaux est ainsi largement, bien que non exclusivement, liée à la grande aventure du libre-échange mondial, qui englobe tant les biens manufacturés que les services intellectuels.

Le mouvement général d'investissements directs mentionné à l'instant donne la clef principale, la seule dont on doive absolument tenir compte, de ce qu'on appelle aujourd'hui la mondialisation. Celle-ci nous est en effet décrite de façon expéditive comme un vaste effort d'ouverture réciproque des nations aux marchandises, aux capitaux, voire aux talents des autres. On insiste à l'envi, dans les sphères économiques, les chancelleries et les organisations internationales, sur le caractère indissociable des deux mouvements de marchandises et de capitaux. Un pays ne saurait, nous dit-on, prétendre bénéficier des investissements des autres sans leur ouvrir ses marchés de marchandises, il ne saurait non plus, réciproquement, prétendre avoir accès aux marchés de ses partenaires commerciaux sans donner libre accès, chez lui, aux investissements de leurs entreprises.

Cette présentation donne lieu à l'une de ces fausses symétries si fréquentes dans les démonstrations à l'emporte-pièce que charrie le débat public contemporain. La nécessité d'une libéralisation concomitante et réciproque des mouvements de capitaux et de marchandises aurait besoin d'une démonstration qui fait toujours cruellement défaut. Prenons le cas de la Chine dans ses relations avec ses autres grands partenaires commerciaux dans le monde. Il va de soi que ce pays a eu et a encore éminemment besoin des investissements directs des entreprises domiciliées dans les pays capitalistes développés : les gouvernants chinois pensent avoir besoin des marchés de ces mêmes pays pour y exporter une part croissante de leur production, en dépit des immenses promesses de leur marché intérieur. Mais leurs partenaires du monde développé n'ont pas les mêmes intérêts objectifs à ouvrir leurs propres marchés. Les États-Unis sont les premiers perdants d'un dispositif de libre-échange qui facilite la délocalisation de ses entreprises et ne lui offre qu'un marché d'exportation singulièrement réduit. L'Europe se trouve dans la même situation d'ensemble : même la zone comprenant l'Allemagne, la Suisse et le nord de l'Italie, où sont produits les deux tiers des machines-outils de la planète, n'a pas vraiment besoin d'un commerce entièrement libre avec la Chine pour espérer y exporter ses biens d'équipement puisque, de toute manière, ce pays ne saurait s'en priver au détriment de son expansion.

En revanche, les nations asiatiques capitalistes, dont le Japon est la figure de proue, peuvent exploiter les potentialités chinoises, pour différentes raisons étroitement liées. Elles peuvent d'abord s'implanter plus aisément que les Américains et les Européens sur les marchés de consommation locaux pour y livrer leurs produits de consommation. Elles ont aussi la faculté d'exporter leurs biens d'équipement de toutes sortes vers les usines que leurs entreprises installent sous leur bannière sur le site chinois. À partir de ces usines, elles peuvent encore exporter vers le monde entier, à des conditions de coût difficiles à égaler, une production qui inclura, outre la valeur ajoutée « chinoise », celles des pièces et des sous-ensembles réalisés chez elles. Et elles peuvent enfin, selon un processus inverse du précédent, faire produire à moindre coût sur le site chinois des éléments qu'elles assembleront ensuite chez elles avant de réexporter les produits finaux dans toutes les directions. Les principaux bénéficiaires vraisemblables d'un libre commerce avec la Chine sont le Japon, la Corée, Taïwan ou Singapour. Cette revue sommaire des faits met en lumière un fait central : les grandes nations industrielles d'Amérique du Nord et d'Europe occidentale n'ont guère besoin d'ouvrir leurs marchés de biens de consommation aux exportateurs de Pékin tandis que Pékin a au contraire un besoin vital de leurs investissements directs, ne serait-ce que pour employer une fraction croissante des masses chinoises aspirant au travail.

L'ouverture des pays pauvres et émergents aux investissements directs des pays déjà développés ne suppose donc pas l'ouverture générale des marchés de marchandises, contrairement à ce que la propagande libre-échangiste veut nous faire accroire. Tandis qu'elle répond à un besoin reconnu de ces pays qui veulent, en accélérant leur apprentissage avec l'aide des étrangers, raccourcir certaines étapes du processus de rattrapage économique dans lequel ils se sont engagés, le libre-échange des marchandises présenté comme son corollaire ne traduit nul besoin réciproque, sinon l'objectif des groupes occidentaux d'abaisser leurs coûts de production.

Car tout pays pauvre ou émergent se trouve placé devant l'alternative suivante : « Vaut-il mieux édifier patiemment notre capacité industrielle en nous appuyant sur nos seules entreprises ou au contraire ouvrir largement notre espace national aux entreprises étrangères ? » De plus en plus, le choix s'oriente vers l'ouverture, pour une raison simple et évidente : les entreprises étrangères suscitent non seulement des emplois et des revenus par leur activité directe, mais elles concourent au développement des entreprises locales par leur sous-traitance et, plus généralement, par un effet d'apprentissage. On y apprend en effet à travailler efficacement, à appliquer des méthodes de management, à nouer la relation commerciale. Le processus initial d'implantation est suivi d'un processus plus discret d'essaimage. Au total, les avantages procurés par les investissements directs des entreprises capitalistes confirmées sont tels que seule une opposition viscérale à toute forme d'ouverture économique peut s'offrir le ridicule de les contester. Il n'y a guère que les micro-États à pouvoir nourrir la crainte éventuelle de voir leur économie locale investie par des groupes étrangers qui pourraient, par leur poids économique, dominer leurs faibles structures. Ces derniers cas de figure restent des exceptions qui n'ôtent rien à la logique de l'argumentation précédente. Celle-ci met en lumière les avantages substantiels retirés par le biais des investissements directs étrangers, avantages qui tiennent, outre à l'importance décisive des sommes mises en jeu, aux effets d'apprentissage et d'entraînement économique général qui découlent des implantations réalisées.

Les investissements directs étrangers s'accompagnent souvent de ce que l'on nomme des *investissements en portefeuille*. Cette autre catégorie, qui consiste en prises de participations au capital des entreprises locales, s'avère plus difficile à apprécier. Ou bien, en effet, ces prises de participations préludent à des associations ou à des prises de contrôle effectives ultérieures de la société locale par l'investisseur étranger, auquel cas nous sommes pratiquement ramenés au cas précédent d'un investissement direct. Ou bien il s'agit de placements boursiers classiques qui viennent tenter d'exploiter les marges de valorisation des marchés d'actions locaux. Dans ce cas, le lien entre le placement financier et la production se distendant, les pays concernés peuvent plus légitimement exercer un droit souverain de réglementer les placements spéculatifs étrangers, tandis qu'ils s'appuieront, pour le développement de leur production, sur le réinvestissement de l'épargne locale et les investissements directs proprement dits.

Le troisième trait original, beaucoup plus discret, pose une question de fond. *Les mouvements récents de capitaux en direction des pays émergents sont aussi l'un des effets du phénomène de dollarisation.* Nous voulons souligner ici quelque chose de simple mais de confondant. Aujourd'hui, ce ne sont pas seulement, loin de là, les excédents d'épargne de certains pays qui se replacent dans les pays émergents. Le flux de dollars vers les pays émergents prend souvent sa source dans le Mississippi monétaire que la banque centrale américaine déverse sur les banques des États-Unis et que celles-ci détournent ensuite vers le marché international des capitaux.

Est-il inconvenant d'évoquer un scandale ? Où trouver la justification d'un système qui, d'un côté, oriente les trois quarts du flux de l'épargne mondiale vers une seule nation, les États-Unis, et, d'un autre côté, accepte que la monnaie émise par la banque centrale de cette nation serve à financer la dette des pays nécessiteux ? Quels sont les arguments de fond ou d'opportunité en mesure de justifier que le premier débiteur du monde en soit aussi le créancier prééminent grâce à sa capacité de créer la monnaie internationale ?

Le privilège du dollar

Ce qu'on a appelé le « privilège du dollar » réside dans cette anomalie, et non pas, comme beaucoup le proclament précipitamment, dans le fait que les États-Unis ont la faculté d'emprunter en dollars à l'étranger pour couvrir leur déficit extérieur. Car d'autres nations empruntent massivement pour équilibrer leurs paiements extérieurs. Tout près de nous, le Royaume-Uni, qui souffre d'un déficit comparable à celui des États-Unis, doit lui aussi importer les capitaux nécessaires à sa couverture. Personne n'oserait pour autant avancer la thèse d'un privilège de la livre sterling. Le privilège du dollar est par essence *un privilège de prêteur* qui peut se permettre d'offrir sa monnaie aux étrangers, à partir de l'émission autorisée par sa banque centrale, sans avoir eu besoin de constituer au préalable une épargne excédentaire disponible pour des placements extérieurs.

La position singulière des États-Unis vis-à-vis du reste du monde rejoint ainsi de manière inattendue un précédent historique, le privilège des anciens pays producteurs de métaux précieux qui, comme l'Amérique contemporaine, pouvaient importer des marchandises en contrepartie de ces métaux et prêter simultanément ceux-ci, sous la forme de monnaie frappée, à des emprunteurs étrangers. À l'ère de la monnaie fiduciaire par excellence, le privilège du dollar nous fait revivre un type de relations commerciales et financières qui paraissait révolu après la relégation historique de la monnaie or ou argent.

Ainsi la vague de capitaux qui s'oriente vers les pays émergents rompt-elle presque entièrement avec les expériences précédentes. Elle s'accompagne d'une ouverture commerciale qui place dans l'arène internationale, sur les mêmes créneaux de concurrence, aussi bien des pays émergents que des pays anciennement développés : la Chine, premier pays émergent par son importance, est naturellement la première destination des investissements directs d'origine étrangère dans le monde. Il ne s'agit plus de financer les infrastructures de pays fournisseurs de matières premières agricoles ou industrielles. De plus en plus, les pays émergents se voient invités à ouvrir leurs marchés financiers à la demande des autorités économiques internationales et des États-Unis qui souhaitent voir leurs fonds de placement et leurs banques tirer profit de l'essor des bourses locales. Enfin, le phénomène de dollarisation permet un financement *ex nihilo* des pays emprunteurs. En résumé, d'une part les entreprises occidentales pénètrent profondément et durablement les économies de ces pays et, d'autre part, les États-Unis se sont placés au centre du marché international des capitaux dont beaucoup de pays restent tributaires.

On pourrait dire, sans forcer le trait, que l'expérience en cours offre une véritable antithèse de la première, qui couvre la fin du XIXe siècle et le début du XXe : extension des mouvements de capitaux à la planète tout entière et non plus seulement aux pays « blancs » ; essaimage des entreprises occidentales sur tous les continents ; prépondérance du commerce de produits manufacturés et de services intellectuels ; financement des pays pauvres ou émergents sans recyclage obligatoire de l'épargne des pays riches excédentaires ; et, pour couronner le tout, déficit extérieur massif de la première puissance économique du monde qui n'empêche pas celle-ci de régenter la finance mondiale à partir de son privilège d'émission de la monnaie internationale. Nous voici ainsi contraints d'associer le même terme à deux phénomènes, la mondialisation américaine et la mondialisation anglaise, qui se contredisent pourtant point par point.

Récapitulons les placements internationaux par catégories cohérentes. Le premier type, appelé « investissements directs », pose la question de ses *mobiles* : s'agit-il, par exemple, de pourvoir le marché local chinois ou régional de l'Asie ou bien de faire réaliser par le travail local les productions jusqu'ici exécutées par les salariés de nos vieilles nations industrielles ? Le deuxième type, dénommé « investissements de portefeuille », dont les mobiles sont largement spéculatifs, soulève la question de sa *nécessité* pour les pays qui accueillent ces capitaux : était-il nécessaire, par exemple, que la Corée ou la Thaïlande ouvrent leurs marchés d'actions aux financiers étrangers pour soutenir une croissance qui s'était montrée jusqu'alors particulièrement robuste ? Le troisième type, baptisé « prêts internationaux », évidemment nécessaire, nous oblige à examiner la question de ses *conditions de financement :* pourquoi les emprunteurs se voient-ils imposer d'emprunter en dollars et à des taux qui dépassent les normes économiques ?

Sur les investissements directs, il a été dit sans ambages ce qu'il fallait en dire : le plus grand bien pour ceux qui s'efforcent de participer à la construction d'une économie nationale au sens plein du terme, dont l'investisseur étranger épouse et sert les ambitions de croissance ; le plus grand mal pour ceux qui s'inscrivent dans la logique de délocalisations sans autre motif que la réduction de la valeur du travail. Sur les investissements de portefeuille, la crise asiatique des années 1997 et 1998 a donné une cruelle leçon, dont les enseignements ont été tirés par nombre d'économistes, mais pas encore, semble-t-il, par le Trésor américain ou le Fonds monétaire international : l'afflux de capitaux inutiles, purement spéculatifs, a entraîné la perte de contrôle des économies locales par les autorités compétentes et l'implosion de leurs systèmes financiers. Sur les prêts aux pays émergents — que nous appelons nécessiteux, pour bien marquer leur situation difficile —, les faillites souveraines à répétition des pays concernés font naître un désarroi compréhensible mais dangereux s'il doit conduire soit à abandonner ces pays, dont au moins certains méritent le respect et le soutien, soit à les laisser aux mains de la première puissance économique mondiale dont les volontés font loi dans les instances internationales : or nous n'avons pas le droit de nous résigner à ces solutions d'échec tant que d'autres voies n'ont pas été explorées.

Crise asiatique, crise du capitalisme financier

La crise asiatique offre l'occasion de se livrer à ce que l'économiste Paul Krugman nomme avec humour un exercice de clairvoyance rétrospective. Celui-ci consiste à dire, quand un désastre est survenu, à quel point il était prévisible et à quel point les responsables économiques et politiques ont failli en le laissant survenir. Évitons si possible cet exercice d'autant plus inutile que la capacité des nouveaux pays industriels asiatiques ne suscite guère de doute, en dépit des risques cycliques auxquels sont régulièrement exposées les nations en développement accéléré.

L'irruption de la nouvelle Asie capitaliste, extérieure au Japon, a bouleversé en deux générations à peine la physionomie du capitalisme international. Brisant définitivement le monopole antérieur du système d'entreprises et de marchés concurrentiels que détenaient les peuples dominants d'Europe, d'Amérique du Nord et du Japon, elle a du même coup réduit à néant le schéma idéologique résumant l'histoire capitaliste à l'exploitation opportuniste du monde pauvre par le capital occidental. Que reste-t-il désormais des théories postmarxistes de Rosa Luxembourg ou de Fernand Braudel qui, l'une et l'autre, voulaient expliquer la dynamique du capitalisme à partir d'un schéma d'échange inégal entre les pays industriels capitalistes et leurs partenaires, vouant ces derniers à vendre à vil prix leurs productions primaires et à racheter à haut prix les biens élaborés par les pays industriels ? Dans le dispositif décrit par ces théories, l'activité économique mondiale est inégalement répartie entre des producteurs privilégiés, placés au centre, accaparant le meilleur de la valeur ajoutée, et des producteurs dépendants, confinés en périphérie, soumis à une prédation explicite. Or l'irruption de l'Asie capitaliste dans le pré carré des anciennes nations industrielles a, avant même la révolution constituée par l'essor de la Chine et de l'Inde, réduit le schéma de l'échange inégal à l'état pratique de vestige de la pensée économique. Pieusement conservé, surtout dans la version braudélienne, par les derniers desservants du culte marxiste, ce vestige a cependant cessé de leurrer l'essentiel de la pensée contemporaine. Le débat s'est déplacé : les économistes occidentaux s'interrogent pour savoir si et comment les vieux peuples industriels vont trouver un modèle économique de secours leur permettant de survivre à l'arrivée des nouveaux concurrents de mieux en mieux armés pour les déposséder de leurs anciennes chasses gardées.

En revanche, l'envolée de la production coréenne, singapourienne, taïwanaise ou thaïlandaise a donné une confirmation marquante de la thèse du développement bâtie par Walt Rostow. *L'essor des Tigres asiatiques n'a pas requis de capitaux extérieurs.* Conformément au schéma décrit dans *Les Étapes de la croissance économique*, ces pays ont élevé spontanément leur capacité d'épargne au niveau exigé par un investissement croissant. Cette proposition pourra heurter le lecteur, plutôt habitué à entendre affirmer le rôle déterminant des déplacements de capitaux dans l'extension de la prospérité mondiale. Et, de fait, on doit s'interroger sur le fait *a priori* singulier que des pays naturellement pauvres au point de départ de leur expansion puissent dégager les ressources exigées par le décollage et la marche à la maturité économique. Quatre observations aident à le comprendre.

Il faut d'abord prendre en considération l'épargne déjà constituée par les couches les plus aisées de la population : dans tout pays pauvre existent des ressources financières dormantes ou dissipées dans des dépenses de prestige social. L'un des premiers objectifs d'une politique cohérente de développement est de leur donner un usage productif. La formule la plus simple consiste alors à autoriser les fortunes constituées à s'investir dans des entreprises profitables tandis que l'État réalise de son côté le minimum requis d'infrastructures collectives.

Il convient ensuite de comptabiliser la capacité d'autofinancement des entreprises. L'autofinancement est, on le sait, le montant du profit que les entreprises réaffectent à leurs nouveaux investissements. Or, dans les entreprises de création récente, dotées d'un capital familial ou détenu par quelques associés, la destination naturelle du profit est de se réinvestir dans sa quasi-totalité pour étendre et moderniser la capacité de production. Et c'est effectivement ce que l'on observe en général. Le noyau de propriétaires dirigeants placé aux commandes, qui n'a pas à se préoccuper de la distribution des profits à un actionnariat extérieur, donne la priorité au développement interne des entreprises. Ce recyclage productif des profits au sein de l'entreprise ne pose pas problème dans des économies en phase de rattrapage, où les occasions d'investir dépassent le nombre des projets réalisables. À cela s'ajoute l'avantage de recourir à une main-d'œuvre peu chère au regard de sa productivité, laissant un taux de profit substantiel. Les dirigeants des entreprises ont donc la disposition de hauts profits et la faculté d'en réinvestir l'essentiel, voire la totalité.

Il importe encore de constater que les salariés de la première phase du développement ne consomment pas la totalité d'une rémunération pourtant faible. Le taux d'épargne s'accroît avec l'arrivée des nouvelles couches de salariés du secteur moderne. Ce comportement frugal des premiers bénéficiaires du développement a ses explications logiques. D'une part, la propension à consommer des salariés reste bridée tant que leurs revenus n'ont pas franchi les seuils à partir desquels il devient raisonnable de s'engager dans des dépenses importantes d'équipement et de confort. D'autre part, ces salariés sont amenés à constituer une épargne de précaution pour parer à des risques qui ne sont pas encore couverts par un vrai système de protection sociale. Ainsi s'expliquent les taux d'épargne importants constatés chez les Tigres asiatiques pendant et après leur décollage, taux suffisants pour permettre un réinvestissement, au profit des entreprises, des réserves des ménages déposées auprès des banques.

Il ne faut pas omettre, enfin, le bénéfice tiré de l'exportation vers les pays plus riches. Trait original du développement des Tigres, cette orientation exportatrice leur a permis de surmonter la contradiction à laquelle se sont heurtés les premiers pays industriels, entre une production croissante de biens de consommation et la faiblesse de la consommation des ménages, entravée par la faiblesse conjointe des revenus et de la propension à les consommer.

Le résultat, occulté par l'épisode de la crise asiatique de la fin des années 1990, est que, *en dépit d'un taux d'investissement particulièrement élevé, les Tigres asiatiques disposaient d'un excédent d'épargne*. Comment ont-ils alors été conduits à recourir aux capitaux extérieurs ? D'où est venue leur conversion à l'ouverture de leurs marchés financiers internes qui étaient pourtant largement pourvus par les ressources locales ?

Tout s'explique à partir de la volonté américaine de profiter de l'essor des marchés d'actions locaux. En contrepartie du large accès qu'ils donnaient aux biens de consommation réalisés par les entreprises des Tigres, les États-Unis souhaitaient que leurs fonds de placement et leurs banques récoltent les dividendes financiers de la croissance asiatique à laquelle les consommateurs américains apportaient une contribution déterminante. C'est alors que l'idéologie de l'ouverture des marchés financiers est entrée opportunément en scène. On cria haro sur les pays qui, malgré les profits qu'ils retiraient de leurs exportations vers l'Amérique du Nord, continuaient d'interdire l'accès de leurs marchés financiers aux investisseurs extérieurs. Conformément au *logos* financier de Londres et de New York, ces marchés devaient prendre l'air du grand large pour s'élever à la dignité de vraies institutions concurrentielles. Les États-Unis obtinrent gain de cause, avec l'appui naturel du Fonds monétaire international, dont la bureaucratie était acquise à l'idéologie des marchés financiers, pour ne rien dire de l'intérêt de leurs acteurs [1].

Les capitaux affluant alors en Asie, sans que les économies locales n'en ressentent le besoin, y créèrent ce que l'on nomme dans le jargon des économistes une « surliquidité », ce qui signifie simplement un trop-plein d'argent. Les bourses locales, déjà fortement valorisées du fait des perspectives on ne peut plus favorables qu'offraient les économies des Tigres, furent chauffées à blanc par les capitaux surabondants venus de l'extérieur. Fait plus grave, les entreprises et les banques asiatiques furent incitées à emprunter en dollars et non plus en monnaie nationale. Enfin, la spéculation immobilière, déjà fortement encouragée par la croissance des grandes cités, se déchaîna sous l'effet de l'inondation monétaire.

Le processus classique des « bulles » immobilières et financières fut ainsi déclenché de l'extérieur et bien plus précocement que ne l'eût été un processus d'origine intérieure. Il s'accompagna de la formation absurde d'une dette extérieure libellée en dollars, comme si les nations concernées avaient été placées dans la nécessité d'emprunter à l'étranger pour couvrir leurs besoins. *Les pays asiatiques rejoignirent à leur corps défendant les pays latino-américains dans le vaste camp des débiteurs en dollars.*

1. Voir sur ce point le témoignage éclairant donné par J. Stiglitz dans *La Grande Désillusion*, *op. cit.*, chap. IV.

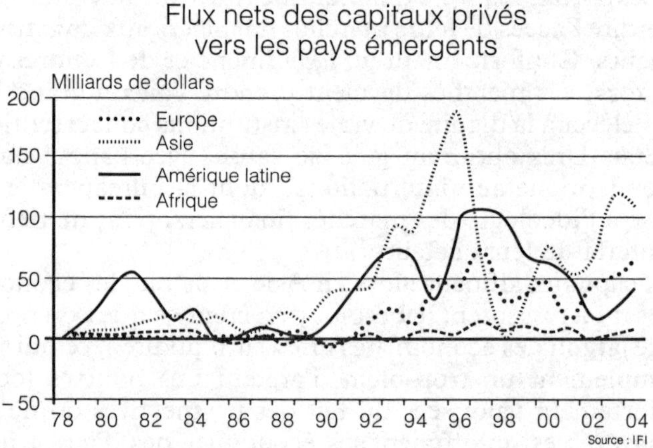

La volatilité des flux de capitaux privés vers les pays émergents porte atteinte à la capacité de développement durable des économies concernées.

Aujourd'hui que la crise asiatique s'est éloignée, son caractère extravagant laisse songeur. La spéculation qui l'a déclenchée ne soulève guère d'interrogations sur le fond. L'histoire des cycles économiques regorge d'exemples donnés par des pays en forte croissance devenus les victimes d'un emballement de leur système économique et financier. Cette menace pesait sur les Tigres asiatiques comme sur toute autre économie en situation de « boom ». Mais le fait précisément que ces pays connaissaient une croissance accélérée aurait dû les conduire à bloquer sans état d'âme l'arrivée de capitaux extérieurs, y compris les capitaux à finalité productive et *a fortiori* les capitaux de nature spéculative. Seuls des motifs politiques peuvent expliquer le contresens qu'ils commirent en ouvrant leurs marchés, ce qui engendra une crise, puis leur humiliation internationale.

Comme toujours, la chute de la monnaie dénoua les désordres économiques et financiers. La fuite des capitaux frappa d'autant plus fortement les nations asiatiques concernées qu'elles avaient amarré leurs monnaies au dollar. Au lieu de subir une érosion progressive de leur valeur, comme c'eût été le cas si ces monnaies avaient fluctué sur le marché des changes, elles décrochèrent brutalement de leur parité officielle avec la devise américaine. L'ampleur de la dévaluation subie en quelques jours ne pouvait qu'entraîner le sauve-qui-peut des capitaux imprudemment — et surtout inutilement — investis dans ces pays.

Les événements survenus en Asie entre 1997 et 1998 présentent ainsi un cas, singulier dans l'histoire des relations économiques et financières internationales, d'États dotés de balances commerciales et de budgets publics initialement excédentaires, projetés dans la faillite après s'être vu contraints d'accueillir les fonds de placement étrangers. La crise asiatique fournit la démonstration rétrospective d'une finance internationale sans tête, emportée par des espérances déraisonnables de plus-values.

La sauvegarde des économies en crise, avec l'aide du Fonds monétaire international et de quelques autres bailleurs de fonds comme la Banque mondiale, la Banque asiatique et le Japon, donna cependant lieu à une grande leçon de morale financière. Au lieu de dresser un diagnostic clinique de la crise, née du télescopage entre la croissance intérieure et la spéculation extérieure, ceux qui avaient été à l'origine du séisme, en exigeant l'ouverture des marchés financiers asiatiques, en prirent prétexte pour dresser le procès des mœurs économiques locales. Le FMI et le Trésor américain, accompagnés par le chœur des banques d'investissement et des fonds de placement, mirent en cause l'absence de transparence des banques et des entreprises en Corée et en Thaïlande. C'était avant l'épisode des grandes faillites frauduleuses aux États-Unis qui a dévoilé l'opacité des relations entre la bourse et les managers chez la première puissance économique mondiale et l'intelligence économique misérable de ses opérateurs financiers. Or certains de ceux qui reçurent le bonnet d'âne après les désastres d'Enron, de World.Com et d'autres grands groupes paradaient sur la chaire professorale au lendemain immédiat de la crise asiatique. Que reprochaient-ils, en effet, aux banques et aux entreprises locales ? De ne pas suivre les pratiques de leurs homologues américaines qui, assuraient-ils, les auraient protégées de la faillite. Il est vrai que l'idéologie financière de New York connaissait alors l'apogée de son prestige intellectuel et de sa prétention moralisatrice : elle était encore l'Esprit-Saint des marchés.

En vérité, la crise asiatique illustre cette conspiration de l'optimisme qui sévit à la bourse lorsqu'un nombre suffisant d'opérateurs réussit à se coaliser pour déclencher le boom financier. Or, dans le cas des pays d'Asie, la conspiration était des plus aisées à organiser. Il suffisait d'extrapoler la tendance récente des économies locales, proche de la croissance à deux chiffres, grâce au double phénomène de rattrapage et de délocalisations en leur faveur. Cependant, la question n'était pas de savoir si les perspectives étaient réellement favorables ou non — elles l'étaient pour l'essentiel — mais d'examiner l'effet véritable que l'afflux de capitaux extérieurs allait exercer sur les marchés qu'ils commençaient à inonder. C'est précisément ce genre de question essentielle que les doctrinaires de l'ouverture, aveuglés par leur idéologie monomaniaque, se gardent bien de soulever.

Faut-il taxer les mouvements de capitaux ?

Le désastre consécutif à l'ouverture des marchés asiatiques, commanditée depuis New York, ne justifie-t-il pas le principe d'une taxe sur les mouvements internationaux de capitaux ? C'est poser la question de la taxe Tobin, qui suscite une adhésion littéralement fétichiste de la part des opposants à la mondialisation. Son principe ne semble pas se justifier. Louable par ses objectifs, cette taxation ne répond pas à la question posée.

Rappelons-en les origines. Dans les années 1970, on assista à un premier essor des mouvements de capitaux à l'échelon international. Il s'agissait alors principalement, ainsi qu'on l'a dit, du recyclage des pétrodollars, mais aussi des placements monétaires à court terme réalisés par les banques dans les pays où les taux d'intérêt étaient les plus rémunérateurs. Les économistes appellent ces placements *hot money*. La monnaie « chaude » était alors une source de profit pour les banques internationales, ce qu'elle n'est plus aujourd'hui. Il est devenu beaucoup plus intéressant en effet de jouer au jour le jour sur les variations de valeur des actions, des obligations et des devises que de chercher des gains modestes sur les écarts de taux enregistrés entre les différentes places monétaires. Mais ces mouvements de capitaux pouvaient être à l'époque un véritable sujet de préoccupation car ils perturbaient la parité des monnaies et contrariaient l'action des banques centrales pour conserver la maîtrise de l'inflation locale. Dans ce contexte, la proposition Tobin initiale de taxer modestement — à hauteur de 0,5 % ou de 1 % par exemple — les opérations de change nécessitées par les transferts de capitaux entre deux places financières, était justifiée sur le fond, sinon dans la forme. Son montant aurait suffi à annuler le gain constitué par le différentiel de taux, de 3 % par exemple, qui, calculé sur une durée de deux mois, atteint tout juste 0,5 %. Mais comme la *hot money* n'a plus de rôle déterminant dans la finance contemporaine, la raison historique d'appliquer la taxe Tobin initiale a disparu.

La taxe Tobin présente en outre l'inconvénient d'entretenir une confusion regrettable entre les diverses catégories de capitaux qui se meuvent dans l'espace international. La question essentielle n'est pas leur degré de mobilité mais bien de savoir si les économies nationales ont besoin de ces capitaux, de quelle nature précise et dans quelles conditions. *Cette question est de l'ordre de la souveraineté nationale, et non de la régulation internationale, dont la proposition de taxation se réclame.* Tout pays orienté vers le développement se doit d'en concevoir le schéma, à partir des atouts dont il dispose, des marchés qui s'offrent à lui et des besoins intellectuels et matériels qui en découlent. À partir de ce schéma, il pourra être conduit à solliciter les offreurs de capitaux étrangers ou à s'appuyer sur ses propres ressources financières.

Prenons à titre de comparaison pédagogique les exemples de la France et des États-Unis au XIXᵉ siècle. Voilà deux nations qui ont connu, au même moment, des phases de décollage comparables. Leurs économies se sont appuyées l'une et l'autre, entre 1840 et 1860, sur la puissance motrice des chemins de fer et de la métallurgie. Mais tandis que la France a autofinancé l'expansion des secteurs moteurs, les États-Unis ont recouru à l'épargne étrangère. Transposons ces deux cas historiques à notre époque : faudrait-il aujourd'hui contraindre la France à ouvrir ses marchés à l'épargne anglaise pour financer ses chemins de fer ? Ou faudrait-il en sens inverse que les importations de capitaux par les États-Unis soient soumises à une taxation préalable ? Aucun argument rationnel ne permet de plaider dans un sens ou dans l'autre. Ces exemples soulignent le dogmatisme des thèses en vigueur en ce début de siècle. L'une, qui a cherché à justifier l'injustifiable ouverture économique des marchés financiers asiatiques, l'exige toujours comme un principe d'organisation nécessaire de toute économie, sous réserve d'une obligation de transparence, alors même que le besoin n'en apparaît pas et au risque de faire naître de dangereux déséquilibres. L'autre, qui sert d'emblème au refus de la mondialisation capitaliste, entend imposer une taxation de principe sur tout mouvement financier, au prétexte de la nature spéculative des capitaux, sans examiner au préalable ce qu'ils apportent au pays qui les attire ou qui les demande. Dans leur opposition, ces deux thèses démontrent comment l'idéologie parvient à écraser sous son poids les principes d'économie les plus simples et les moins contestables.

Ajoutons ce point : la taxation des capitaux, dans la version qu'en présenta l'économiste Tobin, avant de l'abandonner quelque temps avant sa disparition, ne vise qu'à freiner ou à dissuader certains mouvements de capitaux sans chercher à infliger une pénalité décourageante sur tout placement à l'étranger. Mais cela a aussi pour conséquence de la rendre inopérante lorsqu'il s'agit d'empêcher des mouvements massifs et durables tels que ceux qui se sont dirigés vers les marchés financiers des Tigres. *La taxe Tobin n'aurait pas empêché le drame asiatique.* Ce n'est pas une taxe de 1 % qui aurait en effet dissuadé l'intrusion des offreurs de capitaux étrangers, dès lors que ces capitaux, une fois entrés sur les places financières, pouvaient espérer des plus-values infiniment supérieures au droit minime qu'ils auraient acquitté au préalable. Et c'est encore moins la taxe Tobin qui aurait fait obstacle au retrait des capitaux après le début d'effondrement des monnaies des pays d'accueil. Les auteurs de placements d'origine étrangère couraient alors un risque de dévaluation de leur argent, de l'ordre de 60 à 80 %, en comptabilisant le double effet de la chute de la monnaie locale et des prix des actions ou des obligations libellées dans cette monnaie : même une taxe dix ou vingt fois supérieure à celle prévue par Tobin n'aurait pu empêcher le retrait des placements menacés de ruine.

En sens contraire des deux thèses précitées, la formule chilienne, appliquée durant quelques années, a démontré son efficacité. Le gouvernement de Santiago avait imposé à tout investisseur étranger le gel d'une fraction substantielle de son placement dans un compte non rémunéré à la banque centrale. Il écartait ainsi les offreurs de capitaux spéculatifs pour ne retenir que ceux qui, convaincus des perspectives d'un développement durable du Chili, accepteraient d'inscrire leurs placements dans la durée, c'est-à-dire, pour parler clair, les entreprises désireuses de réaliser des investissements directs dans le tissu économique local.

Gardons-nous donc de voir, dans la proposition de taxation générale des mouvements de capitaux, autre chose que l'une de ces pancartes exhibées dans les cortèges anticapitalistes. Elle nourrit certes l'imaginaire du peuple contestataire, mais, ce faisant, elle entretient l'illusion d'une régulation mondiale là où précisément il faudrait sans doute réaffirmer le principe de la responsabilité des nations et celui, indissolublement lié, de leur souveraineté. Aux nations de choisir le modèle de développement qui puisse maximiser les bénéfices qu'elles attendent de leurs efforts, puis de tirer les leçons de leurs réussites ou de leurs échecs. Il n'existe pas d'exemple de développement réussi qui n'ait été fondé sur une volonté et une vision nationales.

Pourquoi les pays « latino-américains » sont-ils enchaînés à leur dette ?

S'il est vrai que l'ensemble du monde émergent souffrit momentanément du désordre entraîné par la crise financière asiatique, tout économiste sait bien qu'il existe, de longue date, un problème latino-américain spécifique, à caractère structurel. On le saisit mieux depuis la résolution de la crise asiatique et celle, beaucoup moins attendue, de la crise russe.

Le problème latino-américain est un problème de dette perpétuelle, de dette qui ne s'éteint jamais, quels que soient les orientations adoptées et les efforts consentis par les États, les entreprises et les populations locaux. Ses origines sont d'autant plus difficiles à saisir que les nations principalement concernées n'émergent pas de l'âge de pierre. L'Argentine était considérée par beaucoup comme un pays riche dès la période de l'entre-deux-guerres : son décollage date de la fin du XIXe siècle ! Le Brésil dispose d'une véritable économie, avec une grande diversité de secteurs et des entreprises performantes comme celles de son secteur aéronautique. Ses atouts sont même tels qu'on a vu un moment en lui un futur « grand » de l'économie et de la politique mondiales. Ces deux nations disposent de longue date de véritables élites économiques et de systèmes d'éducation conformes aux critères européens et ouverts à une large fraction de la population. Le Brésil n'est pas le Niger, ni l'Argentine le Zimbabwe. Or ces deux pays apparaissent comme les victimes de sables mouvants que les efforts déployés pour échapper à l'enlisement semblent enfoncer toujours plus. Pourquoi leurs efforts sont-ils donc restés vains à ce jour ?

Une troisième nation abonnée à ces crises chroniques semble aujourd'hui être parvenue à un équilibre dont on ne peut encore dire s'il est stable ou précaire. Le Mexique, dont il s'agit, placé géographiquement dans l'espace nord-américain, bénéficie de l'avantage naturel des pays limitrophes des grandes puissances économiques : un accès au marché riche situé de l'autre côté de sa frontière principale. En fait, c'est le Mexique qui aurait dû constituer, longtemps avant les pays d'Asie, la première destination des entreprises des États-Unis à la recherche d'une main-d'œuvre laborieuse et peu chère. Mais, au lieu de se précipiter massivement au Mexique, les entreprises américaines ont investi l'Asie, et c'est en conséquence la main-d'œuvre mexicaine qui, faute d'emploi suffisant sur place, a fait irruption en force aux États-Unis. En définitive, les avantages incontestables du Mexique — outre sa situation limitrophe du marché de la consommation américain, ses ressources pétrolières sont considérables — ne l'ont pas empêché de faire deux fois défaut sur sa dette, en 1982 et 1995.

Il est de bonne pédagogie de traiter la question latino-américaine de façon contradictoire, à la manière d'un procès judiciaire. Du côté de l'accusation, les griefs retenus contre les pays latino-américains seraient l'inflation chronique, l'importance cruciale de la dette publique et la faiblesse du secteur exportateur. Du côté de la défense, on pourrait avancer qu'ils sont les victimes des taux d'intérêts excessifs qui leur sont réclamés, d'une fragilité monétaire qui les expose à payer un service de la dette de plus en plus lourd, quand leurs emprunts sont émis en dollars, et de l'ouverture encore insuffisante des marchés des pays riches à leurs productions locales.

Il est vrai que l'Amérique latine a connu jusqu'à une date récente différents épisodes d'hyperinflation. Mais pourquoi l'hyperinflation y a-t-elle sévi, sinon parce que les gouvernements locaux étaient dans l'incapacité de financer leurs déficits et les besoins de la trésorerie courante par l'impôt et l'emprunt auprès des nationaux ? Dans ce cas, les besoins financiers, et tout spécialement les besoins de la trésorerie qui pourvoit aux dépenses au jour le jour, doivent être couverts par des capitaux étrangers, si l'on veut éviter d'imprimer des billets de banque pour payer les créanciers de l'État, solution qui conduit imparablement à l'hyperinflation. L'affaire est d'autant plus navrante que les fortunes latino-américaines, dont l'importance contraste avec les poches étendues de misère locale, auraient dû au contraire assurer aux Trésors locaux un solide point d'appui pour la gestion de la dette publique. Or elles se sont dérobées à ce rôle essentiel. Ces fortunes ont certes avancé l'excellent prétexte de l'inflation pour refuser d'engager leurs avoirs auprès du Trésor national. Mais elles ont ainsi contribué à la formation d'une spirale vicieuse : en refusant de soutenir l'État de leurs deniers, par peur d'une dépréciation de leurs placements, leurs détenteurs ont acculé les pouvoirs publics soit à la création monétaire, qui engendre l'inflation et la défiance vis-à-vis du crédit public, soit à se tourner vers des prêteurs étrangers dont leurs économies deviennent alors les otages.

Cependant, l'argument de l'inflation qui est mis en avant par les fortunes locales pour refuser leur soutien aux finances publiques n'emporte pas la conviction. La technique financière offre l'antidote classique de l'indexation. Les Trésors locaux pourraient ainsi émettre à destination des épargnants nationaux des obligations et des bons dont les intérêts et le capital seraient garantis par indexation sur le dollar ou sur un panier de monnaies incluant le dollar. Ce remède classique n'est cependant pas de mise en Amérique latine. Les bourgeoisies ou, si l'on préfère, les oligarchies locales, qui ne se sentent pas foncièrement impliquées dans le drame financier national, préfèrent orienter leurs avoirs vers les havres financiers et immobiliers de l'Amérique du Nord et de l'Europe.

Il est donc tentant de faire le procès de ces classes sociales dénuées de patriotisme dont la défaillance livre l'emprunteur public à la merci des bailleurs de fonds étrangers. Faute d'une bourgeoisie suffisamment large, correspondant à la couche supérieure des classes moyennes en Europe, les pays latino-américains sont dépourvus de la masse critique d'épargnants nationaux sur laquelle ils pourraient bâtir une politique de financement durable. Ils sont les victimes d'une Histoire qui n'a pas permis la formation progressive de ces classes sociales, aux revenus moyens ou élevés, dont la loyauté à l'égard de l'État national a forgé la stabilité fiscale et financière des vieilles nations industrielles. Mais la vérité oblige à dire aussi, inversement, que les gouvernements latino-américains n'ont pas su trouver une réponse au problème posé et qu'ils ont même, jusqu'à une date récente, fait tout le nécessaire pour que le fossé moral et politique entre les détenteurs de fortunes et les États devienne infranchissable.

C'est ainsi que la calamiteuse expérience péroniste a donné naissance à l'un des secteurs publics les plus budgétivores qui soient. Profitant de la richesse naissante de son pays et des circonstances exceptionnelles qui firent de l'Argentine un fournisseur agricole privilégié durant le second conflit mondial, Juan Perón créa un embryon d'État-providence avant la lettre et surtout avant de disposer de la puissance industrielle qui aurait pu servir de base suffisante aux dépenses publiques et sociales. Faute de pouvoir ensuite se dépêtrer du système mis en place par le dictateur populiste, l'Argentine a échoué à franchir les étapes ultérieures du développement que les économistes lui voyaient enjamber sans difficultés au sortir de la Seconde Guerre mondiale. Ce pays offre, avec la Turquie, l'un des rares cas d'économie ayant raté leur marche à la maturité économique après un décollage qui semblait pleinement réussi.

Le Brésil fut une autre victime du cancer populiste durant les années 1960 et 1970. Sa démocratie balbutiante enfanta à plusieurs reprises des gouvernants qui n'eurent de cesse de développer la couche de fonctionnaires, considérée comme une base clientéliste de leur pouvoir. La structure improductive ainsi constituée continue de peser sur les budgets de cet État en créant des dépenses qui l'empêchent de réduire le montant de sa dette. La meilleure illustration de cette irresponsabilité aux conséquences incalculables et jusqu'ici ineffaçables est fournie par le régime de retraite des fonctionnaires brésiliens qui octroie des pensions d’un montant supérieur aux derniers salaires versés aux bénéficiaires. Ces aspects extravagants de la gestion des États locaux fournissent naturellement aux bourgeoisies un argument d’opportunité imparable pour refuser un appui financier qui serait pourtant salutaire.

De la dette au tribut

Y a-t-il alors, pour les gouvernements ligotés par les déficits publics, une autre solution que celle de solliciter le prêteur étranger ? Or c’est un prêteur sans état d’âme. Le marché international des prêts n’est pas gouverné par la prudence, la rentabilité y primant sur la sécurité. Ce secteur de la finance mondiale se présente comme un inverse des marchés de la dette publique dans des pays tels que l’Allemagne, la France ou le Japon dont les titres, considérés à tort ou à raison comme dépourvus de risques, offrent les rendements les plus modérés. Les fonds de placement en obligations publiques ont ainsi deux fers au feu : celui de la dette des États jugés sûrs et celui de la dette des États à risques.

C’est pourquoi les ressources nécessaires ne font pas défaut aux États dans le besoin, si ce n’est dans les périodes de faillite qui les voient suspendre le paiement des intérêts de leur dette. Chose étrange mais décisive : l’insolvabilité potentielle des emprunteurs ne décourage pas les prêteurs. Tout se passe comme si ces prêteurs impénitents s’acharnaient à entretenir l’appétit des emprunteurs pour ne pas tarir un gisement de prêts à fort rendement. On imagine plutôt en sens contraire qu’ils seraient désappointés si, demain, par un miracle quelconque, les emprunteurs ayant recouvré l’équilibre financier, leurs émissions disparaissaient du marché international des capitaux. Il existe bel et bien de ce fait une connivence objective entre la fragilité financière de certains emprunteurs publics sur le marché international et la gourmandise des prêteurs internationaux, gourmandise que certains économistes ont joliment qualifiée de *lending mania.*

Cependant l'autre point crucial, outre la dépendance des emprunteurs vis-à-vis du marché international, réside dans les taux réclamés par les prêteurs au nom des risques qu'ils prétendent encourir. Il ne semble pas que ces taux soient justifiés, en dépit des apparences, car ils relèvent d'une sorte de contradiction logique qui présente d'emblée deux aspects.

Le premier aspect tombe sous le sens : plus les taux s'élèvent et plus la position du débiteur se fragilise. Les prêteurs ne peuvent prétendre l'ignorer : au-dessus d'un certain seuil, il n'existe pratiquement plus aucune chance de voir l'emprunteur assurer durablement le service de sa dette. Il suffit en pratique d'un ralentissement de la conjoncture mondiale pour provoquer à brève échéance le défaut de paiement des économies exagérément endettées. Les bailleurs de fonds devraient donc, en bonne logique, refuser de prêter à des taux qui exposent leurs débiteurs à une faillite probable ou, à tout le moins, modérer leurs prétentions pour consolider les chances d'un remboursement intégral de leurs prêts. On doit dès lors se demander pourquoi des financiers experts ne se rallient pas à une sagesse accessible au commun des mortels.

Le deuxième aspect à prendre en considération est l'émission courante des emprunts sous forme d'obligations libellées en dollars. Il est extrêmement surprenant que le recours au dollar comme monnaie d'emprunt ne permette pas d'en abaisser les taux, malgré la garantie de change que ce procédé apporte aux prêteurs. Inversement, dès lors que les emprunts sont libellés en dollars, un risque supplémentaire *indépendant de la solvabilité intrinsèque de l'emprunteur* apparaît. Le service de la dette des emprunteurs monte proportionnellement à l'appréciation du dollar sur le marché des changes. L'opération d'emprunt en dollars, peu risquée lorsque le débiteur réalise l'essentiel de ses recettes en dollars — puisque les recettes et les dépenses d'emprunts sont calculées dans la même monnaie — devient un pari dangereux pour les débiteurs qui, comme les Trésors publics des pays latino-américains, disposent de recettes fiscales collectées en monnaie nationale. Dès lors, il suffit que la monnaie nationale se déprécie vis-à-vis du dollar pour que les intérêts exigibles s'alourdissent au point de ne plus pouvoir être versés. Or les pays latino-américains acceptent de financer leurs besoins courants par le biais de ces opérations à très haut risque et les prêteurs qui leur font face jouent avec eux le jeu mortel de leur faillite doublement programmée par le niveau insupportable des taux acceptés au départ et, au moment où elle a lieu, par la dévaluation de la monnaie nationale. Certes, on peut comprendre que les emprunteurs, acculés par leurs besoins financiers, se résignent à entrer dans le cercle de cette sorte de danse macabre, mais l'obstination à prêter des bailleurs de fonds, libres de leur décision, laisse perplexe. Pourquoi n'ont-ils pas encore rendu leur tablier ?

La réponse nous en a été donnée en 1995 par le secrétaire d'État adjoint au Trésor américain, Lawrence Summers, à l'occasion d'un propos tenu dans la capitale du Mexique alors que ce pays venait d'essuyer une nouvelle faillite. Le ministre américain dénonçait l'« anomalie financière » représentée par les actifs de la dette d'un pays tel que le Mexique, actifs qui offraient un haut rendement alors qu'ils bénéficiaient de « *la garantie non écrite de remboursement du FMI* ». Selon lui, celle-ci aurait dû valoir au Mexique et à ses semblables la fameuse notation AAA réservée aux meilleurs emprunteurs internationaux, donnant accès à l'argent au plus bas prix. Il concluait sobrement mais imparablement que « les lois naturelles du rapport risque-rendement étaient contredites ».

Le jugement de Lawrence Summers intervenait au terme d'une année qui avait vu quadrupler les émissions des gouvernements latino-américains sur le marché international, apportant la preuve du vice profond d'un système qui encourage un régime de prêts usuraires sans décourager les emprunteurs qui se précipitent dans la nasse de ces prêts. Le processus de la faillite récurrente est le suivant : encouragés par la disponibilité des fonds sur le marché international des capitaux, les emprunteurs y présentent leurs émissions en nombre croissant ; les faillites inévitables auxquelles les exposent les conditions générales des prêts consentis provoquent des plans de sauvetage qui mettent au pain sec les populations locales ; mais les résorptions partielles de la dette extérieure obtenues durant les périodes de redressement sont suivies de vagues d'emprunts supplémentaires qui aggravent de nouveau les soldes débiteurs. Après un certain nombre d'années d'un tel régime, les nouveaux emprunts n'ont plus pour but et pour résultat que de payer les intérêts échus. Puis, après un certain nombre d'années encore, les nouveaux emprunts ne couvrent même plus les intérêts échus. Le pays débiteur devient ainsi discrètement dans les faits *un apporteur net de capitaux au marché international.* C'était le cas du Brésil, en 2003 et 2004, qui versait alors à ses créanciers plus qu'il ne leur empruntait. Pour le pays nécessiteux, le mécanisme des prêts internationaux se mue *in fine* en système tributaire.

Voilà donc les éléments constitutifs de la dette perpétuelle latino-américaine : incapacité de l'Amérique latine à recourir à son épargne locale, improductivité de ses structures héritées d'une histoire chaotique, appétit disproportionné des bailleurs de fonds étrangers, garantie implicite donnée à ces bailleurs de fonds par le FMI qui entretient l'ensemble du processus sur ses fondations malsaines. Les pays latino-américains sont contraints de s'endetter, ils le font dangereusement, pour le profit de prêteurs implicitement protégés du risque de leur métier par l'institution représentant la communauté des grandes puissances économiques. Ils sont les acteurs volontaires et involontaires d'un système qui les soutient et les enfonce en même temps, et que les nations les plus riches entretiennent, bien qu'elles en connaissent les vices et les dangers.

En conséquence de leur fragilité et de leur dépendance financière vis-à-vis des marchés de capitaux libellés en dollars, les nations latino-américaines, qui devraient constituer un grand marché continental, en sont incapables. Elles sont séparées les unes des autres par leur fragilité mutuelle. L'Argentine est un débouché à risques pour le Chili et le Brésil au lieu d'être leur partenaire naturel et fiable. Le Brésil ne peut être un pôle d'amarrage pour le Chili et l'Argentine. Les nations latino-américaines sont orientées de surcroît vers les marchés de la grande exportation par leurs besoins pressants de ressources en dollars. C'est ainsi qu'il vaut mieux pour chacune d'elles s'efforcer de trouver des débouchés au loin, vers l'Amérique du Nord, l'Europe et l'Asie, qu'auprès de leurs voisins immédiats dont ils ne sont cependant séparés ni par la distance ni par la culture. Au lieu de développer progressivement entre elles des relations commerciales denses et durables, mettant en symbiose leurs industries, les économies latino-américaines continuent de s'appuyer sur un commerce extérieur fragile largement constitué de produits primaires ou faiblement transformés. De leur incapacité financière découle une atrophie commerciale et industrielle qui balkanise le continent et fait obstacle à son passage au stade de la maturité économique et de la consommation de masse. L'Amérique latine émancipée des liens coloniaux au XIXe siècle aborde le XXIe sous le statut d'un adolescent juridiquement incapable, attendant encore le moment de se libérer de la tutelle internationale.

Mais tandis que les pays latino-américains souffrent de l'absence d'un régime de prêts adaptés à leurs besoins, moins onéreux et moins dangereux, un flux d'épargne considérable se dirige régulièrement vers les marchés d'actions des pays riches. Depuis plus de vingt années, ils ont absorbé des milliers de milliards de dollars ou d'équivalents dollars, sans aucun profit apparent pour les sociétés qu'ils cotent. Devient légitime la question de savoir à quoi servent encore les bourses.

5

À quoi servent encore les bourses ?

Les scandales boursiers qui ont éclaboussé les marchés de New York demeurent, quelque trois années après leur survenue, des illustrations incontestables d'un système financier fondé sur des bases essentiellement malsaines. La crise fondamentale de la relation entre les actionnaires et les managers, que ces scandales ont ouverte, subsiste à l'état latent. Relevons d'emblée les deux points qui donnent à ces scandales une portée dépassant infiniment les comportements délictueux qu'ils ont révélés. Premièrement, ils clôturent une période de vingt années pendant lesquelles le principe du financement des entreprises par les bourses a été universellement présenté comme un gage de stabilité et d'efficacité économiques. Deuxièmement, ils démontrent la faillite du système dit de « gouvernement d'entreprise » élaboré à l'instigation de ceux qui, promus au grade de régulateurs des marchés d'actions par leur fonction à la tête des fonds d'épargne, avaient cherché à mettre en place des procédures *ad hoc* garantissant, par leur précision, que les entreprises agiraient désormais conformément à leurs *desiderata*[1].

Rappelons en deux mots les raisons de la transformation opérée durant ces vingt années. Les entreprises devaient démontrer la rentabilité de leurs investissements et de leurs emplois. Pour éviter tout laxisme de leur part, elles devaient être replacées sous l'autorité des actionnaires. À condition de remplir la clause de rentabilité financière, elles pouvaient compter sur l'appui de ces actionnaires pour engager leur développement de façon durable. Le schéma avait le mérite de la simplicité.

Ce virage de l'économie en direction des marchés d'actions n'allait cependant pas de soi. Il concernait surtout les grandes sociétés de développement ancien. Or, au moment même où le système financier se recentrait sur les bourses, l'économie connaissait précisément une redistribution des activités et des emplois au profit des entreprises petites et moyennes, les grandes entreprises s'efforçant au contraire de réduire leurs effectifs et d'externaliser toutes les activités qu'elles ne souhaitaient plus contrôler directement. Il est donc singulier que la bourse se soit vu confier un rôle à nouveau prépondérant dans le financement et la régulation du système alors que venait de s'interrompre le mouvement historique de concentration qui avait entraîné, pendant les trois premiers quarts du XXe siècle, une croissance constante de la taille moyenne des entreprises. Les bourses se replaçaient au centre du dispositif économique alors que le poids relatif des sociétés cotées dans l'emploi productif des nations capitalistes tendait à se réduire.

Il est vrai qu'un mouvement important d'introductions en bourse, concernant d'abord les entreprises engagées dans les nouvelles technologies, est venu simultanément accroître la population des sociétés cotées. L'importance de ce mouvement, probablement stimulé par un effet de mode, a conforté la thèse devenue dominante qui confie à la bourse un rôle

1. Sur la notion et son contenu, voir la présentation pédagogique de Jean Peyrelevade, *Le Gouvernement d'entreprise*, Paris, Economica, 1999.

primordial de financement des entreprises et, à travers elles, du processus d'innovation créatrice. Mieux encore, la concomitance de l'essor boursier et des innovations liées à la troisième révolution industrielle, fondée sur les techniques de l'information et de la biologie, a donné lieu à une nouvelle justification du marché des actions. Selon cette justification, la force de la bourse serait moins de financer les entreprises, toutes catégories confondues, que de permettre une meilleure allocation des ressources, en facilitant *le déplacement des ressources d'investissement des secteurs anciens à faible potentiel de croissance vers de nouveaux secteurs à fort potentiel.* Le mécanisme boursier agirait ainsi comme un accélérateur de la croissance. Encore faudrait-il que l'argent porté en bourse permette aux entreprises en forte croissance de se financer grâce à lui, ce que l'expérience infirme. Néanmoins, cet argument séduisant a joué à plein dans la faveur grandissante dont les bourses ont bénéficié auprès des acteurs financiers et des pouvoirs publics tandis que le rôle direct des banques dans le financement des entreprises devenait officiellement subsidiaire.

Plus intrigant encore, du point de vue du fond, est que le retour en grâce de la bourse ait coïncidé avec celui de l'entreprise et de l'entrepreneur. Car ce fait introduit une contradiction formelle entre deux présomptions : la présomption que l'entreprise ou l'entrepreneur est à la source du processus d'innovation créateur de richesses et celle, tout autre, que l'efficacité ultime des entreprises repose, à partir de leur cotation boursière, sur le contrôle que les actionnaires présents dans leur capital exercent sur leur stratégie et leur gestion. Or, durant les vingt années marquées par ce double retour en grâce de l'entrepreneur et de la bourse, la contradiction est demeurée latente et les adeptes du capitalisme contemporain ont pu chanter à l'unisson les mérites de l'un et la nécessité de l'autre, sans ressentir le moindre trouble.

C'est d'abord cela que les grandes faillites frauduleuses survenues des deux côtés de l'Atlantique, avec une large prépondérance américaine qu'il ne faut surtout pas disputer, ont mis en cause. Le scandale est venu de sociétés *cotées*, parmi les plus en vue et les mieux jugées. Sans que personne ne l'ait signalé, le retour en grâce et en force de la bourse portait avec lui une ambiguïté qui ne s'est révélée qu'à la lumière crue des faits frauduleux. Mais, dès l'origine, la question aurait mérité d'être posée : dans le nouveau système, des entrepreneurs et des actionnaires, *qui était le maître et qui le serviteur* ? Or, tandis que l'entreprise s'affirmait à nouveau comme le premier moteur de la croissance économique et du profit, la bourse proclamait son droit souverain de la juger à travers sa capacité à faire hausser la valeur des titres cotés.

On peut difficilement accuser les dirigeants politiques d'avoir entravé l'expansion du nouveau système financier. À Londres et à New York d'abord, en Europe continentale ensuite, la réglementation a suivi l'évolution qu'exigeaient les représentants des banques d'affaires et des fonds de placement intéressés par sa prospérité. Qu'il s'agisse de faciliter les introductions en bourse, de permettre des raids hostiles sur les entreprises cotées, de renforcer les droits financiers des actionnaires sur les profits déclarés, tout ce qui pouvait être fait pour soutenir l'essor des bourses de valeurs l'a été sans état d'âme.

Mais, tandis que les bourses se replaçaient au centre visible du système et que les managers consentaient à reconnaître, au moins en paroles, les droits des actionnaires, les principales modalités de leurs relations sont restées en dehors du champ de la réglementation publique. Actionnaires et managers ont entériné le principe d'une autorégulation interne du système, fondée sur l'établissement de relations stables et présumées transparentes entre les partenaires, en suivant des pratiques codifiées dans ce qu'on a appelé le gouvernement d'entreprise.

N'imaginons pas que les responsables politiques se soient pliés aux exigences du monde boursier à la suite d'une compromission personnelle avec ceux que la littérature communiste, à son époque glorieuse, qualifiait de représentants des « grands intérêts financiers et des grands monopoles ». Aux États-Unis, l'imbrication des milieux politiques et des milieux d'affaires est si étroite qu'il est pratiquement impossible de tracer une ligne de démarcation entre les uns et les autres : les politiques pensent spontanément ce que pensent de leur côté les hommes d'affaires. La symbiose idéologique entre les uns et les autres se suffit à elle-même. Dans nos vieilles contrées européennes, en revanche, le ralliement des dirigeants politiques aux postulats simplistes des grands acteurs de la bourse s'est opéré à la faveur d'un vide soudain de la réflexion économique. La doctrine keynésienne à laquelle ils s'étaient massivement ralliés, à droite comme à gauche, ne semblait plus opératoire et, du même coup, les gouvernements s'estimaient dessaisis du pouvoir de réguler l'économie de manière adéquate. Or le nouveau pouvoir de régulation octroyé aux marchés financiers offrait cette vertu providentielle d'exonérer les dirigeants politiques de leurs anciennes responsabilités. Quant à ceux qui auraient eu scrupule à abandonner ces responsabilités, les tenants de la doctrine des marchés leur faisaient valoir que leur pouvoir cantonné au territoire des nations ne pouvait que perturber un mécanisme qui, s'exerçant sans connaître de frontières, dépassait substantiellement le leur.

Cependant beaucoup d'eau a coulé sous les ponts de l'Hudson, de la Tamise et de la Seine depuis cette passation de pouvoirs entre les gouvernements et les marchés financiers. On s'explique mal que la faillite du système du gouvernement d'entreprise n'ait pas conduit les responsables politiques à une nouvelle réflexion ou, à tout le moins, ne les ait pas incités à en dresser un bilan. Vingt années est un délai énorme en soi. Il n'aurait pas été choquant que les politiques ouvrent le dossier de fond des relations entre les entreprises et les marchés à l'occasion des scandales financiers et de la dégringolade boursière générale qui démontraient les ratés, voire le ratage, du mécanisme présumé réguler les grandes entreprises cotées. Mais autant la réprobation morale et la sanction judiciaire des comportements scandaleux ont été ostensibles, autant la doctrine financière assise sur le rôle régulateur des bourses a conservé son pouvoir. Les moulinets judiciaires de New York et les impromptus législatifs de Washington ont laissé intactes les convictions et les pratiques du monde boursier. Celui-ci persiste et signe. Demain sera comme hier le temps du paradis de la création de valeur, des fusions et des acquisitions, des introductions en bourse, du rachat des actions des entreprises. Non seulement les remous judiciaires et les initiatives parlementaires n'ont pas ébranlé la *praxis* des marchés d'actions, mais ils l'ont confortée. Son nouvel encadrement pénal joue dans les faits le rôle d'un brevet de fiabilité et de probité.

Il est toujours quelque peu vain et présomptueux de prédire l'avenir. Impossible assurément de pronostiquer un retour des scandales dans le système maintenu et encadré par le législateur. Toutefois, si l'on pense que les anomalies récentes plongent leurs racines dans le terreau de la bourse contemporaine, de nouveaux malentendus, de nouvelles déceptions et probablement de nouveaux scandales surgiront. Pourquoi les managers et les actionnaires trouveraient-ils demain le chemin de l'entente cordiale et coopérative, alors que rien d'essentiel n'a changé dans la nature de la relation, *purement financière*, qui les unit en théorie, bien qu'elle paraisse les séparer dans la pratique ?

Rien n'ayant vraiment changé au royaume de la création de valeur pour l'actionnaire, ouvrons complètement le dossier que gardent refermé les acteurs de la bourse et les politiques qui ont, bon gré mal gré, la tutelle du système financier mais se refusent à l'exercer. Que s'est-il passé vraiment durant ces années où la pression boursière a entraîné le système vers le précipice du mensonge organisé et de la corruption ? Pourquoi le dispositif destiné par construction à assurer la transparence des relations entre les entreprises et les actionnaires a-t-il produit les résultats contraires de ceux qui en étaient attendus ? Pourquoi encore, question subsidiaire mais d'importance vitale, les entreprises cotées ont-elles accumulé les dettes alors que l'argent affluait sur les marchés d'actions ? Pourquoi tout a-t-il fonctionné à l'envers exact des schémas tracés par les acteurs et entérinés par les politiques ?

La croissance exubérante des États-Unis durant les années quatre-vingt-dix

Dégager les racines de la crise exige une présentation préalable des origines de la bulle boursière américaine entre les années 1995 et 2000. La montée des cours de bourse s'est appuyée sur de formidables résultats économiques et l'exubérance irrationnelle des marchés évoquée en 1996 par le banquier central américain n'a fait que surenchérir sur un mouvement de croissance apparemment très puissant et très sain.

Le bilan que présentait l'économie américaine à la fin de la décennie 1990 était de nature à confondre la majorité de ses détracteurs. Dix années d'essor continu avaient accru la production de près de moitié et ajouté vingt-deux millions d'emplois, dont une fraction substantielle d'emplois hautement qualifiés. Le déficit budgétaire des administrations Reagan et Bush père avait laissé place à un excédent budgétaire confortable que la nation américaine tenait en réserve pour le financement ultérieur des retraites d'une population vieillissante et dépendante. Les poches de pauvreté qui maculaient le manteau d'hermine de la prospérité tendaient à se résorber. L'Amérique n'avait plus besoin de proclamer l'excellence de son modèle économique face au reste du monde, les autres pays industriels en convenaient, tout en s'inquiétant de savoir comment ils pourraient introduire chez eux une partie de son efficacité.

Les difficultés rencontrées par l'économie américaine entre 2000 et 2003 ne remettent pas en cause le diagnostic que l'on pouvait établir pour l'essentiel il y a quelque cinq années. La prospérité américaine de la dernière décennie procède de causes parfaitement repérables : une double accélération de la consommation et de l'investissement, fondée sur l'abondance du crédit et l'engouement pour les technologies nouvelles, dans lesquelles les entreprises pensaient trouver des gisements inépuisables de productivité et de rentabilité. En revanche, deux facteurs négatifs, l'appréciation progressive du dollar sur le marché des changes et le creusement du déficit commercial, qui auraient pu freiner l'emballement de la machine américaine se sont révélés inopérants.

Il y a donc eu une cause financière et une cause technologique, l'endettement débridé des ménages américains et l'investissement massif dans les nouvelles technologies de l'information. Cette combinaison n'a rien de banal, et c'est précisément ainsi que l'on peut expliquer l'incroyable force de l'expansion américaine à la fin de la dernière décennie. Les États-Unis ont conjugué le bénéfice de la propension à s'endetter des ménages, à la faveur des conditions de crédit qui leur étaient offertes, et de l'incitation à investir des entreprises soucieuses d'exploiter tous les avantages de la nouvelle révolution industrielle. Il est rare qu'un cycle des affaires présente ces deux caractères. Ou bien ce sont les décisions d'investissement et d'embauche des entreprises qui sont déterminantes, comme dans le cycle classique des affaires du XIXe siècle et du début du XXe. Ou bien c'est la propension à consommer des ménages qui soutient principalement la croissance, comme ce fut le cas aux États-Unis sous l'administration Reagan, mais pas les deux. Or, cette conjugaison improbable, les États-Unis l'ont réalisée entre 1995 et 2000.

L'appareil de production et le marché boursier étaient ainsi exposés, l'un et l'autre, à un risque d'emballement que la banque centrale se devait de prévenir. Elle en était consciente si l'on accorde foi à la fameuse incidente d'Alan Greenspan de l'automne 1996 : dès lors qu'il diagnostiquait l'« exubérance irrationnelle des marchés », bien avant d'en voir apparaître les effets pervers, il s'autorisait à prendre des mesures de refroidissement préventives. C'est pourquoi l'inertie ultérieure du banquier central américain face à l'explosion spéculative des bourses américaines suscite l'incompréhension en première analyse. Mais il semble que la Réserve fédérale américaine, réticente à casser une expansion créatrice d'emplois, ait d'abord fait le pari que la productivité croissante des entreprises finirait par justifier les anticipations de profit particulièrement optimistes révélées par les cours de la bourse, avant de renoncer définitivement à contenir les excès de l'économie américaine pour venir au secours des marchés financiers mondiaux menacés d'asphyxie par les crises asiatique, russe et brésilienne, en les approvisionnant en dollars à meilleur compte.

Ne croyons pas pour autant que la politique de la banque centrale ait été à l'origine *directe* de l'euphorie boursière. Celle-ci relève typiquement d'un mouvement auto-entretenu. L'accélération économique des États-Unis à partir de 1995, la découverte du phénomène des nouvelles technologies et les perspectives inouïes que ces technologies dessinaient pour la productivité, le mouvement de fusions et acquisitions et l'afflux régulier de l'épargne des ménages dans les fonds mutuels et de pension l'expliquent entièrement. La responsabilité du banquier central n'est engagée que par son refus de faire obstacle au mouvement spéculatif dès lors que celui-ci a mis en danger l'équilibre général du système.

Comment les entreprises cotées se surendettent

En revanche, les marchés financiers contemporains présentent une anomalie décisive pour l'enchaînement des faillites de la fin du siècle. Il s'agit de *l'inversion de la relation classique entre la bourse et la dette des sociétés cotées*.

La bourse classique examinait d'un regard circonspect la politique d'emprunt des sociétés cotées. Elle partait du postulat que les dettes nouvelles contractées par ces sociétés, alourdissant leur passif et leurs frais financiers, comportaient un risque de dégradation de leurs bilans et de leur profitabilité immédiate. Les sociétés recourant massivement à l'emprunt encouraient alors la menace d'une décote de leurs titres jusqu'au moment, du moins, où il leur serait possible de démontrer publiquement le bien-fondé de leurs choix, en présentant l'aboutissement favorable de leurs investissements financés par emprunt. Pour banales qu'elles aient pu être, ces considérations signifiaient que les sociétés les plus prestigieuses avaient à prendre en compte les réactions potentiellement négatives de la bourse contre leur politique d'endettement. Le marché d'actions, marché des fonds propres, s'inquiétait logiquement de voir les entreprises se charger de dettes menaçant le rendement direct des titres des sociétés cotées.

Or la toute dernière période d'essor des bourses occidentales a donné lieu à un phénomène inverse de surendettement des entreprises parmi les mieux cotées. Profitant d'une valorisation accélérée de leurs titres, de nombreuses sociétés se sont lancées dans des politiques d'emprunt agressives. Les sociétés de télécommunication par exemple, dont les perspectives d'expansion et de profit semblaient exponentielles, ont figuré au premier rang des grands emprunteurs sur le marché obligataire. Il s'agissait surtout pour elles de financer le rachat d'autres sociétés, sans s'inquiéter du prix souvent exorbitant des acquisitions et des difficultés ultérieures d'amortissement des emprunts nécessités par le rachat. Laissons de côté ici l'imprudence manifestée par des managers que les médias financiers couvraient de louanges. Le point à retenir est que le *la* de la politique d'emprunt de l'entreprise était donné par le marché des actions. *Plus le cours de l'action montait et plus l'entreprise était en mesure de s'endetter.* Ce phénomène nouveau justifie d'évoquer une inversion de la relation entre la bourse et le marché de la dette des sociétés cotées. Non seulement les entreprises favorablement cotées avaient la faculté de s'endetter massivement, mais elles pouvaient le faire à des conditions privilégiées qu'en d'autres temps les prêteurs auraient refusé de leur accorder.

Ces observations entraînent une double conclusion : sans la mansuétude des prêteurs, nous n'aurions connu qu'un petit nombre des faillites qui ont ravagé les économies occidentales à partir du retournement conjoncturel de 2000 et 2001 ; mais, sans l'aveuglement des opérateurs de la bourse entre 1995 et 2000, une telle mansuétude n'aurait pu se manifester avec toutes ses conséquences dommageables. Portant au pinacle les valeurs de certaines sociétés, les boursiers ont contribué à effacer la notion et, surtout, la réalité du risque qui accompagne toute opération d'emprunt importante.

L'effet inhibant de l'euphorie boursière sur la prudence des prêteurs a également frappé les fameuses agences de notation chargées d'apprécier la fiabilité des emprunteurs. Comment ces agences dont la fonction primordiale est de tirer le signal d'alarme dès qu'elles constatent une dégradation significative des comptes des entreprises cotées auraient-elles pu exercer cette fonction sans se mettre en contradiction avec la bourse elle-même, dont elles sont presque des appendices, en révisant à la baisse la notation d'entreprises dont les actions ne cessaient de s'apprécier ? Il est de fait impossible que les deux marchés de la cotation publique des sociétés, celui de leurs actions et celui de leur dette, puissent suivre des orientations contraires. C'est ainsi que les cotations déraisonnables de la bourse se sont répercutées sur le marché parallèle de la dette des entreprises cotées, en empêchant les agents spécialisés, gardiens de la solvabilité de ces entreprises, d'agir conformément à leur mission. Dit autrement, c'est la bourse qui a opéré comme *une agence de notation anonyme*, se substituant à leur corps défendant aux organismes spécialisés. Cette anomalie donne l'explication la plus plausible de l'endettement effréné qui a miné la solidité financière des sociétés cotées au point de mener certaines d'entre elles à des faillites entièrement imprévues.

L'épisode nous dispense trois leçons de caractère général.

Première leçon, c'est la déraison des marchés d'actions et non la politique éventuellement laxiste des banques centrales qui est à la source du surendettement des sociétés cotées. Pour contrarier ce mouvement d'emprunts massifs, il eût fallu que leurs banques centrales portent leurs taux à des niveaux mettant en péril l'ensemble du processus de croissance, l'activité et les emplois. C'est alors que les sociétés, placées sous la double contrainte d'un argent devenu plus cher et de la décote de leurs actions, auraient été dissuadées de s'endetter.

Deuxième leçon, l'expérience récente vient contredire frontalement la justification première du programme de développement des bourses mené dans les pays industriels. Toute la littérature favorable à ce programme s'est focalisée sur les avantages d'un financement par fonds propres, autrement dit par émission d'actions en bourse, non remboursables aux souscripteurs, en lieu et place du financement par l'emprunt, afin de réduire la dette des sociétés cotées. Or, non seulement les bourses ont cessé de transformer l'épargne collectée en capitaux propres supplémentaires, mais elles ont adressé aux prêteurs des signaux erronés sur l'état de santé véritable des entreprises qui empruntaient auprès d'eux. Les prêts consentis ont ainsi largement dépassé le montant de ceux qui auraient été accordés à des entreprises comparables non soumises à la cotation boursière.

Troisième leçon, les gémissements des actionnaires pris à revers par les faillites ne sauraient nous faire oublier leur responsabilité directe dans la préparation de la crise. Car qui fait la bourse, sinon les actionnaires ? En refusant de sanctionner la volonté de puissance des managers et, pour tout dire, en lui pavant la voie, les actionnaires ont joué un rôle de premier plan dans la préparation psychologique et matérielle des stratégies génératrices des faillites. Le procès des managers imprudents ou désinvoltes implique le procès parallèle des actionnaires qui les ont encouragés sur le chemin aventureux de la croissance externe et du surendettement.

Ce n'est encore là qu'un premier chef de responsabilité. L'influence des actionnaires boursiers s'est exercée d'une manière tout aussi néfaste dans le sens de la décapitalisation des entreprises.

Comment les entreprises cotées se décapitalisent

Tandis que certaines sociétés, situées sur des marchés en expansion théoriquement rapide, étaient poussées à s'endetter pour racheter leurs concurrentes, d'autres entreprises, situées sur des marchés plus mûrs, étaient contraintes à *racheter leurs actions*, pour stimuler artificiellement leurs cours de bourses. En effet, l'opération de rachat provoque une raréfaction des titres soumis à la cotation qui dope mécaniquement leur valeur.

Mais alors que reste-t-il du postulat du financement des entreprises en bourse ? Venues sur le marché pour accroître leur capital, les sociétés cotées se voient maintenant demander par ce marché de le réduire. Mesurons en quelques mots toute la portée intellectuelle et matérielle de la nouvelle situation. Les actions émises en leur temps pour concourir au financement sans dettes des entreprises font désormais l'objet de rachats qui équivalent à un remboursement du capital émis à l'origine, *comme s'il s'était agi de titres d'emprunt remboursables aux prêteurs*. Fait aggravant, ces rachats s'effectuant à des prix incomparablement supérieurs aux prix de leur émission, ils entraînent pour les sociétés qui s'y résignent un effort financier sans commune mesure avec celui que représente le remboursement du capital des emprunts. Quelque vingt années après le début des transformations financières qui ont donné le pouvoir à la bourse, le postulat du financement des entreprises par fonds propres s'effondre pour laisser apparaître la réalité déconcertante d'une spoliation ouverte des grands agents de la production par les fonds de placement les plus influents sur le marché des actions.

Ces rachats d'actions détruisent aussi le fondement logique de la distribution des dividendes par les sociétés. Le droit de percevoir des dividendes provient du fait qu'en souscrivant les actions émises les acheteurs initiaux ont subventionné l'entreprise en renonçant à toute forme de remboursement du capital. *Les droits financiers des actionnaires sont indissociables de leur renonciation explicite au capital souscrit*. Or, si l'entreprise accepte de racheter les actions dans les mains de ses actionnaires, non seulement ce fondement est détruit, mais, en raison du prix consenti pour le rachat, c'est au contraire elle qui les subventionne à son tour.

Notons bien, pour ôter tout doute en la matière, que le rachat d'actions est dépourvu de conséquences négatives pour les droits financiers des actionnaires. Si le capital est réduit nominalement, la part relative de chaque actionnaire n'en est pas modifiée pour autant. Les actionnaires peuvent prétendre recevoir les mêmes dividendes que si le rachat n'avait pas eu lieu. La subvention octroyée aux actionnaires par l'entreprise, est entièrement et définitivement acquise. Elle s'ajoute aux dividendes qui ont été versés et continueront de l'être.

Observons encore que les rachats d'actions exercent des effets mécaniques favorables à la formation des bulles financières. On aurait donc pu s'attendre à ce que ces opérations hétérodoxes suscitent la critique des économistes attachés à la santé financière des entreprises et à la stabilité des marchés, voire à ce qu'ils déclenchent de leur part une levée de boucliers. Au contraire, leur mise en œuvre s'est accomplie dans le silence des économistes admis dans le débat public tandis que les parlements entérinaient sans débat les nouvelles clauses législatives qui autorisaient les rachats.

Indiquons enfin, pour couronner ce reniement de la doctrine favorable aux fonds propres, que les entreprises ont fréquemment recouru, pour racheter leurs actions, à des emprunts préalables. Nous touchons ici le fond ultime de la contradiction. Non seulement ces rachats ont amenuisé la base capitalistique des sociétés cotées, mais *ils ont fait naître des dettes improductives*. C'est exactement durant ces années de bulle que les rachats financés sur ressources d'emprunt se sont multipliés au point de représenter plus de 300 milliards de dollars chaque année aux États-Unis, soit une proportion égale ou supérieure à 3 % du PIB. On comprend plus aisément, à la lecture de ces chiffres confondants, les difficultés que les sociétés en cause ont pu éprouver ensuite, pendant la période de ralentissement conjoncturel, pour assainir leur situation financière. S'étant chargées de dettes supplémentaires pour subventionner leurs grands actionnaires, elles supportaient ainsi un double service de la dette, le service de la dette économique proprement dit, lié aux emprunts finançant leurs dépenses productives, et le service de la dette boursière, découlant du rachat à crédit de leurs propres actions.

Anomalie dans la prime à l'endettement des entreprises cotées, anomalie dans les pratiques à contresens des rachats d'actions, anomalie encore évidemment dans la connivence de l'ensemble des acteurs spécialisés, managers, comptables, analystes financiers et banques d'affaires, chargés publiquement de garantir la bonne orientation des bourses et des entreprises. Voilà qui suffit à éclairer le surgissement des difficultés financières et le déclenchement des faillites dans le monde des sociétés cotées, que la bourse devait cependant consolider, guider et protéger.

Les contradictions d'un système clos

Un seul commentaire supplémentaire semble devoir être ajouté à ce répertoire des anomalies financières. Le dérapage général qui a été constaté et déploré est la manifestation typique d'un système clos. Seul un système clos sur lui-même peut offrir à des acteurs différents, qui assument des missions distinctes, la faculté de conjuguer leurs actions respectives sur la base d'une connivence. Certes, on voit bien l'intérêt pratique des managers, celui des comptables, celui des analystes et celui des banquiers de faire converger leurs analyses respectives pour entretenir un climat d'optimisme favorable à leurs affaires personnelles. Mais le fait que les uns et les autres acceptent de jouer ce jeu ensemble jusqu'à toucher le bord du précipice appelle plus qu'un constat aussi trivial. Il est besoin d'une explication plus générale qui ne se situe pas seulement dans la psychologie individuelle d'acteurs orientés vers leurs intérêts égoïstes ou corporatistes ou carrément sans scrupules. Laquelle explication ne peut provenir que des particularités du marché autour duquel ils gravitent.

Le marché d'actions n'est pas un marché d'équilibre. Ce point reste très peu mis en lumière. La bourse ignore en effet les contraintes qui s'appliquent aux marchés de la production proprement dits. D'une part, l'argent qui s'y déverse ne vient pas, ou de façon rare, répondre à un besoin financier des entreprises cotées, mais exploiter une perspective de valorisation : *l'offre d'épargne, représentée par l'achat des titres, et la demande d'épargne, représentée par leur émission, sont disjointes.* D'autre part, les actions ne sont ni produites ni consommées : elles n'ont donc ni prix de revient ni valeur d'usage autre que celle de l'espoir de valorisation nourri par la psychologie des acteurs. Leur cote peut ainsi varier dans des proportions théoriquement infinies. Dans les faits, *c'est l'acheteur et non le vendeur qui fixe le prix.* Sa tendance naturelle est d'acheter à la hausse puisqu'il ne se porterait pas acquéreur s'il ne s'attendait pas à voir monter le cours de l'action dont il est preneur. C'est ainsi que la bourse offre par construction un risque de bulle financière et, par voie de conséquence, un risque d'effondrement ultérieur de la valeur d'ensemble de ses titres.

Ce risque s'est beaucoup accru depuis que le marché d'actions est tombé aux mains des fonds d'épargne collective. À la différence d'un boursicoteur individuel qui peut à sa guise entrer ou sortir du marché, ces fonds y sont littéralement enkystés. Leur dépendance objective vis-à-vis du marché les pousse à susciter la hausse ou à entretenir des valorisations excessives. D'où leur situation paradoxale : autant ils sont puissants, autant ils sont peu libres. La tendance à la clôture du système s'en trouve renforcée. Le marché des actions, ouvert à toutes les informations en provenance des entreprises cotées ou des organismes de conjoncture, reste cependant entre les mains de sociétés financières qui ne peuvent en tenir compte librement, lorsque ces informations sont négatives, sans prendre le risque de scier la branche sur laquelle elles sont assises. De ce fait, il est un système clos.

C'est sous le poids écrasant de ces organismes étrangement puissants et prisonniers du marché que la bourse américaine a commencé à dériver. C'est pour satisfaire leurs exigences que les autres acteurs ont été conduits à emprunter par étapes le chemin de la tromperie, quand les résultats véritables des entreprises n'ont plus été susceptibles d'y répondre. C'est donc dans la conjonction du mécanisme boursier et de la nature des fonds collectifs d'épargne que réside la clef explicative de ces années chaotiques et scandaleuses.

Si l'on adopte en effet une vue cavalière de la bourse, on constate qu'elle est constituée au sens propre par les grands détenteurs d'actions. Tous les autres acteurs sont situés à sa périphérie, y compris les entreprises émettrices. *Les grands organismes d'épargne collective font le marché parce qu'ils sont le marché.* C'est cette vision d'un système clos, impatient de réaliser ses espoirs de valorisation, et, dans le fond, passablement indifférent à l'économie elle-même, qui fournit l'image fidèle de la bourse, très éloignée du stéréotype usuel : le face-à-face organisé entre les entreprises et les épargnants avec le concours d'hommes de l'art situés dans les cabinets comptables, les sociétés d'analyse et les banques d'affaires.

Le recours systématique au procédé des stock-options, dans lequel on a vu avec raison aussi bien une expression qu'un facteur de la dérive, se comprend mieux à la lumière de cette analyse. Rappelons qu'il consiste dans l'attribution massive et privilégiée d'actions aux présidents et à leurs proches collaborateurs des sociétés cotées. Elles leur sont attribuées non pour qu'ils en deviennent des propriétaires durables, comme le sont par exemple des associés qui créent une entreprise en apportant des fonds personnels, mais au contraire dans le but explicite de la revente ultérieure des actions offertes, avec plus-values à la clef. Elles conduisent ainsi à un alignement pratique des conceptions et des objectifs des managers sur ceux des gérants des fonds. Tandis que les uns font pression pour obtenir des valorisations importantes et rapides, les autres trouvent leur avantage personnel à présenter des résultats, vrais ou factices, qui les enrichiront par le mécanisme des stock-options.

Ledit mécanisme met le doigt sur cette autre plaie ouverte du capitalisme contemporain : l'élévation démesurée des rémunérations que de nombreux dirigeants d'entreprises cotées se sont octroyées sous diverses formes. Le grand financier américain Warren Buffett, peu suspect de cultiver une idéologie personnelle anticapitaliste, a sobrement jugé que ces rémunérations étaient « indues ». Un autre financier américain, Felix Rohatyn, pas vraiment plus contestataire que le précité, a donné l'échelle de la dérive : en l'espace de vingt ans, les rémunérations des présidents de sociétés cotées à la bourse américaine ont été multipliées par cinquante, à partir de niveaux qui ne suscitaient pas la compassion internationale[1]. Voilà encore un fait qui incline à penser à un changement de nature, et non de degré, du capitalisme enraciné à la bourse. La littérature qui a tenté de justifier les traitements somptuaires des managers ne saurait abuser quiconque. Il n'y a pas meilleure réfutation de cette littérature que celle de Keynes s'exprimant sur le sujet à l'aube de la Grande Dépression, pour réfréner la tentation de l'argent chez des dirigeants qui, évalués selon les critères actuels, auraient passé pour des va-nu-pieds : « L'homme d'affaires n'est tolérable qu'aussi longtemps que ses gains peuvent être considérés comme ayant un certain rapport avec ce qui correspond grossièrement à l'utilité de ses activités pour la Société[2]. »

Jugement de sagesse, le jugement keynésien ouvre explicitement le débat sur les fondements de la rémunération des dirigeants. Face à un métier qui échappe aux classifications techniques, l'opinion oscille entre deux appréciations contradictoires consistant soit à considérer la tâche du manager comme une tâche difficile, mais comme il y en a bien d'autres, soit à la séparer radicalement de toute autre fonction de responsabilité pour la destiner à des talents d'exception. La première attitude est bien rendue par la formule de Marx selon laquelle « le talent de direction [...] court les rues[3] », la seconde s'est diffusée au fur et à mesure que les managers relevaient leurs rémunérations. En résumé, le manager, qui occuperait selon la première appréciation le premier rang de cadres supérieurs, deviendrait selon la seconde une sorte de Léonard de Vinci de la création de richesses. L'expérience indique cependant que les managers couronnés par la réussite ne correspon-

1. Voir Felix G. Rohatyn, « Le capitalisme saisi par la cupidité », *Le Débat*, n° 123, janvier-février 2003.
2. John Maynard Keynes, *Essais sur la monnaie et l'économie*, Paris, Payot, 1990, p. 28.
3. Karl Marx, *Le Capital*, livre III, Paris, Gallimard, coll. « Bibl. de la Pléiade », t. II, *Économie* (*suite*), 1968, p. 1147.

dent pas à ces appréciations. Il existe dans les faits beaucoup moins de managers que de cadres de direction mais infiniment plus que de Léonard de Vinci. La direction d'entreprise exige que soient réunies trois qualités, dont la conjugaison est relativement rare, sans être rarissime : les savoirs du métier de l'entreprise, l'autorité exigée par le commandement et la faculté d'anticipation stratégique. Des dizaines de milliers d'individus remplissent ces conditions de par le monde.

Au total, une fois faites les parts respectives de la conjoncture économique exceptionnelle des États-Unis à la fin du siècle dernier et des espoirs excessifs placés dans l'essor des nouvelles technologies, c'est bien au cœur de la bourse contemporaine que se situent les racines de la crise. Or la doctrine, apparue il y a plus de vingt ans désormais, qui a institué la bourse comme un moyen préférentiel de financement des entreprises reste debout, malgré le démenti des faits qui révèlent l'extinction de sa fonction financière.

L'extinction de la fonction financière des bourses

Le public non averti ne peut qu'être impressionné par les chiffres représentatifs de la capitalisation boursière. Il sera tenté de croire, par exemple, que si les marchés d'actions américains totalisent 150 % du PIB des États-Unis, c'est parce que les entreprises cotées ont recouru massivement aux ressources de ces marchés pour financer leur développement. Sa méprise proviendra d'une confusion entre l'acte d'épargne en actions, qui consiste à acquérir des titres auprès d'un précédent détenteur, et l'acte de financement de l'entreprise, qui implique l'émission d'actions nouvelles. Nous retrouvons ici la disjonction de l'offre et de la demande d'épargne, trait distinctif du marché des actions. C'est ainsi que l'épargne a pu affluer à la bourse et la capitalisation boursière s'accroître de façon vertigineuse, tandis que la fonction financière de la bourse commençait à s'éteindre dans les faits. Aujourd'hui, si l'on fait le bilan d'ensemble des opérations financières entre les sociétés cotées et les actionnaires, émissions d'actions d'un côté, versement de dividendes et rachats d'actions de l'autre, on constate un prélèvement net des actionnaires sur les entreprises, au mépris de leur équilibre financier et de leur développement durable. Profitant de la mission officielle de financement qui est assignée à la bourse, et qu'ils usurpent sans scrupules, les fonds de placement collectifs soumettent les entreprises et les collectivités de salariés qu'elles abritent à un régime de prédation.

Le constat à faire est double. Il concerne aussi bien les grands groupes cotés que les sociétés nouvellement introduites.

Les grands groupes anciennement cotés n'émettent presque plus d'actions nouvelles dans le cours habituel de leur développement. Ils financent, si nécessaire, par emprunts émis sur le marché obligataire. Ni les besoins nés de leur internationalisation croissante, d'un côté, ni l'afflux croissant d'épargne à la bourse, de l'autre côté, n'ont eu pour effet de stimuler leurs émissions d'actions nouvelles. Ces facteurs favorables, qui auraient été déterminants en d'autres temps, sont restés inopérants dans les bourses contemporaines soumises aux volontés des fonds d'épargne collective, principalement anglais et américains. La création de valeur pour l'actionnaire, qui guide l'action de ces fonds, annihile dans les faits la liberté financière des sociétés cotées, leur interdisant de recourir à des augmentations de capital qui pourraient être d'autant plus aisément couvertes que l'épargne drainée par les bourses n'a jamais été si abondante.

Outre l'influence déterminante des fonds d'épargne, un autre fait concourt à limiter ou à empêcher les émissions d'actions nouvelles. Aux États-Unis, les sociétés cotées sont désormais des deux côtés de la barrière qui délimite le marché des actions, au titre d'émetteurs et à celui inverse d'acquéreurs — 358 des 500 premières sociétés cotées recensées dans l'indice Standard & Poors se sont dotées de leurs propres fonds de pension destinés à servir les retraites de leurs anciens salariés. Ce croquignolesque mélange des genres, typique du capitalisme contemporain, a pour effet pratique de renforcer l'étanchéité du système. Les sociétés cotées ont besoin de fonds de pension rentables. Si cette rentabilité n'est pas atteinte, il leur faut alors en effet soit ponctionner leurs bénéfices, soit emprunter sur le marché obligataire pour verser les pensions de retraite. Des firmes de grande notoriété telles que Ford, General Motors ou Goodyear ont connu cette mésaventure en 2003, après trois années de vicissitudes des marchés d'actions américains. Mais, impliquées comme elles le sont presque toutes désormais sur les marchés en tant que gestionnaires de fonds, les entreprises épousent naturellement leur logique. Elles s'efforcent d'obtenir, outre la hausse de leurs propres titres, celle des titres des autres sociétés, qui sont en théorie leurs rivales sur le marché boursier. Les grandes sociétés essentiellement américaines qui ont cru devoir instituer des fonds de pension d'entreprise sont ainsi placées désormais que, d'un bras, elles doivent remplir l'exigence de rendement édictée par la bourse à leur endroit, et, d'un autre bras, elles doivent s'assurer du bon financement de leurs fonds de pension en exerçant à cette fin sur les autres sociétés cotées la pression que leurs propres actionnaires leur font subir.

Pour qu'une société cotée se décide à augmenter son capital, il faut vraiment aujourd'hui qu'elle soit en faillite ou menacée de l'être. L'augmentation de capital permet en effet à l'entreprise en difficulté de substituer des capitaux propres aux dettes qu'elle ne peut pas rembourser à terme échu. Plusieurs opérations de ce genre ont été menées, spécialement en Europe, durant la période d'asphyxie de l'activité en 2002 et 2003. N'imaginons pas un seul instant que la bourse leur apporte, ne serait-ce que par des dérogations exceptionnelles à ses nouveaux principes, un concours pratique. Pour qu'une entreprise cotée puisse réussir son projet d'augmentation de capital, elle doit au préalable s'assurer de sa souscription par des entreprises ou des banques amies, puis procéder à ce que le jargon financier qualifie d'émissions d'actions privilégiées *(right issues)*, précisément parce que leur souscription, réservée à des partenaires ou amis de l'entreprise, n'est pas livrée à la souveraine appréciation du marché. Ces opérations souvent salvatrices, exécutées en dehors de la bourse, profiteront ultérieurement aux détenteurs d'actions anciennes qui verront leurs titres revalorisés.

On objectera que, si la bourse ne joue pas les secouristes des entreprises en faillite, c'est pour mieux remplir le rôle pionnier de financement des entreprises innovantes et fortement croissantes. Les nombreuses introductions en bourse effectuées avant 2000, tant aux États-Unis qu'en Europe, ne démontrent-elles pas de façon éclatante l'utilité, voire la nécessité, pour les entreprises plus jeunes de s'appuyer sur elle pour démultiplier leurs moyens d'action et confirmer au plus vite les espérances issues de leurs innovations ?

Trompeuse évidence. La réussite durable de nombreuses entreprises consacrées aux hautes technologies, aux États-Unis tout spécialement, a procédé d'autres facteurs, que les spécialistes de la création d'entreprise innovante connaissent à la perfection : outre la conception d'un produit original et utile, il s'agit du repérage du marché, de la mise en jeu des compétences managériales dont ont besoin les entreprises nouvelles et de *la réunion du capital de départ*. L'Amérique peut légitimement revendiquer, dans ce domaine particulier mais essentiel, un rôle de pionnière. Les entrepreneurs y reçoivent de longue date l'aide inappréciable de personnes à qui l'on a attribué le doux nom de *business angels*. Il s'agit d'entrepreneurs qui, placés à la tête de grandes fortunes par leur réussite personnelle, se mettent au service des créateurs d'entreprises dotés d'un projet sérieux. Leur aide est indissociablement matérielle et intellectuelle. Ils apportent à l'entreprise placée sur les fonts baptismaux des capitaux propres, des conseils éclairés fondés sur leur propre expérience ainsi qu'un réseau de relations d'affaires indispensable au nouvel entrepreneur. Les *business angels* incarnent ce que le capitalisme américain a créé de plus convaincant et de plus novateur depuis la guerre. Leur action, dans un domaine qui est en fait beaucoup plus ancien et beaucoup plus large que celui des nouvelles technologies, a contribué à réduire de façon appréciable le taux d'échec que rencontre le mouvement de création d'entreprises. Elle démontre une forme d'altruisme économique et financier qui s'exprime au cœur du monde des affaires sans que leurs auteurs visent nécessairement une reconnaissance ou un prestige social. L'ambition de ceux qui s'y livrent est identique à celle qui les a animés lorsqu'ils ont lancé leur propre entreprise : créer un objet économique nouveau.

Parallèlement aux *business angels* (qui bénéficient de deux traductions françaises sous les noms d'« investisseurs providentiels » ou de « bonnes fées »), interviennent des fonds de placement spécialisés dans la participation au capital d'entreprises innovantes. Au moment de leur intervention, les entreprises bénéficiaires sont encore des sociétés à capital fermé, non introduites en bourse. Leurs responsables sont, comme les *business angels*, des spécialistes dotés d'une forte expérience, dont la mise de fonds a le caractère d'un pari rationnel. Toutefois leur champ d'action est extérieur à la bourse.

Ce n'est que dans une troisième étape, lorsque les dirigeants de l'entreprise innovante pensent être assez avancés sur la voie d'une réussite durable, qu'ils peuvent se poser sérieusement la question d'une éventuelle introduction boursière. Mais leur objectif consiste rarement à lever des fonds nouveaux pour accélérer leur croissance interne [1]. Les études consacrées à ces introductions démontrent les trois motifs qui font succomber les dirigeants aux séductions de la bourse. Un motif de prestige d'abord, qui peut apparaître quelque peu puéril, mais ne peut leur être reproché avec violence. Un motif de valorisation de leurs propres actions, qu'ils pourront céder en tout ou partie avec profit après l'introduction, et des actions de leurs partenaires : de cela non plus, on ne peut leur faire grief. Un troisième motif enfin, aux lourdes implications pratiques, qui a constitué un facteur décisif pour les introductions effectuées durant la période faste, et qui pose question. Beaucoup de

1. Sur ce point essentiel, voir Colin Mayer, « Structures de financement et organisation des entreprises », in *Institutions et croissance*, Paris, Albin Michel, 2001.

dirigeants espèrent disposer, grâce à leur introduction en bourse, des moyens nécessaires à *une croissance externe*. En effet, l'introduction en bourse s'accompagne normalement, parfois au prix de certaines affabulations sur les véritables perspectives des sociétés en cause, d'une valorisation considérable des actions. Ces actions revalorisées deviennent la monnaie d'échange nécessaire pour acquérir d'autres sociétés. Ainsi s'explique l'introduction précoce d'entreprises encore jeunes, ayant tout juste commencé à exploiter leur potentiel d'innovation, pour leur permettre de racheter d'autres entreprises, comme si elles avaient déjà atteint le stade de la maturité.

L'expérience récente tend à le démontrer : l'introduction en bourse répond moins à la nécessité objective d'une consolidation financière des entreprises qu'à l'espoir d'un prestige accru, au désir d'enrichissement et à la volonté de puissance des individus. Tous facteurs humains que les experts spécialisés dans les introductions devraient réfréner ou entraver, en tant que professionnels compétents, mais qu'au contraire ils sont amenés à exciter. Il est vrai que c'est leur raison d'être et que la rivalité qui les oppose entre eux les y conduit plus fortement qu'aucune considération de fond.

C'est après l'introduction en bourse que les grands fonds d'épargne collective tels que les fonds de pension ou les fonds mutuels (les Sicav investies en actions) peuvent prendre des participations au capital des entreprises basées sur l'innovation. Autant dire que leur rôle dans la marche en avant des nouvelles technologies a été à peu près égal à zéro. Ce sont les carabiniers de l'évolution économique. Et c'est tout autant préférable. Dénués de compétences spécialisées pour apprécier la portée des innovations et la qualité des hommes qui en prennent la responsabilité, ils joueraient plutôt, dans ce domaine si particulier, le rôle de l'apprenti sorcier que celui de la bonne fée.

Peut-être verra-t-on dans cette argumentation si défavorable au rôle des bourses contemporaines la mise en forme économique d'un procès foncièrement moralisateur, destiné à saper la confiance dans une institution capitaliste séculaire. Néanmoins, comment faire autrement que poser sans détours la question économique par excellence que leur évolution récente appelle : une fois leur fonction financière éteinte, à quoi peuvent encore servir les bourses ?

Qu'est-ce qu'une entreprise capitaliste ?

L'extinction de la fonction financière des bourses, qui met en cause la validité de toute la transformation financière de ce dernier quart de siècle, a cependant donné naissance de la manière la plus inattendue à une nouvelle légitimité de l'accumulation financière. Le déversement d'épargne sur ces marchés, en provenance de couches sociales de plus en plus larges, a ainsi profondément modifié le rapport de l'individu à l'argent, y compris dans les pays n'appartenant pas à la sphère anglo-saxonne. Selon toutes les apparences, *le vieux tabou de l'argent est tombé.* Il est désormais inutile d'exhorter les citoyens à s'enrichir, puisque c'est ce à quoi ils tendent spontanément, dès le moment où ils disposent d'une masse critique d'épargne à cet effet. La transformation financière, qui a trahi les espérances placées en elle pour élargir la base capitalistique des entreprises, est cependant parvenue à rendre acceptable, moralement ou socialement, le désir d'accumuler de la valeur, indépendamment de toute considération d'utilité économique.

Or le nouveau rapport à l'argent, favorable à l'accumulation, a aussi pour conséquence de jeter à nouveau le voile sur l'entreprise enfin sauvée des eaux où voulaient l'engloutir les idéologies anticapitalistes. Prenons acte du changement opéré dans les esprits, mais prenons garde surtout, ce faisant, à ne pas laisser en jachère la question de fond de la nature de l'entreprise capitaliste qui, placée en filigrane des événements financiers de ces vingt dernières années, a plus que jamais besoin de trouver un début de réponse autre que la mission d'engendrer de la valeur financière. En effet, si l'entreprise tire sa légitimité de la création de valeur pour l'actionnaire, celui-ci tient la sienne du postulat que l'entreprise lui appartient. La propriété du capital vaut propriété de l'entreprise. Cette proposition radicale, qui signifie l'instrumentalisation de l'entreprise par les détenteurs du capital de la société cotée, appelle, si l'on veut en contester le bien-fondé, une tentative de définition de l'entreprise capitaliste.

Car la confrontation de forme conflictuelle entre le capital et le travail qui a dominé le débat public pendant les deux derniers siècles a cédé le pas à quelque chose de plus insidieux et de plus énigmatique avec le face-à-face entre l'entreprise et l'actionnaire. L'opposition a cessé d'être frontale et idéologique au sens plein du terme. Il ne s'agit plus de savoir si la création de richesses est le fait des patrons capitalistes ou des travailleurs salariés, et si ces derniers ne pourraient en faire autant, ou plus encore, une fois abolie la domination du capital. Les entreprises créent la richesse, la conviction en est aujourd'hui bien établie, sauf bien entendu lorsque, livrées à des incompétents ou à des fous, dont chacun a quelques noms en tête, elles la détruisent. Cependant les représentants du monde boursier soutiennent que, si création de richesses il y a vraiment, il doit y avoir aussi forcément création de valeur pour l'actionnaire. En d'autres termes, la bourse jouerait le rôle de l'examinateur final qui vient confirmer la qualité de la copie rendue par l'élève entreprise.

Il apparaît inutile d'insister sur le caractère bouffon de la chose, après les errements du système clos, livré à lui-même, que constitue la bourse contemporaine. Au demeurant, l'immense majorité des entreprises qui restent à l'écart de la bourse témoigne que la création de richesses, qui passe aussi par elles, ne peut pas être synonyme de création de valeur en bourse. L'expérience récente suggère que ces errements boursiers constituent plutôt une source de perturbations pour l'entreprise cotée. Mais passons.

Passons, parce que le problème de la relation entre l'entreprise et l'actionnaire se pose de toute manière, avec ou sans cotation de l'entreprise, et se poserait donc dans l'absolu si les bourses n'existaient pas ou n'existaient plus. « Qu'est-ce qu'une entreprise capitaliste ? » est une question qui peut recevoir deux réponses en même temps. L'entreprise capitaliste existe pour créer de la valeur ajoutée, synonyme de richesse sociale, et pour offrir un rendement financier à ses actionnaires. Et cela, depuis qu'existe la société par actions au sens moderne du mot.

Max Weber demeure à notre connaissance le seul penseur de l'économie à avoir énoncé la question avec la précision requise : « Il y a capitalisme, nous dit-il, là où les besoins d'un groupe humain qui sont couverts économiquement par des activités professionnelles le sont par la voie de l'*entreprise*, quelle que soit la nature du besoin ; plus spécialement, une exploitation capitaliste *rationnelle* est une exploitation dotée d'un compte de capital, c'est-à-dire une entreprise lucrative qui contrôle sa rentabilité de manière chiffrée au moyen de la comptabilité moderne et de l'établissement d'un bilan [1]. » Max Weber date du début du XVIIe siècle en Hollande la naissance de l'entreprise capitaliste au sens de sa propre définition et de la deuxième moitié du XIXe siècle le fait que nos besoins quotidiens sont essentiellement satisfaits par la voie capitaliste.

À le suivre, deux points sont décisifs : premièrement, les Temps modernes ont vu naître une nouvelle entreprise capitaliste ; deuxièmement, ce type d'exploitation exprime sa rationalité par *un contrôle de sa rentabilité*. À l'heure d'Enron, World.Com *et alii*, le propos wébérien pourrait prêter à sourire, ce dont nous nous garderons bien. Car c'est un propos fondateur qu'il est infiniment regrettable de ne pas avoir prolongé et approfondi. Il est même devenu inexcusable de ne pas le faire aujourd'hui. Tant que l'entreprise capitaliste, envisagée comme un instrument de la mainmise du capital sur la force de travail, était contestée dans son principe, il n'y avait guère d'espace pour une recherche scrupuleuse de ses fondements véritables, tout juste pour un plaidoyer en défense : la chute idéologique et politique de l'empire socialiste devrait libérer la réflexion au même titre que les anomalies du nouveau capitalisme asservi à la bourse et à ses dogmes.

1. Max Weber, *Histoire économique*, Paris, Gallimard, 1991, pp. 295-296.

La naissance d'un type d'exploitation rationnelle, contrôlant sa rentabilité, n'est pas le fruit du hasard mais quasiment celui de la nécessité. Nous disons cela sans méconnaître que la nécessité n'a pas de place dans l'Histoire où tout ce qui advient de nouveau et d'essentiel relève partiellement de la contingence. Avant que l'entreprise capitaliste apparaisse sous ses traits modernes, existait cependant déjà le besoin d'une institution économique remplissant sa fonction. L'extension du marché intérieur des États d'Europe occidentale appelait un nouveau type d'exploitation de la capacité humaine que les types existants remplissaient de façon non convaincante. Très précisément, le type d'exploitation dénommé entreprise capitaliste est apparu en contradiction avec deux autres types bien connus des historiens de l'économie.

Le premier est celui dit du *Verlagsystem*, ou sous-traitance commanditée, également décrit par Weber et d'autres auteurs. Situé en rupture avec la corporation traditionnelle, il consistait en l'utilisation d'une main-d'œuvre à domicile par un vendeur qui fournissait les matières premières nécessaires à son travail puis se chargeait de l'écoulement du produit transformé. Dans cette configuration précapitaliste, non seulement le vendeur dicte les conditions de la fourniture des matières premières et de rachat des produits transformés, mais il laisse au travailleur le soin d'acquérir l'outil de travail et de l'entretenir. Le *Verlagsystem*, incompatible avec une production exigeant des investissements lourds, se situe donc à l'opposé de l'entreprise capitaliste qui prend en charge, avec les salaires, l'équipement matériel et son amortissement.

Max Weber ajoute par ailleurs une observation de taille. La fabrique (l'entreprise capitaliste d'un point de vue matériel) suppose la *vente continue*. « Un marché instable, nous dit-il, est pour l'entrepreneur intolérable car il fait reposer le risque conjoncturel sur ses épaules [1]. » Il met ainsi le doigt sur une deuxième caractéristique fondamentale de l'entreprise capita-

1. *Ibid.*

liste, non mentionnée dans sa définition : la possibilité mais aussi bien la nécessité du marché continu.

La vente continue n'est pas la préoccupation ni l'objet des expéditions commerciales — c'est le deuxième type d'entreprise située en opposition à l'entreprise capitaliste moderne — qui ont fait une part de la fortune des cités méditerranéennes, à l'exemple de Venise. Ces expéditions sont, elles aussi, des entreprises capitalistes si l'on veut. Mais elles s'opposent à celles de notre temps sur un autre point essentiel. Ce sont de pures associations de personnes physiques. Chaque associé apporte son capital, son savoir-faire et paie éventuellement de sa personne en participant aux risques physiques de l'expédition. Le taux du profit recueilli quand l'expédition est menée à bonne fin est sans commune mesure avec celui du commerce d'aujourd'hui : 300, 400, 500 %. C'est un taux de profit de revendeur, c'est-à-dire d'acheteur monopolistique qui peut écouler ensuite sa marchandise au prix maximum acceptable par les destinataires finaux. Cela suffirait encore à l'inscrire dans un autre univers économique que l'entreprise capitaliste moderne. Toutefois, il importe par-dessus tout de retenir que ce type d'association ignore tout conflit potentiel d'intérêts entre l'entreprise et ses apporteurs de capitaux ou, si l'on préfère, ses actionnaires. En pratique, l'entreprise est constituée d'actionnaires, les actionnaires constituent l'entreprise. Au terme de l'expédition, les profits sont répartis une fois pour toutes entre les entrepreneurs-actionnaires au prorata de leur participation. L'entreprise capitaliste de ce type et de cette époque est discontinue, par opposition au critère dont Weber fait un trait distinctif de la fabrique capitaliste.

Le signalement de l'entreprise capitaliste moderne peut donc s'établir en opposition à ces deux types d'entreprises. C'est une *entreprise continue*, parce que son marché, sa main-d'œuvre et son capital le sont aussi. Voilà qui est simple en apparence, mais pose différentes questions pratiques et de fond. Les questions pratiques relèvent du domaine de la viabilité économique : l'entreprise réussira-t-elle à se constituer une clientèle assez large et assez fidèle pour écouler sa production en continu dans des conditions rentables ? Saura-t-elle maîtriser sa production pour que la double charge des salaires et de l'amortissement des équipements investis soit supportable ? Toutefois la question de fond est celle de la *continuité du capital.*

L'entreprise personne morale

L'entreprise de ce type repose sur une ou plusieurs initiatives conjointes de personnes physiques qui conjuguent souvent à l'origine la fonction d'actionnaire et la fonction d'entrepreneur. Ou, quand l'entrepreneur et les actionnaires n'appartiennent pas au même groupe, il s'agit de personnes liées par des liens d'amitié ou de camaraderie. On pourrait ainsi la confondre avec les types d'exploitation antiques consacrés au commerce lointain si précisément cette association ne devait perdurer en surmontant les vicissitudes qui affectent les relations individuelles. Il est exclu que l'entreprise s'arrête spontanément et que ses actifs soient répartis entre les actionnaires de départ, comme c'était le cas pour l'expédition commerciale. L'entreprise ne peut agir dans la durée que si, premièrement, l'entente entre les actionnaires demeure, et si, deuxièmement, l'action des dirigeants est conforme aux souhaits des actionnaires.

Les caractéristiques propres à l'entreprise capitaliste moderne impliquent le recours à une comptabilité rationnelle. Outre le règlement des salaires et des fournisseurs, il faut amortir les investissements, payer les intérêts des emprunts et *rémunérer le capital.* La question de cette rémunération ne se posait pas lorsque, au retour d'une expédition, les partenaires se partageaient simplement les fruits de ce que l'on pouvait considérer comme un butin commercial. Tandis que le capital inscrit au bilan d'une entreprise moderne nécessite une rémunération déterminée qui doit être fixée en considération des résultats obtenus et compte tenu des besoins d'autofinancement de l'entreprise. Ici apparaît une source de conflit d'intérêts éventuel entre les actionnaires et les dirigeants, du moins quand ils ne forment pas ou ne forment plus un seul groupe. Mais avec le conflit d'intérêts potentiel apparaît aussi ce fait indubitable que *les profits* sont *dans les mains de l'entreprise*.

Deux considérations inextricablement liées en découlent. Premièrement, les profits sont le revenu de l'entreprise et non du capital : les droits financiers du capital, ne pouvant être fixés *a priori* selon une règle simple et définitive, doivent être plus ou moins négociés entre les actionnaires et les dirigeants. Deuxièmement, l'entreprise constitue évidemment une entité en soi, indépendamment de la présence, au sein du capital, d'actionnaires qui ne sont pas les dirigeants de l'entreprise. Cette dernière considération, qui n'a rien de bouleversant en soi, est niée dans les faits par le postulat de la création de valeur pour l'actionnaire et celui, beaucoup plus lourd, qui le sous-tend, de la propriété de l'entreprise par les détenteurs du capital. À y regarder de près, ce dernier postulat ramène l'entreprise capitaliste au stade antérieur où elle n'était pas dissociable des actionnaires personnes physiques, *où elle n'avait pas la personnalité morale*.

La dimension du problème « entreprise » tient tout entière dans sa nature de personne morale que Max Weber nous enseigne implicitement lorsqu'il la définit comme un organisme rationnel doté d'un compte en *capital*.

Définir l'entreprise comme personne morale ne revient pas à découvrir l'évidence juridique d'une institution dont la vocation spécialisée serait la production matérielle. C'est reconnaître que le phénomène de l'entreprise participe à un mouvement général qui a englobé toutes les sphères d'activité en Europe occidentale. L'histoire de cette Europe peut être écrite, sous un certain angle, comme l'histoire de la création de personnes morales. L'Église, en premier lieu sans doute, dépositaire d'un message religieux qui appartient à l'ecclésia et que son clergé ne peut pas revendiquer comme un privilège de fonction. L'État moderne tel qu'il est né en Angleterre et en France entre le Xe et le XIIIe siècle par la constitution de monarchies de service public vouées à l'ordre et à la justice. Et bien sûr, les communes libres, les syndicats professionnels et les associations.

Chacun d'entre nous connaît intuitivement l'apport décisif de la personne morale, cette faculté de remplir un objet indépendamment des personnes physiques qui en sont les membres, les dirigeants ou les employés. La personne morale s'identifie dans sa mission. Du coup, les personnes physiques rattachées à la personne morale, à un titre ou à un autre, ne peuvent prétendre servir sa mission qu'en servant la personne morale elle-même. L'État-nation en offre une illustration particulièrement éclairante du fait de l'écart énorme qu'il institue entre les personnes physiques constitutives de la nation et sa personne morale représentative, l'État. Il se présente en droit comme l'instrument d'une volonté collective de vivre et d'agir ensemble des citoyens. Cependant son existence présuppose une adhésion implicite préalable des citoyens, un principe de loyauté des personnes physiques à la personne morale étatique qui ne saurait connaître d'exception. Pour nous exprimer clairement à ce sujet, disons que si l'État est à notre service pratiquement, c'est parce que nous lui appartenons moralement. Or il nous semble que l'entreprise ne se distingue pas fondamentalement des autres personnes morales qui poursuivent un objectif d'intérêt général public.

Le vrai sujet d'interrogation est de savoir pourquoi l'émergence de la personne morale, évidente dans les champs religieux, politique, culturel et social, est restée implicite dans le domaine économique. Pourquoi l'entreprise capitaliste, dont Max Weber fait remonter la naissance au début du XVIIe siècle, reste-t-elle, quatre siècles plus tard, un objet de malentendu et de conflit tel qu'elle puisse encore apparaître comme un simple objet de propriété ?

Peut-être est-ce le caractère totalement prosaïque de son existence, produire des biens et services, qui est cause de ce retard dans la reconnaissance de l'entreprise comme telle. Avec elle, il s'agit évidemment de produire et de gagner de l'argent. Mais si l'objectif est économique et financier, l'objet au sens propre est social. Max Weber nous l'indique au passage :

l'entreprise n'est pas l'un des modes de la production mais le mode essentiel, voire exclusif. Son activité et sa réussite, les vices et les vertus de ses dirigeants sont l'affaire de toute la société. Son *imperium* dans la vie économique provient de la supériorité qu'elle a finalement démontrée, précisément parce qu'elle a pu prendre la forme adéquate de la personne morale, créée pour agir dans la durée, innover et investir, et élargir sans cesse le montant de la production.

Cependant, dira-t-on, sa capacité d'agir dans la durée, d'où la tient-elle, sinon de la présence d'actionnaires stables dans son capital ? Car sans leur présence, c'en serait fini de son indépendance et de cette capacité. Effectivement, c'est là le rôle fondamental de l'actionnaire, précédant et englobant l'ensemble des autres devoirs qu'il pourrait avoir à rendre à l'entreprise : lui assurer l'indépendance qui conditionne son action durable et sa faculté de réussir.

Deux visions antagonistes de la relation entre l'entreprise et le capital

La définition prosaïque de l'actionnaire comme apporteur de capitaux soulève depuis l'origine la question des plus délicates de savoir pourquoi les droits de l'actionnaire priment sur ceux des salariés, apporteurs de travail, et des créanciers, apporteurs de crédit. Inutile d'adhérer au schéma de Marx pour reconnaître que le fait d'apporter son capital ne suffit pas à fonder des droits qui prennent le pas sur les droits de tous les autres partenaires de l'entreprise. Pourquoi les actionnaires disposent-ils à la fois de droits financiers et d'un pouvoir de contrôle de l'entreprise tandis que les salariés n'ont que des droits financiers et des droits sociaux ou moraux qui excluent tout droit à contrôler la marche de l'entreprise ? Rien ne permet de le dire si l'on s'en tient à la présentation classique. Pourtant, les théoriciens libéraux s'entêtent à fonder la légitimité de l'actionnaire sur son rôle matériel, au risque d'affronter une controverse permanente sur la légitimité du capital.

L'emblématique Milton Friedman offre un exemple caricatural de cette vision du capital d'entreprise. C'est à lui qu'on doit la première revendication, il y a plus de trente ans, de la *shareholder value*, ou création de valeur pour l'actionnaire, comme principe premier de l'action des dirigeants. Quel était et quel est encore son but ? S'agissait-il dans son esprit de prôner un meilleur traitement financier des actionnaires, après tant d'années durant lesquelles les managers s'étaient plus préoccupés d'accroître les parts de marché de leurs entreprises que de rémunérer les détenteurs du capital ? Non pas, Milton Friedman voulait réaffirmer, une fois pour toutes, le pouvoir de contrôle *exclusif* des détenteurs du capital sur l'entreprise et ses dirigeants. Il entendait récuser ainsi les prétentions éventuelles de ceux qui se prétendaient des *stakeholders*, ou partenaires de l'entreprise, à exercer un contrôle conjoint ou parallèle à celui des actionnaires. Le chef spirituel de l'école de Chicago affichait ostensiblement la crainte que les représentants des salariés viennent exercer un droit d'ingérence dans la stratégie et la gestion des sociétés. Il écartait donc du pouvoir de contrôle de l'entreprise les partenaires non capitalistiques au prix d'une redéfinition de la mission de l'entreprise centrée sur la création de droits financiers maximaux pour les actionnaires.

Mais l'opposition radicale introduite par Milton Friedman entre les *shareholders* et les *stakeholders* a pour autre conséquence de rejeter comme non fondée toute espèce de distinction entre les détenteurs d'actions liés volontairement à l'entreprise et les détenteurs opportunistes. Elle ouvre ainsi la voie à la conception dominante du rôle des actionnaires qui a légitimé la transformation boursière de ces vingt dernières années.

Il serait abusif d'imputer la responsabilité de cette vision radicale et réductrice à Milton Friedman lui-même, qui s'inscrit en fait dans une longue tradition de la pensée anglo-saxonne aussi vieille que les sociétés par actions. John Locke et Adam Smith insistaient déjà sur la subordination nécessaire des gérants du capital, que nous appelons aujourd'hui managers, vis-à-vis de ses détenteurs. Ils affichaient ouvertement la crainte que le manager s'émancipe de son rôle fondamental consistant à faire fructifier les patrimoines dont la responsabilité leur avait été confiée. Ce qui peut s'interpréter de la sorte : une action ou une part de société tient son caractère déterminant non de sa comptabilisation au bilan de l'entreprise mais de son inclusion dans le patrimoine de son détenteur. Il est alors légitime d'évoquer un capitalisme patrimonial, au sens précis du mot.

La forme prédominante de la propriété du capital en terre anglo-saxonne illustre cette conception patrimoniale. C'est une propriété *disséminée*. Les comparaisons internationales font apparaître un contraste saisissant entre les sociétés anglo-saxonnes et leurs homologues des autres pays développés [1]. Tandis que dans les premières citées le capital peut être détenu par une nuée d'actionnaires du sein de laquelle n'émerge pas de groupe susceptible de le contrôler dans les faits, les autres sociétés d'Europe ou du Japon ont le plus souvent veillé à ce que des actionnaires dits de référence disposent du minimum d'actions nécessaire pour stabiliser le capital et prévenir l'intrusion d'outsiders indésirables animés d'intentions coupables. Ces deux réalités contradictoires reflètent forcément des visions divergentes de l'entreprise, du capital et de leurs relations respectives. L'on pourrait dire ici sans outrance que la doctrine dominante en terre anglo-saxonne réverbère la forme générale du capital dans les structures économiques locales.

Plus remarquable encore, l'arrivée en force des fonds d'épargne collective, et tout spécialement des fonds de pension, n'a pas changé les pratiques en la matière mais les a confirmées puis étendues à la faveur des placements réalisés dans les sociétés européennes. Ces fonds disposaient en effet d'une masse d'épargne telle qu'ils auraient pu chercher à se saisir du contrôle nominal de nombreuses entreprises. Bien au contraire, fonds de pension et fonds mutuels se sont maintenus dans la ligne traditionnelle en diversifiant soigneusement leurs détentions, évitant tout ce qui pourrait correspondre à une

1. Voir encore C. Mayer, « Structures de financement... », art. cité.

prise de contrôle du capital. Il n'est guère vraisemblable que cette pratique traduise un choix purement financier. Quand un gérant de fonds dispose de centaines de milliards de dollars, il peut à la fois diversifier ses placements et s'assurer, s'il le veut, le contrôle d'une fraction stratégique du capital des sociétés. Il faut quelque chose de plus fondamental pour expliquer une telle pratique des fonds de pension et de leurs semblables, quelque chose qui s'enracine dans une conception préétablie du rôle de l'actionnaire *lui interdisant d'épouser l'entreprise*.

Un Américain bien tranquille administre au monde, par ses choix rigoureusement contraires de ceux des gérants des fonds de pension, la preuve de la pratique arbitraire de ces fonds. Le financier Warren Buffett n'a cessé de plaider, en suscitant l'incompréhension de ses homologues, qu'on ne peut connaître que quelques entreprises à la fois et qu'il est donc absurde, d'un strict point de vue d'actionnaire, de multiplier les placements et de changer inopinément de cibles financières, comme le font habituellement les gestionnaires des fonds. Ce n'est que par une présence constante au capital, dit ce financier excentrique de la communauté des affaires américaine, et en prenant le risque d'accompagner les entreprises partenaires dans leurs déboires comme dans leurs succès, que les actionnaires dignes de ce nom peuvent accéder à un degré de connaissance suffisant de leur potentiel économique. Incriminant ouvertement un comportement qu'il taxe d'incohérence, il dénonce aussi et surtout la force du dogme collectif qui interdit à ses concurrents de se lier aux entreprises.

Mais comment se fait-il que ces actionnaires, volontairement infidèles, puissent exiger des entreprises le versement de dividendes massifs et ces rachats d'actions qui amenuisent leur base financière ? D'où tirent-ils leur pouvoir d'influence alors que leur refus délibéré de contrôler le capital devrait les reléguer au rôle de comparses ? Tout vient de ce que les fonds de placement, pris collectivement, exercent sur les sociétés où leurs détentions individuelles sont minoritaires, le pouvoir de fait d'actionnaires majoritaires, sans supporter les responsabilités des actionnaires majoritaires en droit. Ils sont ainsi les maîtres de la politique financière des entreprises cotées auxquelles ils n'apportent cependant ni fonds propres ni cette stabilité du capital qui les protégerait des raids hostiles de leurs concurrents sur le marché. Non seulement la dispersion du capital ne permet pas aux managers de prendre leurs distances vis-à-vis des fonds, mais elle a cet effet paradoxal de les placer dans une position de subordination, alors que les fonds refusent toute implication pratique dans la vie de leurs entreprises. De là les *road shows* auxquels doivent se plier constamment les managers pour plaider la cause de leur entreprise et de leur gestion personnelle face à des actionnaires habités par le soupçon. Le temps qu'ils y consacrent, au moins le tiers de leurs activités totales, pris sur celles de veille et de direction de l'entreprise, apparaît disproportionné. Mais c'est là l'inévitable conséquence de la relation ambiguë qui s'est forgée entre les actionnaires et les sociétés cotées après l'avènement des fonds d'épargne collective. Relation qui peut se décrire ainsi à partir de la position subjective des partenaires : formellement indépendant d'un actionnaire majoritaire, fort de son rôle prééminent à la tête d'un grand groupe coté, souvent mis en lumière par l'action des médias, le manager se croit habilité à dire : « L'entreprise, c'est moi. » Mais les actionnaires lui répondent : « L'entreprise m'appartient. » D'où la difficulté du dialogue entre des acteurs qu'oppose un malentendu radical sur l'appréciation de leurs rôles respectifs.

Ce capitalisme de propriétaires obsédés par la rentabilité de leurs fonds est aussi un capitalisme de propriétaires absentéistes. Le refus de prise de contrôle du capital par les fonds a pour contrepartie leur absence des organes d'administration et de surveillance. *Les actionnaires propriétaires demeurent extérieurs à l'entreprise*. Désireux de savoir tout ce qui importe pour l'avenir de l'entreprise cotée, les fonds restent néanmoins à l'écart des conseils où ils pourraient exercer un pouvoir direct d'enquête et de contrôle auprès des dirigeants et de leurs collaborateurs qualifiés dans tous les domaines sensibles de l'organisation de la production, de la stratégie commerciale, de la préparation des nouveaux produits, des nouvelles implantations ou des nouveaux partenariats. Il est vrai que la dispersion des actionnaires ne faciliterait pas leur représentation dans ces conseils. Mais au-delà de cette considération pratique, la raison principale de leur éloignement des conseils réside dans la nature de leur rapport à l'entreprise, rapport à l'état pur de propriétaire à objet de propriété, peu éloigné dans le principe de celui qui pouvait unir un grand propriétaire terrien de l'Angleterre victorienne à son régisseur. Les siècles ont passé, le capitalisme a mué, mais la relation entre l'actionnaire anglo-saxon et l'entreprise est demeurée fidèle à ses origines. Il existe une connivence spirituelle et un parallélisme des formes entre l'actionnariat à la mode anglo-saxonne et les bourses de valeurs. Le paradigme de la création de valeur, expression typique de la culture économique anglo-saxonne, est largement antérieur aux mutations de la bourse contemporaine dans laquelle il trouve cependant un domaine de prédilection pour s'accomplir. Le point est capital, sans jeu de mots de mauvais aloi. La création de valeur pour l'actionnaire boursier donne son plein effet au principe de la création de valeur dans le monde particulier de la relation entre l'entreprise et les détenteurs du capital en terre anglo-saxonne.

Seulement, cette relation, les fonds mutuels et les fonds de pension la veulent *universelle*. L'accès qui leur a été procuré aux grands marchés boursiers a élargi leur aire d'influence. Une contamination s'est faite. La libre circulation des capitaux a entraîné la domination de l'actionnariat à la mode anglo-saxonne alors que le recul progressif des entreprises anglo-saxonnes sur les marchés concurrentiels tendrait plutôt à infirmer le bien-fondé de la doctrine économique et financière que cet actionnariat véhicule. Les Européens, les Japonais et certains autres pays asiatiques ou latino-américains sont conviés, voire sommés, de réformer leurs « gouvernances » d'entreprises pour les mettre en conformité avec celles que les fonds de pension et les fonds mutuels d'Amérique et d'Angleterre ont définies dans leurs grandes lignes.

Une ligne de front s'est ainsi ouverte entre les conceptions anglo-saxonnes et les conceptions propres aux autres grands pays industriels. S'opposent de façon schématique une vision de l'entreprise et du capital centrée sur la liberté souveraine de l'actionnaire bénéficiaire de la création de valeur et d'autres visions axées sur l'existence d'actionnaires majoritaires liés de façon plus ou moins rigide à l'entreprise. Toutes ces visions sont issues d'expériences historiques, même si la vision anglo-saxonne se prétend la plus moderne et la plus efficace. Sa force provient de ce qu'elle prend appui désormais sur des organismes infiniment plus puissants que les fortunes individuelles, infiniment plus aptes à s'internationaliser, et dont l'activité triviale de recherche du rendement financier s'accompagne d'une sorte de militantisme borné et sûr de lui.

L'intrusion de la finance anglo-saxonne sur de nouveaux territoires n'a pas fait disparaître les autres types de relations entre les actionnaires et les entreprises cotées dans les autres pays industriels. Mais elle vient les défier au cœur du milieu des affaires de chaque nation, avec l'appui de nombreux professionnels exerçant leurs activités à la bourse ou à sa périphérie. Les fonds anglo-saxons visent à établir une hégémonie de leurs conceptions et de leurs pratiques en éliminant progressivement les conceptions et les pratiques locales jugées archaïques et, par conséquent, inférieures. Or ces conceptions et ces pratiques ont pour caractéristiques communes de tendre à maintenir un lien stable entre l'entreprise et une fraction déterminante de son capital.

Il existe quatre formules pour souder une fraction déterminante du capital à l'entreprise : l'actionnariat familial ou la réunion d'associés fondateurs ; le contrôle du capital de l'entreprise par ses banques ; les participations croisées entre entreprises partenaires ou amies ; l'autocontrôle.

L'évolution économique n'a pas entraîné l'extinction de l'actionnariat familial à laquelle beaucoup s'attendaient. Certains grands groupes mondiaux continuent de s'appuyer sur le noyau des héritiers des fondateurs, en même temps que de nombreuses entreprises petites ou moyennes. Les actionnaires familiaux sont par nature, et sauf cas d'espèce, les moins exigeants en termes de rentabilité ou les plus accommodants vis-à-vis de la politique de distribution des profits de l'entreprise. Ils se situent ainsi au pôle opposé des fonds de pension et de leurs semblables. Mais, si l'expérience démontre que cet actionnariat n'est pas voué à disparaître et est susceptible au contraire de se renouveler dans le sillage des créations d'entreprises, elle en indique aussi formellement les limites et les fragilités. Les groupes dotés d'un actionnariat familial peuvent difficilement fusionner avec d'autres sociétés et risquent toujours de voir certains des héritiers abandonner leur position d'actionnaires pour retrouver la liberté d'affectation de leur patrimoine : l'actionnariat familial tend à une stabilité du capital qu'il ne s'avère cependant pas capable de garantir. Ces limites et ces fragilités sont aussi le lot des entreprises, assez comparables aux entreprises familiales, dont le capital d'origine a été souscrit par des associés. L'actionnariat familial est voué à perdurer sans constituer un modèle.

Le contrôle des entreprises par les banques a été mis en lumière par les tribulations récentes du capitalisme germanique. C'était une composante du modèle allemand. Le modèle ayant vacillé, cette formule de contrôle par les fournisseurs de crédit subit une critique en règle. On lui impute une bonne part des médiocres performances économiques allemandes en termes de croissance et d'emploi, sans tenir compte de la capacité par ailleurs intacte de l'Allemagne sur les marchés d'exportations. Il est vrai cependant qu'elle soulève une critique de fond. La banque ne peut pas être à la fois détenteur de capital et fournisseur de crédit sans se trouver à un moment ou à un autre en porte à faux vis-à-vis de l'entreprise. Tant que l'entreprise est profitable, son banquier actionnaire bénéficie à la fois des intérêts et des dividendes versés. Mais si des pertes apparaissent ou que la faillite menace, le partenaire préférentiel de l'entreprise se trouve face au dilemme suivant : doit-il se comporter comme tout créancier ordinaire en lui réclamant son dû ou doit-il abandonner ses droits et parfois, au contraire, continuer à financer, à fonds éventuellement perdus, l'affaire en difficulté ? La dualité des rôles assumés par le banquier actionnaire ne contribue guère à la clarté des relations d'affaires et peut se révéler néfaste à l'occasion de difficultés sérieuses rencontrées par les entreprises que la banque contrôle. Cela ne l'a pas empêché de donner une réponse éminemment satisfaisante à la question cruciale de la stabilité du capital.

Tout aussi efficaces et tout aussi contestables apparaissent les participations croisées. Elles consistent, on le sait, pour certaines entreprises déterminées, à prendre des participations dans le capital d'autres entreprises, qui peuvent être ses partenaires économiques ou plus simplement des amies, en échange du service réciproque. Ce dispositif est au cœur de l'économie japonaise depuis ses origines à l'ère Meiji jusqu'à la période de conquête des marchés mondiaux par les entreprises de l'archipel. Il en émane un parfum de féodalité. Ces participations croisées sont le plus souvent de pure commodité et ne visent pas réellement à obtenir un résultat économique — développer des activités avec des partenaires — ou financier — rentabiliser des fonds. Elles échappent à la censure sans échapper à la critique. De surcroît, les entreprises qui échangent leurs participations peuvent le faire sans mettre la main au gousset, en troquant simplement des actions contre d'autres actions. Le seul enjeu pour ces entreprises, d'ordre politique, est de s'assurer des bases amies au sein de leur capital en prenant simultanément des gages au sein du capital des amis présumés.

Mais que dire alors de l'autocontrôle qui consiste en fait à réaliser, entre l'entreprise et ses filiales et ses sous-filiales, le même dispositif de participations croisées décrit précédemment entre des entreprises juridiquement indépendantes ? Une entreprise constituée sous la forme d'un groupe pouvait, et peut encore, dans certains pays, faire acheter par ses filiales des fractions importantes de son capital et s'en assurer ainsi le contrôle. Le résultat évident est d'offrir une position inexpugnable aux managers, qui n'ont de comptes à rendre qu'à eux-mêmes ou à leurs comparses des conseils d'administration, et c'est pourquoi ces pratiques ont fait l'objet, ici ou là, de mesures d'interdiction.

Honorable ou chargée de vices, solide ou fragile, propice au développement ou source de handicaps économiques, chacune de ces formules atteste une préoccupation centrale, l'association libre ou forcée du capital à l'entreprise, qui reflète une constante dans tout pays qui échappe à l'emprise de l'idéologie des affaires anglo-saxonne. Le fait qu'aucune d'entre elles n'échappe à un grief pratique ou de fond trahit la difficulté qu'ont éprouvée les entreprises sous presque toutes les latitudes à se ménager un point d'appui capitalistique stable, sans battre en brèche, d'une façon ou d'une autre, la pure logique économique. Mais le fait que les entreprises y aient eu recours sur une vaste échelle démontre simultanément l'existence d'un besoin qui n'a pas été éprouvé, ou pas au même degré, par les entreprises d'Angleterre ou d'Amérique.

À quoi servent vraiment les actionnaires ?

Quand l'entreprise apparaît, la question trouve sa réponse dans les opérations juridiques et financières qui accompagnent l'acte de naissance. Les actionnaires souscrivent le capital de départ et se lient simultanément à l'entreprise, acquérant ainsi une double légitimité d'apporteurs de fonds propres et de soutien moral. Cette sorte d'union, libre dans son principe et forcée dans sa logique, des actionnaires et de l'entreprise au point de départ occulte le fait qu'ils ne sont pas liés de manière irrévocable.

Il en va différemment quand l'entreprise a trouvé l'essentiel de ses marchés et atteint un degré d'autofinancement élevé. Le développement de l'entreprise peut alors s'appuyer sur le réinvestissement des profits éventuellement accompagné d'un crédit externe d'autant plus aisé à obtenir qu'elle est devenue profitable. Le rôle financier des actionnaires cesse d'être sollicité et le lien matériel entre l'entreprise et ses actionnaires se distend. Pour que l'entreprise recourre à nouveau aux ressources de l'actionnariat, et renoue ce lien, il faudra qu'elle ressente le besoin d'élargir son capital, pour mieux assurer son développement. Ces considérations on ne peut plus banales signifient que le concours *permanent* des actionnaires au financement de l'entreprise n'est qu'une hypothèse d'école. Au contraire, si l'entreprise est saine, que ses marchés sont stables, que ses coûts sont maîtrisés, la question de la rémunération des actionnaires par l'entreprise prendra une importance croissante. Peu à peu, le sens de la relation financière avec les actionnaires s'inversera. La profitabilité de l'entreprise les autorisera à réclamer une distribution plus large des bénéfices. Et, tandis que l'entreprise, cessant de prendre appui financièrement sur ses actionnaires, s'efforcera de gérer leurs exigences, les détenteurs du capital apparaîtront sous un jour différent. Quel est alors le véritable rôle des actionnaires, quand ils ont cessé de soutenir financièrement l'entreprise ?

L'actionnaire est le garant de l'indépendance de la personne morale entreprise. Ce rôle déterminant présuppose évidemment une fidélité ou si l'on préfère une *loyauté* de l'actionnaire vis-à-vis de l'entreprise. Nous disons bien la loyauté de l'actionnaire vis-à-vis de l'entreprise, comme condition de la loyauté réciproque de l'entreprise vis-à-vis de l'actionnaire, et non la proposition inverse, en honneur à la bourse contemporaine. Car l'entreprise est première. Comme l'enfant dont la conception précède la naissance, l'entreprise découle d'un projet qui s'actualisera au moment où les actionnaires fondateurs signeront les statuts. Le concours vital des actionnaires qui souscrivent au capital de départ témoigne de leur confiance initiale et vaut déclaration de loyauté. Mais le principe de loyauté acquis à la naissance de l'entreprise aura besoin d'une confirmation dans d'autres étapes de la vie de l'entreprise, à moins que cette entreprise, incapable de remplir son objet économique, perde le crédit que les actionnaires lui ont accordé.

Il n'est pas inutile à ce stade de s'interroger sur la notion de risque le plus souvent avancée pour légitimer la fonction de l'actionnaire. Il saute aux yeux qu'elle ne peut fournir la base morale des droits juridiques et financiers de l'actionnaire tout au long de la vie de l'entreprise. Distinguons soigneusement d'abord entre le risque économique pris par l'entreprise et le risque financier encouru par l'actionnaire qui a placé son argent chez elle. L'actionnaire prend son risque dans la mesure seulement où l'entreprise a pris le sien. *Bis repetita placent* : l'entreprise est première. Observons ensuite que l'engagement financier de l'actionnaire aux côtés de l'entreprise ne constitue qu'un épisode certes essentiel, mais parfaitement délimité dans le temps, de la vie de cette entreprise. La justification de la fonction de l'actionnaire par le risque financier encouru trouverait sa pleine application dans le monde économique des expéditions vénitiennes ou génoises où risque d'entreprise et risque du bailleur de fonds ne faisaient qu'un. Avec l'entreprise continue, au sens wébérien, le risque a changé de nature. Il s'agit moins, pour cette entreprise, d'affronter des aléas comme les aventuriers du commerce antique, que de se constituer un marché rentable. Le développement durable de l'entreprise suppose de sa part une maîtrise continue de ses conditions d'exploitation. Le caractère de pari, qui est au fondement de la création de l'entreprise, et qui justifie la notion de risque, s'efface au fur et à mesure de ses progrès et de son inscription durable dans le paysage économique. Du strict point de vue de l'exploitation des opportunités de marché, les clients, les fournisseurs, les banquiers, la main-d'œuvre, les cerveaux affectés aux fonctions de recherche et de direction s'avèrent plus décisifs pour le succès de l'entreprise que les actionnaires qui séjournent dans son capital. L'entreprise tire ses véritables forces du rayonnement de sa marque, du respect de ses fournisseurs, de la confiance de ses créanciers, de sa créativité et de la capacité stratégique de ses dirigeants. C'est le processus vital interne à l'entreprise qui décide de sa solidité et de ses progrès, indépendamment de la qualité et de l'implication des actionnaires dans son capital.

Au surplus, lorsque l'entreprise connaît des déboires importants, l'actionnaire n'est pas seul à faire les frais de la matérialisation négative du risque. À ses côtés, le personnel, les fournisseurs, les créanciers et parfois les clients qui comptaient sur les services que l'entreprise leur rendait subissent des atteintes sérieuses ou graves en proportion de l'importance de leur lien avec l'entreprise. Faire du risque une spécificité de l'actionnaire, justifiant ses exigences, confine à la malhonnêteté intellectuelle.

En revanche, l'actionnaire protège l'entreprise du risque de perdre son indépendance. *Ce n'est donc pas le risque qu'il prend, mais celui contre lequel il protège qui le rend nécessaire.* En effet, en l'absence d'actionnariat stable, l'entreprise occuperait la position d'otage économique de ses partenaires.

Au premier rang de ces preneurs d'otages potentiels figurent les créanciers. Le créancier principal de l'entreprise, généralement une banque, dispose d'un droit de regard sur les conditions générales de son exploitation. Imaginons alors que les entreprises soient dépourvues d'actionnaires. Les banquiers deviendraient dans les faits leurs commanditaires et leur conduite stratégique en serait inévitablement affectée. Pour un banquier placé en position de commanditaire, les créances accordées à l'entreprise constituent des actifs et sa préoccupation normale sera de pouvoir les réaliser à tout moment. Le banquier, en dépit de son importance parfois cruciale, demeure un partenaire extérieur qui ne peut épouser les perspectives d'une stratégie de développement durable, à moins qu'il ne prenne position au capital, avec les inconvénients économiques qui ont déjà été soulignés. Il vaut mieux à tout prendre que la politique des dirigeants soit soumise à l'agrément d'actionnaires sans rôle financier permanent qu'à celui des apporteurs de crédit qui assurent pourtant souvent, dans la pratique, la continuité de l'exploitation.

Au deuxième rang des preneurs d'otages potentiels sont les salariés. *Horresco referens.* N'y a-t-il pas quelque scandale à pointer le doigt sur un personnel sans le savoir-faire, le talent et le dévouement duquel l'entreprise serait une coquille vide ? N'a-t-on pas déjà dit que son implication quotidienne conditionnait le succès de l'entreprise tandis que les actionnaires n'y prenaient pratiquement aucun rôle actif ? N'a-t-on pas aussi soutenu que les salariés représentaient des partenaires différents des autres dans la mesure où leur travail contribuait directement à la valeur ajoutée, ce que la doctrine de l'*outsour-*

cing leur dénie de manière indécente ? Tout cela, nous le maintenons, mais en ajoutant ce point essentiel : l'entreprise capitaliste n'a pas vocation à créer l'emploi ni à le maintenir. Sa politique en la matière n'est qu'une composante de sa stratégie et de sa gestion. Qu'on accorde à ce propos le bénéfice du doute. Il ne consiste pas, comme tant de discours inspirés par une vision cynique des affaires, à justifier par avance toute décision des entreprises tendant à détruire des emplois. Il consiste à dire que l'entreprise doit rester maîtresse du volume et de la qualité de ses emplois dans toute la mesure où ses ambitions de croissance durable le lui commandent. Cette règle absolue ne s'impose pas seulement dans les circonstances difficiles où les dirigeants décident de faire monter certains de leurs salariés à l'échafaud, mais plus encore peut-être dans les moments favorables où ils doivent décider à l'inverse la quantité et la qualité des embauches nécessitées par leurs projets de croissance. Ils doivent créer ou maintenir tous les emplois économiquement justifiés mais rien qu'eux. L'entreprise dite capitaliste se situe dans les faits à l'opposé d'une coopérative ouvrière de production qui, entièrement fondée sur les métiers de ses membres, a pour vocation naturelle de maintenir l'activité que leur exercice requière. Pour la coopérative de production, l'emploi est l'objectif, l'activité le moyen ; à l'inverse, l'entreprise, qui a pour objectif la maîtrise de marchés rentables, considère logiquement l'emploi comme un moyen. Or le fait que celle-ci ait pour interlocuteur principal ses actionnaires, et non les représentants du personnel, garantit l'indépendance de ses décisions en la matière.

Au troisième rang des preneurs d'otages potentiels apparaissent les entreprises partenaires. Toute entreprise peut tomber sous la dépendance d'une autre entreprise, un client, un fournisseur, avec laquelle elle a développé d'importantes relations d'affaires, si elle ne trouve pas à s'appuyer sur un actionnariat loyal. Sans le statut d'indépendance offert aux entreprises par les actionnaires, celles-ci seraient vouées à se fondre progressivement les unes dans les autres au gré des relations d'affaires qui les lient. Le mécanisme concurrentiel en serait inévitablement et sérieusement affecté. Cela ne signifie nullement que tout mouvement de concentration est *a priori* à rejeter. Mais il importe que les concentrations éventuelles soient le résultat du processus économique lui-même, ordonné par des décisions libres et réfléchies des dirigeants économiques, et non la conséquence inexorable d'une situation de dépendance des entreprises les unes vis-à-vis des autres.

C'est à la lumière de ces considérations que l'on peut se risquer à une appréciation des opérations publiques d'achat, dans leur version « hostile », impliquant que l'entreprise cible ne consent pas à son rachat. Une propagande insistante, tout entière centrée sur la notion d'intérêt financier du marché boursier, a fini par donner une légitimité morale à ces opérations en forme de mainmise. Le pire est que les législateurs nationaux leur aient fourni un label d'efficacité économique alors qu'elles n'ont souvent pas d'autres motifs que l'élimination d'un concurrent, la captation de ses marchés, de ses marques et de ses brevets. La conversion des hommes politiques au bien-fondé des OPA a atteint un degré tel que ce sont les regroupements volontaires d'entreprises, malgré leur nature *contractuelle*, qui suscitent aujourd'hui la suspicion tandis que les opérations hostiles de mainmise, appuyées sur la bourse, incarnent le jeu sain et vigoureux de la concurrence.

D'un point de vue technique, les OPA hostiles consistent en une mise aux enchères d'une société cotée à l'initiative d'une autre société cotée. C'est la règle du plus offrant qui décide de son issue, comme sur tout marché d'enchères, quels que soient les arguments économiques avancés par l'auteur du raid. La société cible apparaît à l'occasion comme un pur objet, de convoitise en l'occurrence, et sans bénéficier des égards témoignés aux objets d'art acquis dans les salles des ventes. La légalisation des OPA hostiles a laissé le champ libre aux prédateurs d'entreprises. Elle permet des regroupements d'entreprises sans forte justification économique et sans la préparation préalable qui pourrait en faciliter la réussite.

Les OPA hostiles seraient cependant impossibles *de facto*, avec ou sans l'accord du législateur, si le capital des entreprises cotées était fortement contrôlé par de grands actionnaires étroitement liés à l'entreprise. Elles illustrent ainsi, comme une preuve *a contrario*, l'opposition foncière entre deux types d'actionnaires, celui d'investisseur au sens étroitement financier, dont la conduite sera dictée par l'impératif du rendement, et celui de garant de l'indépendance de l'entreprise qui subordonne son objectif de rendement financier à l'exercice de cette mission primordiale. Ces deux types s'avèrent difficilement compatibles. L'actionnaire du premier type, qui abandonne ses actions dans le processus d'enchères pour ouvrir le chemin à l'auteur du raid, ne fera rien d'autre que saisir une opportunité financière, conformément à son objet, et ne pourra être considéré comme relaps. Tandis que l'actionnaire du deuxième type, s'étant engagé à demeurer au capital, trahirait sa mission fondamentale en cédant ses actions et en permettant la mainmise d'un tiers sur l'entreprise.

L'opposition qui vient d'être formulée correspond-elle à l'opposition entre les *stakeholders*, partenaires proclamés de l'entreprise, et les *shareholders*, qui en sont les actionnaires sans lien affirmé avec elle ? On serait tenté de le croire. La relation du *stakeholder* avec l'entreprise se caractériserait par cette fidélité qui manque précisément aux *shareholders*. Mais s'il s'oppose formellement au *shareholder*, il ne se distingue pas vraiment des autres « partenaires », les salariés, les créanciers, les fournisseurs, voire les grands clients industriels, dont l'entreprise doit être quelque part protégée pour conserver son indépendance stratégique. Hisser l'actionnaire au rang de partenaire ne lui donne pas cette qualité spéciale de *partie prenante* de l'entreprise, située en son sein et non à sa périphérie. C'est pourquoi la distinction entre deux types d'actionnaires, partenaires ou détenteurs opportunistes, qui maintient l'actionnaire à l'extérieur de l'entreprise, reste inadéquate.

Car, pour en revenir encore à cette relation si difficile à définir entre l'actionnaire et l'entreprise, existe-t-il un terme de comparaison qui nous permettrait de nous faire définitivement comprendre ? Sans doute la relation entre la nation et l'État. Pas de nation sans État, pas d'État sans nation. Pas d'entreprise sans actionnaire, pas d'actionnaire sans entreprise de rattachement. D'un côté l'entité et de l'autre son tuteur. Alors que sa contribution pratique à la vie de l'entreprise est sans commune mesure avec celle de l'État au sein de la nation, l'actionnaire revêt une responsabilité de même ordre essentiel. Il est auprès de l'entreprise le dépositaire et l'agent de ce qui a nom souveraineté dans le champ politique. Peut-être y a-t-il là les prémisses d'un schéma nouveau pour la relation future entre l'actionnaire et l'entreprise dans un nouveau capitalisme délivré de son obsession financière.

6
Rationaliser le capitalisme

Chacune des anomalies qui fragilisent et démoralisent le capitalisme d'aujourd'hui se maintient à la faveur d'une absence d'organisation de l'ensemble économique mondial. Le pari sur l'efficacité des marchés financiers internationaux, que les grands dirigeants économiques et politiques ont effectué depuis quelque vingt ans, a manqué son objectif. Il s'avère nécessaire de restituer aux économies capitalistes le cadre rationnel qui leur fait cruellement défaut.

Il faut partir du fait primordial qu'est la mondialisation des entreprises. Apparemment irréversible, ce mouvement ne soulève de surcroît aucune opposition de principe. Mais il crée, pour les pays d'où sont parties les entreprises concernées, un risque mortel de déclin industriel au sens large qui ne peut être prévenu que par la reconsidération du projet de libre-échange mondial et la mise en œuvre méthodique d'un néo-protectionnisme adapté aux conditions de l'économie contemporaine. C'est à partir de grandes zones de libre-échange économiquement intégrées et commercialement protégées que peut s'épanouir le potentiel constitué par la mondialisation des entreprises, c'est en leur sein que les conditions d'une concurrence équitable pourraient s'établir en lieu et place de cette curée vers les sites de production les moins chers à laquelle nous convient les artisans du libre-échange intégral. Mais c'est aussi à partir d'elles que pourront être posés, par étapes, les premiers éléments d'un système monétaire international permettant aux investisseurs de former des projets à long terme sans craindre de subir les effets toujours perturbants et parfois dévastateurs des grandes fluctuations des devises.

Outre cette réorganisation territoriale du capitalisme, s'impose aussi, pour des raisons non moins économiques et non moins morales, un remaniement des relations entre les entreprises et ceux que l'on nomme communément les actionnaires. Ici encore, il y a lieu de séparer le mouvement de fond, en soi difficilement réversible, qui tend à concentrer l'épargne au sein de fonds collectifs, confiés à des gestionnaires professionnels, et la subordination étroite imposée aux entreprises cotées par ces fonds. Il s'agit maintenant de redonner une finalité productive à toute cette épargne financière qui n'a cessé de s'accumuler dans les bourses ou à leur périphérie depuis plus de vingt ans, et cela suppose que les marchés d'actions subissent à leur tour un grand chambardement, au lieu de dicter leur loi prédatrice aux entreprises créatrices de richesses. Alors l'immense fossé qui s'est creusé dans la dernière génération entre le monde de l'épargne et le monde de la production pourra commencer à être comblé, laissant un espoir de voir s'installer, entre les actionnaires et les entreprises, la relation coopérative exigée par leur inévitable compagnonnage.

Protectionnisme et concurrence

Dans l'un de ses essais contrariants pour la vulgate libre-échangiste, Emmanuel Todd énonce la difficulté idéologique à laquelle se heurte toute personne qui voudrait rouvrir la question du protectionnisme : « Le protectionnisme est officiellement considéré par les élites occidentales comme une doctrine dépassée, néfaste économiquement et politiquement. » Il ajoute d'un trait : « Toute protection, même partielle, des marchés nationaux, empêcherait la concurrence et mènerait à la stagnation, privant la planète de spécialisations bénéfiques à tous[1]. » Ces deux phrases résument, nous semble-t-il, avec la difficulté idéologique bien énoncée par Emmanuel Todd, la complexité théorique du protectionnisme qu'il ne fait qu'aborder.

En effet, ce qui tient lieu d'élites, dans nos pays riches, encore riches, a fait du libre-échangisme *intégral* son credo et sa pratique. Emmanuel Todd le souligne, il entre dans cette foi et cet engagement beaucoup d'idéologie et beaucoup d'hypocrisie à la fois. Le libre-échangisme réclamé par nos élites témoigne de leur rupture irrévocable avec le temps révolu des nationalismes du XIXe siècle qui a sous-produit les deux conflits mondiaux. Il consiste donc en un brevet d'adhésion au projet de monde pacifié et prospère en l'avenir duquel nous sommes priés de croire. Mais il évoque aussi une rupture avec ce passé où les pays riches semblaient se désintéresser du sort économique des peuples pauvres, jugés incapables de s'enrichir à leur tour en réalisant les efforts qui ont apporté la prospérité aux premiers pays capitalistes. L'ouverture des frontières aux marchandises, aux capitaux, et accessoirement aux hommes, constitue aussi une ouverture de l'humanité à un autre devenir, bannissant les nationalismes et les inégalités les plus criantes entre les peuples. Plaider contre le libre-échangisme intégral représente, qu'on le veuille ou non, une insulte à cet idéal universel de paix, de prospérité et d'égalité. Toutes conditions égales par ailleurs, l'idéologie dominante apparaît aussi étanche que le dogme de la réussite du socialisme réel dans le périmètre autrefois défini par l'Union soviétique et ses satellites. Elle doit cependant être combattue avec la même froide résolution intellectuelle qu'aurait dû l'être l'idéologie diffusée par la nomenklatura soviétique et ses complices extérieurs. Nous sommes autorisés à la dissidence.

1. Emmanuel Todd, *L'Illusion économique*, Paris, Gallimard, 1997, p. 159.

C'est la complexité théorique qui fait problème. Dans l'énoncé de Todd, méritent d'être soulignés trois mots : *nationaux, concurrence, spécialisations*. Le vil contestataire invoque, à l'encontre de la vulgate libre-échangiste, les conditions historiques « protectionnistes » du développement des premières nations capitalistes. C'est à peu de chose près la vérité. Hormis le cas de petits pays comme la Suède, dont les premiers secteurs modernes n'auraient pas trouvé les débouchés suffisants pour amortir les investissements réalisés sans un accès à certains marchés extérieurs, l'Angleterre, la France, l'Allemagne, les États-Unis et le Japon ont créé leurs premières bases industrielles dans leur espace national et certaines ont franchi l'étape cruciale du décollage sans le secours des débouchés extérieurs. Contrairement à l'axiome de Marx, aussi célèbre que faux — « la tendance à former un marché mondial est incluse dans le concept même de capital » — , le libre-échangisme international ou mondial n'est ni la condition préalable ni l'horizon naturel du processus capitaliste.

Ce qui est vrai toutefois, indépendamment de toute rhétorique mondialiste, est que les entreprises, cherchant constamment à élargir leurs marchés, se heurtent, un jour ou l'autre, aux limites du marché national. S'offrent alors à elles deux possibilités : la première est d'installer leur capacité de production et de vente sur les territoires nouveaux à conquérir ; la deuxième est d'obtenir l'ouverture des frontières de pays partenaires, généralement proches par la géographie ou la culture, afin d'y exporter leur production. Un exemple du premier choix est offert par l'installation de nombreuses entreprises européennes sur le territoire de l'Espagne encore franquiste des années 1960 et 1970 avant l'inclusion ibérique dans le Marché commun : il a suffi que nos voisins d'au-delà des Pyrénées acceptent l'ouverture de leur territoire aux investissements directs des entreprises étrangères pour disposer vite et à bon compte d'une base industrielle qui leur faisait cruellement défaut. Un exemple du deuxième choix est précisément offert par l'expansion rapide des entreprises des pays d'Europe occidentale profitant du Marché commun : un regard rétrospectif permet de constater un bond en avant des exportations de ces entreprises *à partir de leur bases nationales*. C'est pourquoi la référence de Todd à l'espace national handicape sa critique foncièrement juste du libre-échangisme intégral. La nation, qui représente l'espace pertinent de constitution d'un système de production capitaliste, n'a été un espace de marché pertinent que durant les deux premières étapes de la croissance économique définies par Rostow, celle de la formation préalable des conditions du décollage et celle du décollage lui-même.

Nous pouvons encore vérifier l'importance d'une protection commerciale de l'espace national pour des pays qui entreprennent ou reprennent le processus de la croissance capitaliste. La Russie postsoviétique tente de reconstruire une industrie moderne, sans forte contribution internationale, grâce à la protection offerte *de facto* par un rouble dont la valeur a été divisée par plus de quatre depuis la crise de 1998. Les Tigres asiatiques ont réussi leur décollage et leur marche à la maturité en laissant le monopole du marché national à leurs entreprises, tout en profitant de façon opportuniste de l'ouverture commerciale des autres. Cependant des pays développés comme ceux d'Europe occidentale ont à tout le moins besoin d'un accès libre aux marchés de leurs voisins immédiats et probablement au-delà. À défaut d'un tel accès, un grand nombre de productions réalisées sur le sol national tomberaient au-dessous du seuil de rentabilité. Conçues pour des débouchés larges, elles perdraient leur viabilité dans le périmètre restreint du territoire national. La nation, s'il faut se garder de la renier politiquement, ne peut plus définir un espace de marché pertinent, à moins de s'appeler précisément la Chine ou l'Inde pour des raisons d'évidence ou, soit dit au passage, les États-Unis, qui pourraient sans dommages organiser la protection commerciale de leur vaste marché intérieur.

Il existe donc une sorte d'obstacle mathématique au protectionnisme qui se situe dans les comptes des entreprises exportatrices. La fermeture de certaines frontières aujourd'hui ouvertes les ferait mourir, sans d'ailleurs favoriser forcément la naissance d'autres entreprises sur les marchés dont elles seraient exclues. Mais qu'en est-il de la concurrence ? N'est-ce pas sous cet angle décisif, pratiquement et théoriquement, que la question doit se résoudre ? Assurément.

Concurrence et spécialisation sont des notions largement antinomiques l'une de l'autre. Emmanuel Todd les amalgame quelque peu, comme d'ailleurs les thuriféraires du libre-échange mondial qui passent de l'une à l'autre pour, croient-ils, mieux défendre leur thèse. Le raisonnement majoritaire repose sur l'idée que les activités productives vont finir par se répartir à l'échelle du monde en application d'un principe de division internationale du travail. Cette idée est à peu près incompatible avec cette autre idée, presque aussi répandue, que la concurrence est l'effet naturel du libre-échange. En effet, s'il advenait en fin de compte que chaque pays ou chaque région du monde finisse par se spécialiser dans certains types de biens ou de services exportables, il en découlerait nécessairement une atrophie de la concurrence. Certes une spécialisation relative de chaque pays ou de chaque région du monde, pour certaines catégories de produits, semble inévitable. Même de grandes économies comme l'Allemagne ou le Japon ne peuvent couvrir la totalité de l'éventail des biens et services exportables. Mais le processus d'internationalisation des échanges n'a pas pour objet essentiel la division progressive du travail entre des nations rigoureusement spécialisées. En d'autres termes, la spécialisation des économies nationales doit rester *relative* à moins de déboucher sur une division internationale étroite et étanche qui serait synonyme d'entropie concurrentielle. Prenons l'exemple du téléphone portable, qui a vu la réussite étonnante d'une entreprise finlandaise, et celui des micro-ordinateurs, pour la fabrication desquels Taïwan se situe en *leader*. Ces deux réussites n'impliquent pas que la téléphonie portable sera dévolue une fois pour toutes à la Finlande, et les micro-ordinateurs à Taïwan. L'ouverture commerciale n'a de sens que si elle permet de maintenir ou d'accroître une concurrence à la fois saine et efficace, dont le principe exclut la spécialisation à outrance des nations.

Ajoutons à cette critique une observation suggérée par certains développements récents du processus de délocalisation. Quand une entreprise qui exploite un créneau particulier parvient à se délocaliser avec succès sur un site à bas coût d'exploitation, avant que ses concurrentes n'en aient l'idée à leur tour, elle atteint rapidement une position dominante de fait. Ses homologues sont menacées d'éviction du marché du fait de l'écart de prix qui s'est creusé entre leurs productions et celles de l'entreprise pionnière de la délocalisation. Elles n'ont plus guère le choix qu'entre disparaître ou tenter, dans des conditions rendues acrobatiques par leur retard, de se délocaliser à leur tour, sans être assurées de rétablir leur position concurrentielle d'origine. Dans ces conditions, qui osera jeter la pierre à l'entreprise qui ferme ses capacités en Europe occidentale ou aux États-Unis pour abaisser ses coûts de production avant que l'une de ses rivales, l'ayant devancée, ne l'évince du marché en s'appuyant sur l'avantage déterminant du coût salarial ?

Nous n'en avons pas fini de ces observations inspirées par le matérialisme le plus trivial. Les industriels qui ont commencé à s'installer dans les pays à bas salaires ont constaté qu'ils pouvaient gagner sur deux fronts, les coûts d'exploitation et les coûts d'investissement. La construction d'une aciérie en Chine représente 40 % du coût correspondant en Europe occidentale. Cet avantage supplémentaire revêt d'autant plus d'importance que l'investissement de capacité est, avec la mise sur le marché d'un produit réellement nouveau, la décision la plus risquée pour les directions d'entreprise. Pourra-t-on amortir la nouvelle capacité avec la demande dont bénéficiera l'entreprise ? Le risque est, si l'on ose dire sans jeu de mots, amorti par la création à bas prix de la nouvelle capacité. Voilà en apparence un souci de moins pour l'entreprise qui envisage d'élargir sa capacité. Le pari devient choix évident et nécessaire.

Est-il sûr, cependant, que la délocalisation restera durablement cet exercice collectif frais et joyeux auquel se livrent des entreprises et des secteurs en nombre croissant ? Pas nécessairement, si l'on tient compte de l'autre risque que fait naître précisément un coût d'investissement trop bas. En effet, l'avantage ainsi acquis agit de façon trompeuse en dissuadant l'entreprise de comparer avec soin les perspectives du marché et les accroissements de capacité que ses concurrents et elle-même vont décider. Car de même que l'argent offert à trop bas prix incite au surendettement, des coûts d'investissement artificiellement abaissés favorisent le surinvestissement : une surcapacité de production peut apparaître. Il faut donc s'attendre à des crises sectorielles mondiales résultant de décisions prises dans le contexte trompeur né de la réduction artificielle du prix des investissements de capacité. Que feront alors les entreprises ? Quelles capacités fermeront-elles ? Les nouvelles capacités ultramodernes des contrées émergentes ou les capacités forcément plus anciennes des vieux pays industriels ? Il paraît inévitable qu'une fraction des capacités plus anciennes sera supprimée.

Ces considérations imbriquées font ressortir un impact bouleversant du libre-échangisme intégral sur les conditions de la concurrence classique, impact aussi gros de risques pour l'équilibre économique mondial ou ce qu'il en reste, qu'il est paré de séductions pour l'investisseur ayant repéré le ou les pays émergents où il va recadrer son affaire à l'abri des contraintes salariales et réglementaires des zones anciennement développées. Ce mouvement, qui prétend faire sauter les dernières bastilles protectionnistes, encourage de fait l'égoïsme collectif des entrepreneurs et des managers. Qu'il le fasse à une échelle mondiale soustrayant aux regards l'acte lui-même d'exploitation du travail et le mépris rétrospectif qu'il implique pour tout le progrès social accumulé en Europe, en Amérique du Nord et au Japon, ne change rien sur le fond. Le néoprotectionnisme qu'il faut mettre en place a aussi pour but de ramener les entreprises dans le champ de la responsabilité collective, après vingt années durant lesquelles les scrupules anciens de leurs dirigeants se sont progressivement évanouis au vent du grand large mondialiste.

Nous voici conduits, comme les rats vers la souricière, à une conclusion peu réjouissante. Le mouvement, brownien d'apparence, de la mondialisation économique commence à opérer *un vaste transfert de la capacité et de l'épicentre capitalistes* vers la grande zone de production asiatique au prix d'un dépérissement par étapes des puissantes économies américaine et européenne. Son fondement n'est pas l'intensification de la concurrence par ouverture des marchés à de nouveaux compétiteurs et son résultat n'est pas non plus la spécialisation entre grandes nations et grandes zones économiques. Son fondement est l'abaissement drastique des coûts de production et son résultat est le changement de l'axe économique du monde.

Des marchés communs régionaux

Nous voici très à l'aise pour plaider la thèse du néoprotectionnisme, qui ne cherche ni à entraver la concurrence ni à fermer les territoires aux entreprises originaires d'autres territoires. Si protectionnisme il doit y avoir, c'est bien parce que la mondialisation, la vraie, celle du savoir, du savoir-faire et de l'accumulation durable du capital, est en voie d'accomplissement. *La mondialisation des entreprises, encouragée par la liberté générale des investissements directs, a inversé les données du problème commercial.* Dès lors que les entreprises peuvent s'installer sur un territoire à leur guise, pour y faire concurrence aux entreprises locales ou coopérer avec elles, l'argument selon lequel le protectionnisme commercial ferait obstacle à la concurrence tombe. Les grandes nations ou les grandes régions économiques du monde peuvent se protéger sans que la concurrence en soit sensiblement altérée. Il est infiniment probable en sens contraire que la concurrence y montrera son meilleur visage quand les entreprises cherchant à vendre sur les grands marchés nationaux ou régionaux se verront contraintes d'y produire en respectant les conditions du marché du travail et les réglementations sociales et environnementales qui y sont en vigueur.

La question est donc moins de savoir s'il faut protéger nos marchés mais comment le faire le plus raisonnablement et le plus efficacement. Comment arrêter la folie libre-échangiste négatrice d'une saine concurrence sans tomber dans l'ornière économique d'un nationalisme commercial calamiteux pour les entreprises exportatrices ? La solution semble consister, ainsi qu'on l'a brièvement évoqué, en la formation de multiples marchés communs continentaux ou régionaux.

Il peut sembler tout aussi arbitraire de tracer les périmètres du nouveau protectionnisme autour des grandes régions du monde que des nations léguées par l'Histoire politique. Ces régions ne sont-elles pas souvent fort hétérogènes ? On doit en convenir. Le Mexique dispose de cent millions d'habitants dont les conditions de vie et la culture sont fort éloignées de celles prévalant au nord du Rio Grande. Les nouveaux membres de l'Union européenne situés en Europe centrale, moins séparés par la culture de leurs partenaires d'Europe occidentale que le Mexique ne l'est des États-Unis, en sont encore fort distants par les conditions de rémunération et de travail : il fait bon et il fera bon longtemps encore se délocaliser en République tchèque ou en Pologne. L'Amérique du Sud étale non seulement de profondes divisions ethniques et politiques entre ses composantes mais aussi des écarts sensibles de développement économique. Quant à l'Afrique, ses trois cartes les plus pertinentes sont, hélas, celles de la corruption étatique, des conflits civils et du sida. Combien de pays africains échappent à ces trois fléaux à la fois ? Toutes les grandes régions continentales ou sous-continentales présentent le visage de l'hétérogénéité économique, culturelle ou politique.

Des indications formelles suggèrent néanmoins que la proximité géographique demeure un puissant facteur de liaison économique entre les nations. Jusqu'à une date récente, les échanges intra-européens n'ont cessé de s'intensifier, représentant un pourcentage croissant des biens disponibles sur le grand marché intérieur. C'est avec le Canada et le Mexique que s'effectuent encore quelque 30 % du commerce extérieur américain, malgré l'intensité exceptionnelle des relations nouées par les États-Unis avec l'Asie capitaliste. Les difficultés qui frappent l'Amérique du Sud chaque fois qu'un pays important du continent connaît une faillite démontrent l'importance des liens économiques qui relient ses composantes, malgré la nécessité de verser les intérêts de leur dette en dollars qui les conduit à rechercher des débouchés lointains. De même pour l'Afrique sinistrée : quand certains pays francophones d'Afrique occidentale ont décidé de décrocher leur monnaie de la monnaie française, ils ont pu constater un véritable essor de leurs échanges réciproques, qui étaient précisément contrariés par leur rattachement inadéquat à une grande devise extérieure à la région. La proximité géographique semble plus efficiente, pour le développement des échanges commerciaux, qu'Internet et l'aviation d'affaires réunis.

Encore faut-il, pour que l'effet de proximité géographique puisse jouer à plein, empêcher d'abord que le mouvement de mondialisation ne finisse pas par l'annihiler. Le Mexique a vécu en 2002 et 2003 les conséquences de la montée en puissance du site de production chinois. Sa frontière avec les États-Unis est connue pour les nombreuses usines d'assemblage, les *maquiladoras*, qui ont élu domicile à proximité immédiate du territoire américain, pour exploiter le bas coût du travail manufacturier local. Or, à leur tour, les *maquiladoras* subissent une hémorragie d'emplois transférés vers le site chinois sous l'impulsion des donneurs d'ordres. Certains économistes recommandent déjà au Mexique, sans crainte du ridicule, de se muer en puissance économique productrice de forte valeur ajoutée. Mais comment peut-on imaginer sérieusement sa reconversion inopinée en puissance high-tech donnant du travail à des millions de personnes, alors qu'il avait encore peine auparavant à développer des industries classiques ? À cet exemple, on mesure les dégâts que peut infliger l'ouverture inconsidérée des frontières commerciales y compris pour des pays émergents aux moyens modestes et aux équilibres fragiles. Le libre-échangisme intégral finit par éroder même ces liens économiques qui, issus de la combinaison d'un important avantage salarial et de l'avantage de la proximité, semblaient à l'abri de toute menace. Il y aura toujours une délocalisation pour chasser la précédente.

Peu rationnel économiquement, le libre-échange mondial l'est aussi écologiquement. Le risque de réchauffement climatique, fortement lié au transport des personnes et des marchandises vers des destinations de plus en plus lointaines, s'en trouve nécessairement aggravé. Bien que notre propos soit avant tout d'ordre économique, il nous paraît impossible de faire silence sur l'impact écologique du libre-échange, qui souligne un peu plus l'extrême légèreté avec laquelle les responsables politiques s'y sont engagés. Les premières leçons retirées de l'expérience libre-échangiste soulignent sa vulnérabilité à long terme, que ne peuvent masquer les perspectives optimistes tracées par ses concepteurs.

Une fois qu'on a renoncé aux idéologies dominantes du passé, favorables au protectionnisme national ou aux échanges d'avantages bilatéraux entre les États au nom de l'intérêt national, et récusé l'idéologie économique au pouvoir, inconditionnellement favorable au libre-échange, la solution consistant à établir des *marchés communs continentaux ou régionaux* s'impose quasiment d'elle-même. Elle stimulerait durablement les relations commerciales entre voisins, resserrant les courants d'échanges sur une base territoriale. Elle encouragerait décisivement les entreprises des autres régions de la planète à venir s'implanter au sein de la zone commerciale protégée pour y réaliser leurs productions. Elle réduirait enfin les distances d'acheminement et, par voie de conséquence, les coûts économiques et écologiques induits par les circuits d'approvisionnement.

Le Marché commun européen du début des années 1960 a offert le vivant modèle de cette solution. Ses concepteurs, qui se réclamaient d'un libre-échangisme tempéré conçu au nom de l'intérêt général des entreprises et des populations concernées, avaient pris soin d'entourer le nouveau-né d'un cordon protecteur, sous la forme d'un tarif extérieur commun et d'une pratique commune des contingents d'importation. Dans le Marché commun d'origine, ouverture intérieure et protection extérieure étaient indissociables. Les dirigeants qui avaient opté pour la protection du marché intérieur européen étaient certes loin d'imaginer que le bas coût du travail serait un jour un critère déterminant de la localisation des entreprises. Ce n'est donc pas dans l'intention de prévenir cette délocalisation qu'ils avaient décidé de protéger le nouveau marché commun. Mais ils avaient claire conscience que les échanges entre partenaires du nouveau marché seraient d'autant plus intenses que celui-ci serait intelligemment isolé de l'extérieur et qu'ainsi non seulement la concurrence intérieure serait stimulée, mais encore que les entreprises du Vieux Continent seraient encouragées à nouer des liens de coopération entre elles. Aujourd'hui que le Marché commun a disparu *de facto* dans le marché mondial et que les entreprises européennes sont incitées à quitter leur site de production continental, la sagesse des pères du Marché commun prend un tour prémonitoire. Il faut donc recréer les bases rationnelles qu'ils avaient posées bien avant que le développement des activités dans les zones de basse pression salariale n'ait créé une situation de fait irréversible.

Ce que l'Europe consciente et responsable de l'après-guerre avait su réaliser est le modèle de ce que chaque grande région économique du monde peut initier à son tour. Et ce qui vaut pour les pays développés vaut aussi pour les pays pauvres qui ne peuvent prétendre devenir des « tigres » dans l'arène économique internationale. Prenons l'exemple extrême, le contre-exemple devrait-on dire, de l'Afrique aux trois quarts naufragée. D'une part, la production locale de produits manufacturés ou de services y est encore peu efficace selon les critères des grandes économies riches. D'autre part, quasiment aucune nation de ce continent ne dispose de marchés suffisants pour réaliser ces tissus de relations économiques à partir desquels s'effectue le décollage économique. L'ouverture vers les nations voisines s'impose. Mais s'impose aussi, en sens inverse, la nécessité de protéger les producteurs locaux de certaines importations des pays beaucoup plus avancés, importations qui pourraient empêcher l'émergence de productions autochtones analogues. Cela revient à accepter que certains biens ou services soient réalisés sur place moins efficacement que ne le sont les biens et services importés. Mais c'est le prix à payer pour la constitution d'économies locales cohérentes. Il importe peu que les producteurs locaux n'offrent pas d'emblée le degré d'efficience et la qualité des produits des grandes entreprises de l'Occident ou de l'Asie émergente. L'Afrique ne sortira pas de son arriération en se jetant dans la compétition mondiale ou en mendiant des débouchés protégés pour ses produits primaires en vue de les brader sur les marchés internationaux, mais en construisant patiemment, avec les moyens du bord, des économies aptes à pourvoir aux besoins élémentaires de ses populations, avant d'opérer les progrès ultérieurs de la marche à la maturité. Elle doit avoir ses entrepreneurs et ses entreprises, ses marchés et ses circuits de financement comme nous avons eu et nous avons les nôtres. Cela exclut de laisser s'engouffrer inconditionnellement les produits du monde européen, américain et surtout asiatique dans le ventre mou des marchés locaux encore en gestation.

Le néoprotectionnisme sera un protectionnisme bien tempéré. La protection commerciale des grandes nations ou des grandes régions économiques du monde n'interdira pas tout mouvement de marchandises entre elles. Pour des raisons évidentes, les matières premières industrielles, d'une part, les biens d'équipement, d'autre part, n'ont presque jamais cessé de circuler librement depuis deux siècles et ils devraient continuer à le faire, puisque leur libre circulation est une condition *sine qua non* du fonctionnement économique. Il est cependant probable que les besoins croissants des pays émergents en biens d'équipement seront à l'origine de l'installation d'une production spécialisée dans ce type de biens à proximité immédiate de ses clients locaux. Ce mouvement devrait réduire les parts de marché des industries concernées du Japon, de l'Europe et de l'Amérique du Nord, dont la production est restée jusqu'ici totalement prépondérante. Mais cette évolution doit être considérée comme un succédané logique de la croissance des pays émergents et non comme un phénomène nuisible auquel il faudrait tenter de faire obstacle.

Une Organisation mondiale de la concurrence

L'encadrement du mouvement de mondialisation par des mesures néoprotectionnistes constitue sans aucun doute le moyen nécessaire de faire prévaloir une concurrence à armes — relativement — égales. Mais ce n'est pas pour égaliser les conditions de la concurrence qu'a été instituée l'Organisation mondiale du commerce. Celle-ci a été conçue comme un instrument juridique supranational destiné à servir le libre-échange intégral. Ce serait une raison suffisante de la rejeter en bloc si ne figuraient aussi dans ses missions d'autres objectifs qui tendent à favoriser la concurrence. Le traité de l'OMC signé en 1994 prévoit ainsi des clauses d'importance déterminante pour la lutte contre cette autre forme de concurrence déloyale que constitue le piratage des procédés, des produits et des marques. De telles clauses, entièrement justifiées, montrent que les obstacles et les atteintes à la concurrence relèvent aussi, et sans doute principalement désormais, de domaines autres que celui défini par la liberté des échanges commerciaux. C'est pourquoi il faudrait envisager de transformer, de façon cohérente, l'OMC actuelle en une Organisation mondiale de la concurrence.

Insistons au préalable sur toutes les difficultés que le néoprotectionnisme permettrait de surmonter. Faire obstacle au libre-échange revient à imposer aux entreprises de s'installer au sein des marchés territoriaux qu'elles entendent conquérir, à la faveur d'une liberté des investissements directs qu'il n'est évidemment pas question d'entraver. Ces entreprises se trouveraient alors placées dans des conditions de concurrence équivalentes à celles des entreprises appartenant à la nation ou à la zone protégée. Ces conditions sont en premier lieu toutes celles qui relèvent du contrat de travail : salaires, durée, flexibilité et réglementation protectrice des salariés. Mais ce sont aussi des conditions extérieures au travail lui-même, comme les réglementations environnementales ou celles touchant à la sécurité sanitaire ou civile. Toutes les entreprises s'activant au sein de l'espace européen sont ainsi placées sous des toises à peu près égales. Dans le même esprit, le développement de grands marchés continentaux ou régionaux devrait aider à établir peu à peu une égalité approximative entre les producteurs actifs au sein de ces marchés protégés.

Soulignons au passage à l'encre rouge la contradiction majeure de la politique commerciale de l'Union européenne. Elle s'enorgueillit de réaliser l'égalité précitée des conditions de concurrence en son sein, sans réaliser qu'en donnant libre accès à son territoire aux produits et services réalisés dans des conditions qu'elle interdit chez elle, elle infirme son projet d'unification sur le fond et dans la forme. Il est en effet absurde et hypocrite à la fois de militer, comme le font les Européens, pour l'harmonisation intérieure et de permettre la diffusion simultanée en Europe de jouets fabriqués par les rescapés du goulag chinois. C'est pourtant ce que les instances de Bruxelles et les gouvernements des nations d'Europe acceptent et favorisent, dans un élan qui suscite une forte perplexité. Car comment trouver une explication logique à la mobilisation européenne sur deux fronts opposés, celui de l'harmonisation la plus sévère et la plus tatillonne, d'un côté, et celle du libre-échange, au nom du plus bas prix de vente possible et imaginable, de l'autre ? La contradiction des objectifs ne peut se résoudre qu'en acceptant l'hypothèse d'une incohérence idéologique de la bureaucratie bruxelloise, entraînée par sa soif de pouvoir. En militant pour le libre-échange, elle s'inscrit en effet dans la perspective d'un dépassement des intérêts des nations membres, sur lesquelles elle entend prendre ainsi le pas. En recherchant l'unification réglementaire de l'Europe, elle s'assure aussi différents domaines de compétence spécifiques où son pouvoir surpassera encore celui des nations membres. Le résultat consiste dans cette combinaison d'action normative à l'intérieur et de libéralisme commercial à l'extérieur qui fait la dangereuse originalité du pouvoir européen.

L'Organisation mondiale de la concurrence offrirait d'abord un cadre adapté à la recherche et à la répression des contrefaçons et des piratages qui sont à l'origine d'un chiffre d'affaires dont le montant annuel, qui a explosé au cours de la période récente, atteint plusieurs centaines de milliards de dollars. La réprobation générale qui frappe ces délits économiques n'a d'égale que la difficulté de leur répression, toujours confiée aux autorités nationales. Une véritable autorité internationale chargée expressément d'en poursuivre les commettants et les États qui s'en rendent complices par leur passivité permettrait de dépasser le stade actuel de la déploration impuissante. C'est un premier motif, parfaitement concret, de militer pour une Organisation mondiale de la concurrence ayant le pouvoir de juger de ces atteintes et pour la création, sous son autorité, d'une sorte d'Interpol spécialisé chargé d'enquêter sans entraves sur les lieux des délits.

Toutefois, le motif majeur de donner le jour à une Organisation mondiale de la concurrence provient précisément du fait que la compétition s'est mondialisée. Ce point, répétons-le à satiété, est indépendant de la liberté du commerce. Toute entreprise bien organisée peut aller porter la concurrence partout où elle le désire. Cependant l'intensification de la concurrence que l'on peut attendre de la libre installation des entreprises peut s'accompagner, c'est une situation classique, du surgissement de monopoles ou de positions dominantes. Ce type de risques découle spécifiquement de la concentration des entreprises, concentration que le mouvement de fusions et acquisitions impulsé par la bourse tend au demeurant à accélérer sans motifs économiques valables. Or les organismes européen et américain chargés de veiller au maintien d'une concurrence réelle sur chaque grand marché se heurtent naturellement aux limites territoriales de leurs juridictions. Ils ne peuvent décider sur le critère d'une concurrence mondiale qui dépasse leur compétence. Différentes affaires récentes ont mis en lumière cette difficulté majeure de régulation de la concurrence à l'échelon mondial. C'est ainsi que Bruxelles a été saisi des atteintes éventuelles à la concurrence résultant de la réduction à deux entreprises seulement, l'une américaine, l'autre européenne, du secteur mondial des produits anesthésiques. On aperçoit ainsi les limites de l'exercice si difficile de protection de la concurrence une fois que les entreprises ont déployé leurs ailes sur le monde entier alors que leurs interlocuteurs qualifiés restent encastrés dans leur espace juridictionnel. Et comment fera-t-on si les monopoles ou les positions dominantes résultent de la constitution de groupes asiatiques qui ne sont soumis directement à aucune autorité comparable ?

La mondialisation des entreprises implique la mondialisation de la concurrence qui appelle à son tour une régulation *ad hoc* sous la forme d'une organisation mondiale, dont on aimerait voir le principe adopté par les grandes puissances économiques. Il semble d'ailleurs que cette organisation nouvelle présenterait des garanties probablement supérieures à celles offertes par les organisations territoriales actuelles, et pas seulement parce que son champ de vision et d'appréciation sera le plus large possible. Une Organisation mondiale de la concurrence, ne pouvant accueillir en son sein des personnalités politiques, devra être composée de magistrats non liés statutairement à un pouvoir de référence. Ceux-ci seront donc mieux en mesure que leurs homologues américains ou européens de résister à des pressions politiques. Leur position exceptionnelle de magistrats internationaux exigerait aussi à l'évidence une intégrité sans faille dont les conditions devraient pouvoir être stipulées dans un statut spécial, conçu pour les protéger des tentatives de corruption par les intérêts économiques.

Le handicap des changes flottants

C'est bien dans le domaine monétaire que l'économie académique montre son visage le plus résigné. À mesure que le monde de Bretton Woods s'est éloigné, les velléités de reconstruire un système monétaire se sont évanouies, non parce que sa nécessité en était formellement déniée, mais parce que le nouveau mécanisme des changes s'est imposé comme une pièce indissociable du nouveau monde des marchés financiers, prétendument autorégulateurs et autorégulés. Pour couronner cette nouvelle situation et rendre sans objet apparent tout projet de réforme du régime des monnaies dans le monde, la prééminence du dollar dans les transactions internationales s'est affirmée, d'autant plus forte, étrangement, que le commerce extérieur américain accuse une faiblesse grandissante et que les États-Unis sont passés du statut de puissance créancière à l'état d'économie débitrice. Car ce ralliement progressif au dollar comme monnaie de transaction internationale crée le *sentiment* qu'une solution de fait a été introduite par les agents économiques en personne, dans le sillage de la prise du pouvoir par les marchés financiers de toutes sortes.

Le nouveau paysage monétaire issu des décombres de Bretton Woods offrait cependant aux regards un paradoxe. On y voyait le rôle de monnaie principale de transaction rempli par la monnaie qui venait d'abandonner sous la contrainte des marchés la fonction d'étalon monétaire que lui avait confiée le régime élaboré en 1944. Et l'on y constatait l'absence de toute espèce de substitut à l'ancien étalon disparu. L'or, en faveur duquel certains économistes plaidaient, à la suite de l'inconvertibilité du dollar, fut progressivement démonétisé à partir de 1976.

Depuis cette époque, les échanges commerciaux et financiers internationaux sont placés sous le signe de l'incertitude. On le sait, on le déplore à l'occasion, lorsque les mouvements des monnaies livrées aux arbitrages des cambistes créent des difficultés pour tous ceux qui vendent ou achètent, prêtent ou empruntent sur les marchés internationaux, mais on en reste au stade du constat et de la déploration. Il est vrai que la principale nation intéressée, du fait de sa place centrale dans les échanges mondiaux, les États-Unis, se refuse à tout débat sur le sujet. Les autorités américaines se sont ralliées à la thèse dite des marchés efficients, qui postule que la cotation d'un titre quelconque, une action, une obligation ou une devise, est toujours bonne, jusqu'à la cotation suivante qui la démentira.

La position américaine n'est pas un simple sous-produit de l'idéologie financière dominante. Le rôle de monnaie internationale du dollar permet aux États-Unis de faire facturer dans leur monnaie nationale l'ensemble de leurs achats et de leurs ventes à l'extérieur. Ils sont ainsi protégés de l'un des risques classiques qui pèsent sur les importateurs et les exportateurs. En effet, la valeur des devises varie durant la période qui sépare la passation d'un contrat de son règlement. Si le contrat est passé dans la monnaie du cocontractant étranger, l'acheteur ou le vendeur national peut subir une perte du fait de la montée ou de la baisse de cette monnaie vis-à-vis de sa propre monnaie. Mais le risque est éliminé dès lors que les acheteurs et les vendeurs américains paient et se font payer systématiquement en dollars.

Ce n'est pas un mince avantage, puisque les entreprises américaines économisent ainsi le coût d'une assurance destinée à couvrir ce risque spécifique. Attention, cependant, à ne pas le confondre avec l'autre risque, plus substantiel, qui découle de la surévaluation de la monnaie menaçant la position concurrentielle. Le fait que les contrats d'exportation des entreprises américaines soient libellés en dollars ne garantit pas la compétitivité des États-Unis, dès lors que le dollar peut fluctuer à la hausse comme à la baisse. L'appréciation du dollar renchérit inévitablement le travail et les produits de l'Amérique et expose ses entreprises à perdre des marchés ou à subir des pertes sur leurs ventes à l'étranger. Le déficit commercial croissant de la première puissance économique mondiale apporte la preuve suffisante que son privilège monétaire ne lui procure pas d'avantage indu dans la compétition internationale.

L'autre avantage pratique retiré par l'Amérique du statut international de sa devise réside dans *sa capacité de prêter au reste du monde la monnaie qu'elle crée.* C'est déjà le point qui heurte l'esprit d'équité si l'on considère l'écart disproportionné entre le taux des emprunts sur le marché monétaire américain — de 1,25 % au début de 2004 — et celui des prêts accordés à l'échelon international, tout particulièrement aux pays nécessiteux soumis à un régime de prêts usuraires : une rente considérable est servie aux prêteurs en dollars par les emprunteurs contraints de s'endetter dans cette monnaie. Les prêteurs bénéficiaires de cette singulière situation, agissant sous l'ombrelle du FMI, qui les assure pratiquement de rentrer dans leurs fonds, ne peuvent que se réjouir du privilège du dollar comme monnaie principale de la dette des pays émergents. Deux catégories d'acteurs économiques ont donc tout intérêt à son maintien : les emprunteurs américains et les prêteurs en dollars.

Mais laissons un moment l'Amérique à ses privilèges et à sa puissance. L'interrogation demeure : vaut-il mieux pour le monde, entendu comme une communauté d'intérêts indépendante des rapports de force qui la traversent, être régi par un mécanisme spéculatif des changes ou s'ordonner à nouveau autour d'un véritable régime de changes comme celui de l'étalon or ou de l'étalon dollar ? Peut-on encore s'accommoder de la domination sans justification logique d'une monnaie nationale sur la grande masse des transactions commerciales et financières internationales ? Et, question subsidiaire, mais vitale, un nouveau régime est-il imaginable et praticable ? Cela revient à traiter de nouveau ce qu'il convient d'appeler le dilemme de Bretton Woods.

Le dilemme de Bretton Woods

La petite histoire de Bretton Woods s'inscrit dans la grande Histoire du monde moderne, au même titre que la petite histoire de Yalta. Les conclusions de l'une et de l'autre ont gouverné le monde de l'après-guerre. Bretton Woods et Yalta, c'est le contraire assurément de nos G7 ou de nos forums mondiaux. Quand Seattle et Gênes sont restés des carrefours du verbe, Bretton Woods et Yalta sont devenus, par la force ou la gravité des décisions qui y ont été prises, des « lieux de mémoire » de l'histoire du monde. Pour ce qui concerne directement notre propos, le système de Bretton Woods est issu de la victoire de la conception américaine sur la conception anglaise défendue par Keynes.

Il apparaît essentiel de ressusciter ce débat, en raison de la force des idées qui y furent défendues. La confrontation intellectuelle entre Keynes et Dexter White, défenseur des conceptions du Trésor américain, partait d'un constat commun : l'impossibilité de ressusciter l'étalon or, même au prix d'un remaniement général, imposait de trouver le principe de son dépassement. Mais alors que l'avocat des thèses américaines soutenait le projet qui devait donner naissance à ce qui fut le système de Bretton Woods, à partir d'une grille de parités fixes amarrée au dollar, Keynes proposait une innovation radicale sous la forme d'*une monnaie réservée aux transactions internationales* dénommée « bancor ».

Longtemps après son échec politique, la proposition de Keynes reste séduisante et l'on imagine aisément qu'elle aurait été adoptée si son auteur, au lieu d'être l'homme de la *Théorie générale*, s'était appelé Dexter White, secrétaire d'État adjoint au Trésor américain. Elle tenait son caractère révolutionnaire du fait d'abord que le bancor se superposait aux monnaies nationales et du fait, ensuite, que son émission était confiée à *une banque supranationale*. Le mieux, pour en comprendre l'originalité, est de le comparer trait pour trait au dollar de ce début de siècle. Le dollar est une monnaie nationale qui a acquis *de facto* le rôle de monnaie internationale que Keynes voulait confier au bancor. Les critères primordiaux de son émission sont les conditions de l'activité, de l'emploi et des prix aux États-Unis. Il offre aux entreprises américaines l'avantage d'acheter et de vendre à l'extérieur en recourant à leur monnaie intérieure, et aux banques américaines la faculté de prêter à l'extérieur dans une monnaie qu'elles peuvent emprunter auprès de leur banque centrale nationale. Autant dire que le dollar d'aujourd'hui représente, du point de vue des fonctions qu'il remplit, *l'addition du dollar de 1944 et du bancor imaginé par Keynes*.

Le grand objectif de la proposition keynésienne était de dépasser le système fondé sur l'or pour faciliter l'essor du commerce international. Dans cet esprit, la banque centrale chargée d'émettre le bancor se voyait dotée de la mission fondamentale et délicate d'octroyer aux nations encore pauvres en devises étrangères, du fait de leur développement économique embryonnaire, la possibilité d'accéder à un moyen de paiement international spécifique pour accélérer leur croissance. D'une première façon, la banque devait jouer vis-à-vis de ces nations le rôle de prêteur que jouent aujourd'hui les marchés de la dette des pays émergents. D'une deuxième façon, la banque d'émission de la monnaie internationale se serait trouvée, vis-à-vis des nations emprunteuses auprès d'elle, dans la même position qu'une banque centrale nationale vis-à-vis des banques commerciales qui lui sont rattachées. Ces deux considérations résument l'intérêt et le risque représentés par la proposition de Keynes. Les nations désireuses de se développer en participant plus largement aux échanges internationaux auraient pu s'adresser à un interlocuteur unique prenant en considération les besoins de la croissance mondiale à la manière dont une banque centrale s'efforce de soutenir l'activité dans le périmètre national : sous le régime du bancor, nous ne connaîtrions pas le même phénomène de dépendance des pays émergents à l'égard de marchés exigeants et structurellement instables. De ce point de vue, l'expérience récente plaide avec vigueur en faveur de la construction keynésienne. En revanche, elle ne présentait pas de garantie formelle contre le risque d'une émission excessive de la monnaie internationale qui aurait alimenté l'inflation à l'échelon mondial. Et c'est en faisant peser cet argument que les États-Unis purent obtenir la mise à l'écart de la proposition admirable de simplicité et de cohérence apparentes de Keynes.

A-t-on commis une faute en écartant le bancor et sa banque d'émission ? Oui, quand on juge de l'emprise anormale et injuste du dollar sur les échanges mondiaux. Oui encore, quand on observe les mouvements successifs et brutaux d'expansion et de contraction du marché des prêts internationaux, qui ne laissent jamais les emprunteurs espérer s'approvisionner de façon régulière à un coût supportable. Non, si l'on observe que la plupart des pays pauvres ne voulaient pas à cette époque confier leur progrès économique à un système fondé sur la concurrence et la propriété privée, raisonnablement ouvert aux échanges extérieurs. Non, si l'on admet que le bancor n'aurait pas supprimé le risque de change découlant des variations entre lui-même et les monnaies nationales des utilisateurs. Non, enfin et surtout, si l'on admet que le contrôle d'une banque internationale d'émission par ses membres présente des difficultés considérables.

Les contradicteurs américains de Keynes prétendaient que la banque d'émission serait inéluctablement appelée à faire droit à l'essentiel des demandes qui lui seraient adressées par les pays déficitaires, que ces demandes soient raisonnables ou non. Considération valable pour tous les pays déficitaires, les pays pauvres ou émergents, mais aussi les pays riches, comme les États-Unis ou l'Angleterre le sont aujourd'hui, qui auraient pu être contraints de réclamer le concours de la banque supranationale dès lors que leur propre monnaie n'était plus acceptée par leurs vendeurs et prêteurs. On peut penser que cet argument n'était pas qu'un argument de prétoire, mais l'expression d'une appréhension légitime face au monde nouveau délivré mais aussi privé de la contrainte de l'or. Il existait bel et bien un risque de voir la banque supranationale invoquer la nécessité de soutenir l'expansion du commerce mondial pour émettre sans retenue la monnaie internationale, tout comme la banque centrale américaine prend désormais argument des menaces de déflation dans le monde pour déverser des liquidités supplémentaires sur les marchés internationaux.

Si l'on ajoute que les nations détentrices du stock d'or mondial auraient dû le livrer à la nouvelle banque pour constituer ses réserves, on comprend mieux les inquiétudes des représentants d'un pays, les États-Unis, qui détenaient alors l'essentiel des réserves du métal précieux. Et comme le rapport de forces économique, financier et politique du moment faisait de l'Amérique le tuteur de fait de l'ensemble du monde occidental, ce n'est pas avec la force d'une idée, si pure et idéaliste soit-elle, que la volonté de ce tuteur aurait pu être infléchie.

Avec le recul du temps, on ressent mieux à quel point les débats de Bretton Woods, circonscrits entre quelques experts dotés d'immenses responsabilités politiques, ont tourné autour d'un dilemme essentiel pour l'avenir du système économiquc international : ou bien dépasser l'or en créant la monnaie du commerce mondial au risque d'une gestion laxiste, ou bien organiser le nouveau régime des échanges en s'appuyant sur la monnaie de la puissance dominante, au risque de voir apparaître une faille au sein de l'économie détentrice de la monnaie étalon.

Après que le dilemme a été tranché, le monde a connu en soixante ans deux phases remarquables et contradictoires. D'abord, celle de la prospérité retrouvée et durable, pour la sphère des pays industriels, grâce aux efforts accomplis par l'Amérique pour garantir la solidité du dollar. Ensuite, celle de l'expansion à éclipses d'un capitalisme sorti de son périmètre ancien mais soumis aux variations erratiques des grandes monnaies et largement dépendant des décisions du banquier central américain devenu, par une nouvelle ruse de l'Histoire, l'incarnation tardive du banquier supranational de Keynes dont les États-Unis n'avaient pas voulu. Les événements récents réactualisent le dilemme de Bretton Woods, sans nous montrer la réponse qui nous permettrait de le dépasser, comme le fut en 1944, dans la petite ville du New Hampshire, l'ancien régime de l'or.

Préparer l'après-dollar

Le régime actuel des échanges commerciaux et financiers dans le monde semble interdire une résurrection de la proposition keynésienne. La monnaie du pays le plus déficitaire du monde a été confortée dans ses fonctions de monnaie de paiement et d'emprunt sur les marchés internationaux. Tout observateur économique peut constater que la prééminence du dollar est rigoureusement corrélée à deux phénomènes : la mondialisation des échanges sous-tendue par les importations croissantes de l'Amérique et le besoin d'emprunter en dollars de certains pays émergents. Dépasser le règne du dollar exigerait donc de désamorcer le libre-échange mondial axé sur la demande des États-Unis et d'offrir une solution de rechange aux États contraints d'emprunter sur le marché international des capitaux.

Nous avons vu comment le déficit extérieur américain se prolongeait grâce à la bienveillance intéressée des nations asiatiques exportant sur le marché intérieur des États-Unis. Cependant, le déséquilibre ainsi entretenu provoque l'accumulation de réserves de changes en dollars sans aucune justification pratique. Les réserves de changes sont théoriquement des réserves de trésorerie internationale sur lesquelles les États peuvent s'appuyer pour faire face à des difficultés temporaires de leurs paiements extérieurs. Il n'en est plus rien chez les principaux partenaires asiatiques des États-Unis qui se contraignent à accumuler des dollars en quantités croissantes. Ce n'est plus pour faire face à des difficultés éventuelles qu'ils thésaurisent cette monnaie, mais pour éviter de provoquer, en la rejetant sur le marché des changes, une crise du dollar qui menacerait leur débouché américain : c'est ainsi qu'ils contribuent à maintenir le crédit dont bénéficie encore la monnaie américaine auprès des cambistes responsables de sa cotation.

La force apparente du dollar n'a d'égale que sa fragilité foncière. Fragilité qui est enfin apparue au lendemain de la toute dernière crise économique et boursière américaine. À la fin de la glorieuse décennie 1990, les transactions financières des États-Unis avec le reste du monde étaient dominées par des mouvements de capitaux privés. Le secteur public américain étant équilibré ou excédentaire, la couverture du déficit extérieur s'opérait par le biais des emprunts des entreprises américaines et des placements réalisés par les épargnants étrangers dans les bourses américaines. Tandis que les sociétés américaines empruntaient auprès des étrangers, les marchés d'actions de New York accueillaient de nombreux capitaux attirés par ses perspectives de valorisation apparemment indéfinies. La situation s'est inversée. Les entreprises américaines mènent une politique de désendettement, les bourses ont cessé de jouer le rôle d'aimants pour les capitaux qui a été si bénéfique à la balance des paiements américaine, et peu de raisons laissent penser que les conditions qui prévalaient à l'époque de la grande croissance se rétabliront bientôt et durablement. C'est l'État américain, dont le solde budgétaire s'est entre-temps effondré, qui assume le rôle du débiteur engageant son crédit pour permettre à la nation de couvrir l'impasse de ses comptes extérieurs, situation qu'un financier américain a décrite en 2003 dans les termes suivants : « Ce que le reste du monde se voit demander est très différent de ce qu'on lui a demandé de financer il y a trois ans. Il y a trois ans, on lui demandait de financer un miracle du secteur privé. Aujourd'hui, on lui demande de financer les réductions fiscales de Bush et la guerre contre l'Irak. » Le circuit de la dépendance financière des États-Unis met face à face non plus des acteurs privés américains et non américains mais les secteurs publics américain et asiatiques. La dépendance de l'économie américaine vis-à-vis de ses partenaires commerciaux et financiers apparaît dans une lumière plus crue, ce qui ne signifie pas forcément qu'elle va se dénouer en tragédie.

Le mécanisme auto-entretenu des échanges commerciaux et financiers entre les deux rives du Pacifique est donc la principale raison du règne paradoxal de la monnaie du pays déficitaire par excellence. Le bon sens suggère que les nations asiatiques excédentaires vis-à-vis des États-Unis ne pourront indéfiniment protéger cette devise en accumulant chez elles des montagnes de créances libellées en dollars. Il faudra bien trouver un jour une issue rationnelle à l'imbroglio issu de ce déséquilibre commercial et financier. Il faut donc préparer l'après-dollar, ce qui suppose de traiter la question de fond du système monétaire international mais à la lumière des besoins du commerce international, besoins qui varieront considérablement selon que la marche au libre-échange se sera poursuivie cahin-caha, malgré les dommages et les difficultés qu'elle fait naître sous ses pas, ou selon que les grandes nations et les grandes régions du monde auront pris le tournant décisif du néoprotectionnisme. Il saute aux yeux que ces nations et ces régions pourront plus aisément résoudre les aspects monétaires de leur problème économique si les échanges s'effectuent, dans une proportion largement prépondérante, au sein de chacune d'elles, la part des échanges avec le reste du monde prenant un caractère résiduel.

La solution de l'étalon panier[1]

Quel que soit le jugement de valeur que l'on puisse porter sur l'unification monétaire de l'Europe, il est infiniment regrettable qu'elle ait conduit à rejeter dans les ténèbres la novation, plus essentielle que l'euro, du strict point de vue de la technique monétaire, d'un étalon panier permettant de relier de façon stable différentes monnaies représentatives d'économies déjà unies par de fortes relations commerciales. La réussite incontestable de ce procédé n'a pas, de ce fait, pu être exploitée intellectuellement et pratiquement. La chose est d'autant plus surprenante que l'écu et le SME ont été inventés et appliqués, il y a un quart de siècle, pour remédier à l'épouvantable désordre créé par le flottement des monnaies des pays de la Communauté après la chute du régime de Bretton Woods. Les gouvernements européens avaient dressé rapidement le constat d'échec du régime de flexibilité totale. Livrées au *seul* arbitrage du marché des changes, les devises n'atteignaient jamais ce point d'équilibre, représentatif de la compétitivité, qui, selon la théorie de Milton Friedman, aurait dû s'établir progressivement en laissant une totale liberté de transaction sur les monnaies. Quelque trente ans plus tard, le constat demeure : les conditions de la compétition internationale sont continuellement affectées par les fluctuations disproportionnées des

1. Sur la définition et le mécanisme de L'Écu et du SME, voir la présentation pédagogique d'Alain Jean, *L'Écu, le SME et les marchés financiers*, Paris, Éditions d'Organisation, 1990.

devises. En vérité, toutes les monnaies de transaction internationale sont constamment sous-évaluées ou surévaluées. Aucune autorité internationale n'entend remédier à un état de fait qui perturbe d'autant plus les relations commerciales et financières que l'extension des échanges les a démultipliées.

Dans son principe, l'étalon monétaire européen baptisé « écu » semblait d'une simplicité confondante. Il résultait de l'*addition des monnaies constitutives pondérées en fonction de la force des économies de référence* : d'où sa dénomination d'étalon panier. Mais en quoi cette opération mathématique simple pouvait-elle constituer une innovation décisive sur le plan monétaire ?

L'artifice consistant à mélanger les monnaies pour en retirer une pure unité de compte a donné une solution pratique à la question séculaire de l'étalon monétaire. Ni l'étalon or, rattachant les monnaies à une marchandise particulière, ni l'étalon dollar, reliant ses monnaies partenaires à sa propre valeur, ne pouvaient constituer une référence durable satisfaisante. Il faut par construction que les monnaies se rattachent à *quelque chose qui leur soit aussi extérieur que possible et soit aussi le moins fluctuant possible.* Un étalon entièrement indépendant des monnaies et parfaitement stable serait une vue de l'esprit. Cependant l'écu est ce que l'on a trouvé de plus approchant de cet idéal chimérique. Calculé à partir d'un grand nombre de monnaies selon une règle fixe tenant compte du poids des économies concernées, cet étalon a offert durant toute sa période de mise en œuvre la référence la plus satisfaisante qui soit. C'est ainsi que les pays d'Europe occidentale ont pu rétablir, à partir de 1979, un régime de changes fixes et ajustables au sein de la zone où s'effectuait l'essentiel de leurs échanges.

Soulignons encore, pour éviter toute confusion spontanée, que l'euro n'a pas été imaginé pour surmonter les faiblesses de l'écu et du SME. Ces derniers avaient rempli leur office consistant à établir une zone de stabilité monétaire en Europe. L'un et l'autre pouvaient être considérés comme les héritiers présomptifs du dollar et du régime de Bretton Woods puisqu'ils tendaient à rétablir, au profit des membres de la Communauté européenne, liés par des échanges commerciaux intenses, la stabilité procurée par l'ancien système monétaire disparu. Au contraire, l'introduction de l'euro participe d'une autre philosophie, normative, selon laquelle les économies doivent *converger* à partir des contraintes collectives liées à l'unification monétaire. Son objectif crucial consiste, en interdisant à la fois les modifications de parités entre monnaies nationales et l'application de politiques monétaires nationales, à obliger les économies à s'ajuster par d'autres moyens, par exemple en comprimant les salaires et les dépenses publiques. Nulle meilleure illustration ne peut nous être donnée de cette visée que par les âpres débats sur le pacte de stabilité qui ont émaillé la vie politique européenne à l'automne 2003. La mise en cause des obligations inscrites dans le pacte par les principales nations qui en avaient demandé l'introduction peut être considérée soit comme une immoralité, soit comme un retour à la saine réalité. Mais le débat révèle le fond de l'initiative qui a conduit à l'unification monétaire : la convergence des économies européennes par le biais de la contrainte monétaire.

Toutefois, la question est désormais de savoir, l'écu européen ayant disparu, s'il est réaliste de vouloir le ressusciter sur une aire élargie et d'en faire un modèle reproductible dans d'autres régions du monde. Nul doute que l'opération technique est entièrement faisable, nul doute, non plus, que des parités relativement stables pourraient succéder, sur une vaste portion du monde économique, aux parités volatiles qui sont notre lot quotidien.

Une précision s'impose à ce stade. La réintroduction de parités fixes ne signifie pas l'abandon des opérations classiques de marché sur les devises. Quand une grille de parités est établie, elle est inévitablement assortie de marges de fluctuation de faible amplitude permettant au marché de poursuivre sa tâche d'indicateur des tendances. Les opérations de change quotidiennes qui s'inscrivent à l'intérieur des marges prédéterminées restent des opérations de marché. Le système de changes fixes représente un pari rationnel sur des parités vraisemblables que le marché est chargé d'entériner. Dans cette hypothèse, les opérations du marché des changes perdent leur caractère fortement spéculatif. Les devises cessent de jouer le rôle d'actions représentatives de Japon SA ou de Russie SA pour redevenir les instruments contractuels des transactions commerciales et financières.

La mise en œuvre d'une grille de parités stables à partir d'un écu international pourrait s'accompagner d'une précaution technique dont chaque connaisseur des marchés financiers appréciera le bien-fondé. L'immense majorité des opérations de change, motivées par la recherche de gains spéculatifs, sont en fait des opérations à terme, engagées sans mise en jeu d'argent disponible. Les opérateurs promettent d'acheter ou de vendre des devises à échéance déterminée à un taux déterminé. Le jour du dénouement de l'opération, ils encaissent la plus-value ou règlent la moins-value. Ce mécanisme joue le rôle d'un démultiplicateur de la spéculation dont le montant quotidien s'établit à 1 900 milliards de dollars ou d'équivalents dollars. Un moyen simple et applicable de freiner ce type d'opérations consisterait à obliger les opérateurs à avancer une part substantielle du montant de l'opération en argent liquide. De ce seul coup, la masse de la spéculation s'en trouverait dégonflée et les conditions d'un retour à des parités stables renforcées.

Faisable techniquement, le retour aux parités fixes avec le secours d'un nouvel étalon international l'est-il politiquement ? Il n'existe guère d'espoir de voir s'inclure dans le nouveau système le dollar ou les monnaies des pays asiatiques tant que les nations intéressées se satisferont de la situation présente. Mais il n'est pas interdit de rééditer l'expérience, en particulier au sein de l'Europe très élargie qui s'est constituée après la chute des régimes communistes. En effet, le dispositif donnerait une réponse aux vicissitudes récentes de l'euro. Certains peuples de l'Union européenne, comme le Danemark, la Suède et le Royaume-Uni, ne veulent pas que leur État et leur économie deviennent tributaires d'une monnaie supranationale dont les conditions de gestion leur apparaissent légèrement problématiques. D'autres peuples le voudraient au contraire, telles les nations d'Europe centrale admises au sein de l'Union européenne. Mais l'inclusion des économies concernées au sein de la zone euro est de nature à compliquer encore la tâche de régulation de la banque centrale européenne déjà si difficile à mener dans le périmètre actuel de l'union monétaire. La solution raisonnable consisterait bien sûr à rallier l'Angleterre, la Suède, le Danemark et l'Europe centrale à une solution préservant leur indépendance monétaire tout en amarrant leur devise à un môle de stabilité, c'est-à-dire à reconstituer un SME autour d'un étalon panier. Tout cela sans préjudice des autres nations qui pourraient se joindre ultérieurement à l'expérience, comme la Russie dans le cas où cette nation parviendrait enfin à surmonter les désordres qui handicapent son rattrapage économique.

L'objectif n'est pas aussi modeste que la mention des nations englobées pourrait le faire croire. Il importe moins de dire : « Voici de nouvelles règles pour l'ensemble de l'économie internationale » que de poser les conditions d'un régime viable de parités dont la réussite attesterait que le monde n'est pas voué à subir indéfiniment le désordre né du flottement des monnaies. Tout ce qui peut être fait pour retirer ces monnaies du champ d'une spéculation sans autre objet qu'elle-même doit l'être sans état d'âme.

Au demeurant, le prototype dont nous restituons les éléments, en vue d'une application limitée à l'Europe et à ses zones adjacentes, est aisément reproductible. Rien n'empêche que d'autres régions du monde s'en inspirent afin d'attribuer à leurs monnaies les valeurs stables et réalistes dont les entreprises ont besoin. Les nations asiatiques elles-mêmes sont susceptibles d'envisager cette modalité de liaison entre leurs monnaies, car la croissance de leurs exportations vers la zone privilégiée de l'Amérique n'a pas empêché une remarquable expansion de leurs échanges mutuels durant ces dernières années. Une intégration économique asiatique s'ébauche qui offre un terrain d'application au système monétaire dont l'Europe a livré le modèle voici vingt-cinq ans.

Or ce modèle s'adapte à la perfection au principe du néoprotectionnisme qui met l'accent sur la formation d'ensembles territoriaux unifiés. Trois facteurs convergeraient alors pour en renforcer la cohésion économique : la liberté du commerce intérieur, la protection extérieure et la stabilité monétaire qui permettrait aux entreprises d'y réaliser leurs investissements dans des conditions de sécurité accrues. S'agissant des investissements, il n'y a d'ailleurs pas lieu de distinguer entre ceux qui sont décidés par les entreprises locales ou ceux décidés par les entreprises venues de l'extérieur, pour s'implanter directement sur les marchés protégés par le cordon sanitaire commercial. Une cohérence très forte apparaît entre le néoprotectionnisme, l'organisation de zones de libre-échange à l'échelle de grandes régions économiques, la liberté des investissements directs au sein de ces régions et l'organisation monétaire qui vient couronner les éléments précédents. Loin de la thématique ânonnée par tant de dirigeants économiques et politiques, une réflexion élémentaire sur le mouvement profond de l'économie et les nécessités permanentes de son organisation nous conduit à envisager un autre univers que le monstre enfanté par le projet libre-échangiste.

Au total, les solutions préconisées auraient pour résultat de *faire jouer les calculs des entrepreneurs dans le sens de l'intérêt général.* C'est là un point d'autant plus fondamental qu'on le traite à l'abri des considérations idéologiques. Rien ne permet de dire que les calculs des entrepreneurs sont par nature conformes ou opposés à l'intérêt général des populations. Il va de soi que, l'entreprise étant devenue plus que jamais et conformément au constat de Weber le moyen normal de pourvoir aux besoins des populations, les États doivent épouser les projets d'expansion des entrepreneurs et des managers. Mais il va de soi, symétriquement, qu'ils doivent aussi fixer les cadres commerciaux et monétaires de ces projets à l'échelle internationale, comme ils fixent les règles internes du droit des sociétés et de la répression pénale des infractions ou des crimes économiques. Le jour où ils s'y attelleront, il deviendra possible de croire au retour à la vie d'un État dépositaire et agent d'un intérêt dépassant les calculs d'entreprise.

Un nouveau régime des prêts internationaux

Il n'existe aucune raison majeure qui puisse empêcher l'Amérique du Sud dans son ensemble d'accéder à la maturité économique. À la carte continentale dessinée par la géographie pourrait se superposer aisément un grand marché libre assorti de ses protections commerciales. Les vrais écueils se situent à l'intérieur de chaque État, où le pouvoir est mal soutenu par les détenteurs locaux de capitaux, et à l'extérieur, où il se heurte à une finance prédatrice. L'instabilité économique et financière des composantes de la zone entraîne avec elle une incertitude générale qui mine les grands projets collectifs. Mais ceux qui connaissent l'incroyable capacité de résistance des populations locales ne peuvent douter un seul instant que le continent Amérique du Sud pourra avancer à pas plus amples et plus réguliers dès qu'il aura dénoué le corset financier qui l'enserre.

La réflexion issue de cette déplorable situation n'a suscité qu'une seule proposition novatrice, autre que celle consistant à abandonner les intéressés à leur sort. Les financiers internationaux, représentants du camp des prêteurs, se voient proposer depuis peu une solution digne d'attention. Elle consisterait à reprendre un schéma conçu à la fin du XIXe siècle par la finance anglaise pour traiter les faillites mettant en cause de nombreux prêteurs, cas dans lequel se trouvent précisément les pays latino-américains en difficulté. Il s'agit d'*une clause de solidarité forcée*. En cas de défaillance de l'emprunteur, les prêteurs représentant la majorité des créances à recouvrer pourraient s'engager dans un plan de restructuration de la dette et engager avec eux les prêteurs minoritaires sans avoir à recueillir au préalable leur assentiment. En quelque sorte, les grands prêteurs seraient considérés comme représentant la communauté des prêteurs du marché international des capitaux. Il y a là une ébauche pour la solution *a posteriori* des faillites souveraines qui serait à prendre en considération à défaut d'un traitement de fond plus radical.

La faisabilité de cette clause est cependant rien moins qu'évidente. Elle exigerait un changement d'attitude profond des grands prêteurs qui ont jusqu'ici tablé sur le rôle protecteur du FMI pour rentrer dans leurs fonds au sortir des faillites souveraines : accepter la nouvelle clause supposerait qu'ils entrent dans un nouveau jeu moins favorable à leurs intérêts financiers. Si c'était le cas, on pourrait cependant craindre que les autres prêteurs, écartés de la négociation engagée avec les pays défaillants, désertent le marché de la dette des pays émergents. En toute hypothèse, la mise en œuvre de la clause laisse sans réponse la question essentielle posée par les comportements irrationnels des prêteurs. Comment faire, en effet, pour éviter ces mouvements pendulaires du marché oscillant entre la surabondance et la pénurie de capitaux, constatées avant et après chaque crise, et comment faire, surtout, pour remédier aux taux excessifs afférents à ces prêts, sauf dans les brèves périodes d'euphorie du marché international correspondant ?

Hormis cette proposition technique, l'abondante réflexion développée au lendemain des crises asiatique et russe en est restée au stade de l'acte d'accusation, tant vis-à-vis des marchés que du FMI, coupable d'entretenir l'« aléa moral » par sa couverture des défaillances des emprunteurs. Mais il n'est jamais de bonne méthode de jouer les procureurs après les crises. Cela revient le plus souvent à avouer son impuissance face à l'énoncé d'un problème qui, dans le cas d'espèce, s'avère pourtant d'une grande clarté : entraver l'appétit d'emprunt des États dans les périodes d'abondance d'argent, contenir l'avidité des prêteurs, garantir la bonne exécution des prêts souverains. Or la technique financière dispose d'une recette simple et ancienne pour ce type de situation : l'assurance-crédit. Celle-ci consiste à assurer le prêteur contre un risque d'insolvabilité de son emprunteur. En contrepartie, l'emprunteur se voit offrir des conditions de crédit plus favorables que celles d'un prêt classique. Il semble étonnant que les experts économiques et financiers n'aient pas songé à cette solution d'*assurance* qui cadre exactement avec les données du problème.

Peut-être ne l'a-t-on pas fait précisément parce que le Fonds monétaire international endossait déjà, dans le même but, un rôle symétrique, mais de sens finalement opposé, d'assureur implicite, et qu'une fois cette habitude prise, il n'avait d'autre issue que de persévérer dans ce rôle. Quoi qu'il en soit, la solution de l'assurance paraît s'imposer avec une sorte d'évidence. On peut trouver une preuve convaincante de sa pertinence dans l'expérience du plan Brady qui a permis au Mexique de surmonter sa faillite de 1995. Ce plan a consisté à garantir les obligations mexicaines en les adossant à des obligations du Trésor américain jugées beaucoup plus sûres. Le dispositif a abouti dans les faits à procurer à l'État mexicain une solvabilité égale au montant des obligations adossées. L'objectif ultime visé et effectivement atteint était d'obtenir une baisse du coût des obligations émises par le Trésor mexicain pour refinancer une dette trop onéreuse.

Les habits neufs du Fonds monétaire international

C'est donc l'esprit du plan Brady qui devrait présider au nouveau régime des prêts souverains dont les pays émergents ont besoin. Le Fonds monétaire international devrait en assurer la régulation. Il aurait pour mission d'examiner au préalable les besoins des États désireux d'accéder au marché international des capitaux et de fixer le montant des emprunts qu'il estime raisonnable au regard de la capacité économique de ces États. Placé en amont, il serait ainsi à même d'exercer sur les emprunteurs l'action modératrice qui a fait défaut jusqu'ici. À vrai dire, on voit mal comment un emprunteur pourrait ne pas suivre les recommandations du Fonds, sachant que sa garantie lui procure un accès à taux privilégié au marché qu'il s'apprête à solliciter. Car l'effet symétrique de la garantie offerte aux emprunteurs est d'empêcher les prêteurs de dépasser les seuils de rémunération que le Fonds n'est pas disposé à accepter (par exemple deux ou trois points d'intérêt au-dessus des obligations d'État les mieux cotées sur le marché des emprunts en dollars, si le dollar est la monnaie d'emprunt choisie par le pays ou l'entreprise émettrice) : selon la procédure envisagée, le Fonds est impliqué par la transaction qui va se nouer, non plus comme un garant lointain mais comme un intervenant de fait dans la négociation financière. La spirale vicieuse de l'endettement des pays émergents pourrait être cassée et une nouvelle ère du marché international des capitaux pourrait s'ouvrir.

Faisons-nous cependant un instant l'avocat du diable. Le Fonds monétaire international dans ses habits neufs présente certains traits communs avec la banque d'émission du bancor imaginée par Keynes. Il existerait donc un risque objectif de voir le Fonds déborder le champ de sa mission en distribuant trop généreusement sa garantie. La question du contrôle de l'organisme supranational reste posée. Il semble cependant que le risque d'une application laxiste de son rôle par le Fonds, investi d'une mission reformulée, soit infiniment moindre que celui d'un prêteur qui disposerait d'une faculté illimitée d'émettre de la monnaie. Le Fonds rénové ne créera pas de moyens de paiement nouveaux. Son action est subordonnée à la nécessité de cantonner les risques qu'il assure. Car deux aspects de la procédure d'assurance-crédit sont intimement liés : d'une part, la limitation des emprunts émis avec la garantie du Fonds, d'autre part, la limitation des taux que les prêteurs peuvent exiger sans risquer de perdre cette garantie. Le dispositif proposé place le Fonds en position d'arbitre de la négociation entre les emprunteurs et les prêteurs d'une manière telle que les quantités assurées ne peuvent s'accroître sans mettre en péril la qualité des emprunts et faire tomber la garantie d'accès à un argent à taux réduit. Ses dirigeants ont ainsi les moyens d'imposer la rationalisation du régime des prêts aux pays émergents, qui sont octroyés aujourd'hui dans la plus grande confusion. De leur côté, les États qui financent le FMI trouveront grand avantage à une nouvelle procédure qui ne devrait plus les contraindre à jouer à leur corps défendant le rôle de secouristes. Le mécanisme actuel d'assurance implicite *ex post* déresponsabilise les emprunteurs, attise l'avidité des prêteurs et contraint finalement les bailleurs de fonds du FMI à payer les pots cassés d'un système d'emprunts internationaux qui se joue aussi à leurs dépens. Il est infiniment probable que le mécanisme inverse d'assurance *ex ante* poussera les bailleurs de fonds à s'intéresser de plus près à une institution dont l'action sera redevenue lisible par l'ensemble des acteurs : les emprunteurs, les prêteurs et le grand assureur institutionnel.

On peut entrevoir d'autres effets bénéfiques indirects de cette rénovation du système de prêts aux pays émergents. La sécurité apportée par le Fonds est susceptible de modifier le climat de défiance qui empêche les épargnants nationaux de prêter à leurs États ou à leurs entreprises. Rassérénée par l'intervention du grand tuteur international, l'épargne autochtone pourrait retrouver le chemin des marchés nationaux, facilitant le retour par étapes à une normalisation des conditions d'emprunt des Trésors publics et des entreprises locales. Bien que la réalisation de cette hypothèse ne soit pas assurée, elle semble vraisemblable. La confiance est en effet l'état psychologique normal de l'économie. La défiance dont sont victimes les États latino-américains marque une forme pathologique de comportement d'une fraction influente des agents économiques nationaux. Il suffit le plus souvent, pour y mettre fin, de créer le plan *ad hoc* dont la réussite dissipera le climat délétère. Au-delà de la rationalisation préalable des conditions d'emprunts de l'Amérique latine, la nouvelle action sécurisante du Fonds doit viser à établir les conditions d'un retour à la confiance de ceux qui, par leur défection, ont placé jusqu'ici leurs États dans la position humiliante et dangereuse de quémandeurs sur le marché international.

N'oublions pas à ce stade le rôle du dollar. Un autre effet indirect de la réforme proposée découle de la faculté ainsi offerte aux emprunteurs de *choisir plus librement leur monnaie d'emprunt*, avec l'accord de l'assureur institutionnel. Rien n'empêcherait les émetteurs de retenir d'autres monnaies que le dollar ou, par exemple, d'opter pour leur propre monnaie en indexant parallèlement les titres émis sur un panier de monnaies internationales, et tout particulièrement l'*étalon panier*, propre à la zone économique, préconisé par ailleurs. L'intervention du Fonds offrirait aux emprunteurs un degré de liberté qui leur fait défaut dans un marché international des prêts aux pays émergents dominés par le dollar et les banques ayant accès au refinancement de la banque centrale de New York. Cette hypothèse aussi est vraisemblable.

La réorientation du Fonds monétaire international pourrait s'accompagner d'une reconsidération des règles qui en régissent le fonctionnement intérieur. Conformément à l'esprit de Bretton Woods, le Fonds doit œuvrer en vue de l'équilibre des comptes extérieurs des nations engagées dans le commerce international. Cette orientation a été voulue par les États-Unis, premier membre fondateur, qui se sont attribué, dans les faits, un droit de veto au sein des instances dirigeantes. Les méandres de l'Histoire économique des soixante dernières années ont cependant fait de la puissance prééminente du Fonds le premier débiteur mondial. Les pays victimes de faillites souveraines sont donc tributaires de la bonne volonté d'une puissance économique qui vit objectivement aux crochets de la planète. L'épisode de la crise asiatique a conféré un tour paroxystique à cette contradiction. Les pays secourus, qui réalisaient en temps normal des excédents dans leurs relations commerciales avec les États-Unis, se sont trouvés dans l'obligation de solliciter l'accord de la nation débitrice par excellence.

La leçon morale que chacun peut tirer de cet épisode appelle un remaniement des droits et des devoirs des États membres du Fonds, parallèlement à la transformation de son mode d'intervention. Quel sens y a-t-il en effet à donner une place prééminente aux États-Unis dans le Fonds, sachant que l'argent qu'ils y apportent, n'ayant pas été prélevé sur la valeur de leur production, ne peut être considéré comme étant le leur ? Comment accepter la logique d'une institution qui se place sous la tutelle d'un État dont l'économie est techniquement en faillite ? La vocation même du Fonds ne devrait-elle pas conduire à retirer leur droit de vote aux nations membres qui accusent des déficits prononcés et durables de leurs échanges extérieurs ? Ne faudrait-il pas, en conséquence, faire adhérer les membres du Fonds, ayant une part significative dans le commerce mondial, à un véritable pacte de stabilité leur enjoignant de ne pas dépasser durablement un déficit commercial égal à un certain pourcentage de leur PIB ? Cette innovation essentielle tendrait à renouer avec l'esprit de Bretton Woods inspiré par cette Amérique responsable qui aida à remettre sur les rails les économies de l'après-guerre et, ainsi, à cesser de pratiquer la dévotion à l'autre Amérique, négligente et condescendante, qui défie le monde du haut de son déficit commercial et de son privilège monétaire. Il va de soi que les nations privées de droit de vote, en raison de leurs déficits récurrents, n'auraient plus à cotiser au Fonds.

Une révision majeure s'impose dans notre manière d'aborder les relations commerciales et financières des nations. Révision que nécessite le bouleversement accompli en quelques décennies par l'essor de nouvelles puissances économiques et l'amenuisement de la puissance des nations plus anciennes, mais surtout par l'inversion du positionnement économique américain. La prééminence des États-Unis au Fonds monétaire était justifiée, voire nécessaire, quand l'économie américaine apportait ses ressources et son savoir-faire au reste du monde et quand sa monnaie servait de môle d'amarrage au système des paiements internationaux. Elle crée un malaise quand elle s'appuie, pour consolider ses prérogatives, sur le fait que les nations exportatrices sont devenues largement dépendantes du débouché américain. Tartuffe, accueilli chez Orgon, profitait de la table de son hôte pour lui distribuer des leçons de morale : il tirait sa supériorité de l'honneur qu'il faisait à son nourricier en satisfaisant chez lui les besoins de son estomac. Telle est la situation de fait de la puissance américaine en ce début de siècle, d'autant plus arrogante dans les institutions internationales qu'elle n'est plus capable de pourvoir à sa consommation. C'est aussi pour y mettre fin qu'on devrait s'employer à donner des habits neufs au FMI.

La bourse contemporaine, obstacle à la croissance

Les faillites frauduleuses survenues à la fin du boom de la décennie quatre-vingt-dix n'étaient pas des accidents de parcours sans lendemain. Après Enron, World.Com *et alii*, en 2003 et 2004 encore, deux scandales majeurs ont été révélés avec la rémunération somptuaire que le président du New York Stock Exchange s'était attribuée pour exercer sa prébende et les manipulations de cours auxquels se livraient les gérants des fonds « mutuels » dans leur intérêt personnel et ceux des sociétés qui les soudoyaient. Le climat de doute né au lendemain des scandales se maintient donc malgré le renforcement des lois répressives et la vigilance accrue des magistrats. Les témoins les plus objectifs des événements condamnables ont pris conscience de la difficulté de moraliser la bourse. Il existe fort peu de chances de voir naître un nouveau marché d'actions animé par des acteurs circonspects et intègres. D'ailleurs, en cette année 2004, un faisceau d'indices concordants laisse présumer que les marchés boursiers, et tout spécialement ceux des États-Unis, renouent avec les pratiques qui ont conduit au désastre des années 2000, 2001 et 2002 : la création de valeur pour l'actionnaire est plus légitime que jamais, avec la bénédiction du banquier central américain ; une nouvelle vague de fusions et d'acquisitions a commencé ; les rachats d'actions, multipliés, tendent à devenir la norme.

Gardons-nous par conséquent de nourrir l'illusion que la loi Sarbanes-Oxley et les règles du gouvernement d'entreprise dans leur deuxième mouture ont opéré les changements de fond réclamés par les dérives de la bourse. Nous sommes ici en présence de ce que les citoyens soviétiques ont connu quand leur ont été présentées la glasnost et la perestroïka : un recadrage de l'ancien système laissant les acteurs aux prises avec ses contradictions fondamentales. Comme le système soviétique agonisant croyait encore pouvoir développer les forces productives en s'appuyant sur la propriété collective, le système financier espère accomplir ses desseins, un moment entravés, en réaffirmant la primauté du principe de la création de valeur pour l'actionnaire. Des deux côtés, on trouvait et on trouve les mêmes prétentions à réformer de manière radicale, au nom de la morale et de la raison, des systèmes qui tiennent sur la subordination du monde de la production à des agents sans responsabilité adéquate, les planificateurs d'un côté, les fonds boursiers de l'autre. Si les conditions précises et le moment de la prochaine mésaventure financière restent hors de portée du raisonnement et de l'imagination, elle apparaît difficile à éviter, les causes de la précédente étant encore à l'œuvre dans un marché dont le comportement suscite à nouveau la perplexité.

Les motifs qui plaident pour mettre fin à la domination des bourses sur les économies sont surabondants, si l'on en fait le compte exhaustif sur une base purement factuelle. Elles permettent aux fonds d'épargne collective d'exercer une action prédatrice au détriment des sociétés cotées ; elles déforment significativement la valeur que l'on peut attribuer aux entreprises à partir de critères économiques ; elles compliquent dangereusement la tâche fondamentale de régulation confiée aux banques centrales ; elles entraînent des frais généraux considérables non comptabilisés par la collectivité ; elles offrent des occasions infiniment nombreuses de commettre ces délits d'initiés contre lesquels les autorités judiciaires sont pratiquement désarmées ; elles facilitent les raids hostiles contre des sociétés viables et les actes de désinformation commis au détriment d'entreprises qui occupent des positions stratégiques dans la compétition internationale.

Qu'il soit permis d'insister sur deux de ces aspects, qui n'apparaissent pour ainsi dire jamais dans l'évaluation critique dont les bourses font l'objet.

En premier lieu, l'accent qui est mis aujourd'hui sur la politique monétaire révèle une prise de conscience. L'économie tout entière est devenue profondément dépendante des décisions de la banque centrale. Il importe donc que ces décisions soient prises à partir de critères clairs et pertinents. Or les banquiers centraux ont désormais à prendre en considération, non seulement les critères habituels de prix et de production, ainsi que les critères d'endettement des entreprises et des ménages, mais les critères de prix des actifs immobiliers et financiers. Nous avons vu, à l'occasion, les difficultés rencontrées par la banque centrale du Japon, puis par celle des États-Unis, en raison des bulles financières nées à Tokyo et à New York. Si nous avions claire conscience du risque que font courir de tels phénomènes aux économies qui en sont le siège, nous serions moins enclins à nous réjouir de l'essor indéfini de la capitalisation boursière, dont nous savons maintenant aussi, de surcroît, qu'elle ne reflète pas un renforcement capitalistique des entreprises.

Car il est quasiment impossible pour un banquier central de faire obstacle à une bulle boursière sans mettre en danger la croissance proprement dite et les emplois qu'elle suscite. La montée en puissance des bourses durant le dernier quart de siècle est ainsi à l'origine d'*un dilemme de politique monétaire*, qui devrait prendre place au centre de la réflexion économique contemporaine. Ou bien les bulles financières doivent être combattues sans états d'âme pour conjurer le risque de déflation qu'elles recèlent ; ou bien on doit s'en accommoder tant que la croissance repose sur des bases économiques *a priori* saines. Toutefois, les banques centrales seraient délivrées de ce dilemme si elles pouvaient agir sans se préoccuper des évolutions de bourses devenues encore plus envahissantes depuis l'extinction de leur fonction financière.

En deuxième lieu, cette extinction oblige à prendre en considération les frais généraux mis à la charge de l'économie par le fonctionnement des bourses et de leurs appendices. Il est exclu d'en voir apparaître les chiffres dans la comptabilité nationale. Cependant, nous disposons de deux éléments d'appréciation. D'abord, les rémunérations allouées sous différentes formes, salaires, primes, commissions, aux opérateurs boursiers de toutes sortes, placent ces derniers sur la fine pointe de la pyramide des revenus. Ensuite, l'essentiel du travail ainsi rémunéré consiste à faire tourner le stock boursier sur lui-même. La bourse occasionne des *coûts de transaction* profondément différents, par leur nature, des coûts qui se matérialisent tout au long de la chaîne de production. À l'opposé des responsables d'un grand magasin qui ont pour devoir d'écouler sans délai le stock disponible à la vente, les opérateurs du marché boursier peuvent multiplier les transactions, sous réserve qu'elles débouchent sur la fameuse création de valeur pour l'actionnaire. La bourse échappe ainsi à l'analyse des coûts qui est devenue l'un des piliers de la bonne gestion des entreprises.

Mais où est le service économique que l'on peut encore en attendre, où est encore sa raison d'être ? Le moment n'est-il pas venu de remettre en cause une institution dont les animateurs ont sapé les fondements économiques au nom de leurs dogmes financiers, de voir comment il deviendrait possible de se passer des bourses ?

Rompre avec une institution victorienne

C'est en effet l'idée qu'il faudrait accepter et approfondir dans l'intérêt bien compris du capitalisme en tant que tel. Le procès des bourses qui a été dressé ne vise pas à un réarmement moral du système mais à atteindre ces objectifs pratiques : faire cesser l'exploitation abusive de la productivité des entreprises et de ceux qui y travaillent, dangereuse pour les équilibres économiques fondamentaux ; rendre à ces entreprises la liberté de décision dont elles ont besoin pour agir plus sereinement dans le difficile univers concurrentiel.

Rompre avec les bourses ou rompre à tout le moins avec la bourse contemporaine, ce serait rompre avec une institution d'origine et d'essence victoriennes. Il est particulièrement surprenant que personne ou presque ne se soucie de renouer avec le vieil étalon or et que tout le monde ou presque admette la bourse comme un système nécessaire, voire comme une institution centrale, incarnant l'essence historique du capitalisme.

Car les deux institutions appartiennent au même monde du capitalisme victorien. Et l'une et l'autre ont été radicalement mises en cause par le cataclysme économique des années 1930.

Inutile de revenir longuement sur les raisons qui ont conduit à l'abandon de l'étalon or. La nécessité d'une couverture or de la monnaie fiduciaire en circulation faisait obstacle à l'expansion monétaire dont les économies avaient un besoin croissant pour exploiter les ressources de la deuxième révolution industrielle. L'étalon or n'était pas vraiment cette « relique barbare » dénoncée par Keynes dans une belle mais excessive envolée rhétorique, puisque le métal précieux ne constituait plus le moyen de paiement principal, mais la couverture du véritable moyen constitué par la monnaie fiduciaire. En revanche, il était typique du capitalisme victorien, comme la machine à vapeur, la fabrique et les premiers steamers. Il était aussi ce qui convenait le mieux aux classes possédantes de l'époque, ce mélange difficile à dissocier d'aristocrates ayant conservé des privilèges financiers, de bourgeois lancés dans les affaires et de rentiers plus modestes. Mais dès la fin du XIXe siècle, il devenait difficile de respecter à la fois les contraintes de la couverture or et les exigences de l'expansion économique. Cependant il fallut la Grande Dépression pour que le capitalisme menacé de mort violente osât se délivrer de la sujétion de l'or.

Or la Grande Dépression représente, en même temps que le butoir ultime du système monétaire basé sur l'or, une démonstration convaincante des inconvénients du système de cotation publique des valeurs, à une époque où les bourses recueillaient cependant une masse d'épargne comparativement faible au regard de ce qu'elles collectent aujourd'hui. Les circonstances exactes de l'effondrement boursier revêtent moins d'importance que le constat qu'il appelle : le surgissement incontrôlé d'une bulle boursière et son éclatement ultérieur potentiel exposent les économies au péril de la déflation. Tirant ce constat et observant le puissant redémarrage de leurs économies, indépendamment de la bourse, les dirigeants politiques des pays capitalistes auraient pu, après la guerre, jouer les Cromwell et décider de fermer cette institution croupion mais néanmoins potentiellement dangereuse. S'exprimant avant la lettre dans le langage d'aujourd'hui, ils auraient pu dire : « Appliquons à la bourse le principe de précaution et fermons-la. »

Qu'ils ne s'y soient pas résolus peut s'expliquer de deux manières. Tout d'abord, en cessant de jouer toute fonction majeure, la bourse s'était faite oublier. Accaparés par leurs tâches de reconstruction ou de relance des économies, les gouvernements avaient d'autres urgences que celle de remplacer le système boursier par d'autres mécanismes financiers. Ensuite, il faut admettre que, du fait de leur extraction bourgeoise, les dirigeants politiques auraient éprouvé bien des scrupules à abattre l'une des institutions les plus représentatives du monde social dont ils étaient issus. À la différence de l'étalon or qui faisait figure d'obstacle sur le chemin de l'expansion, la bourse, rejetée dans l'ombre, ne suscitait pas de débat, en dépit de sa contribution au désastre de la Grande Dépression. Et c'est ainsi que, tandis que l'étalon or glissait lentement vers le passé, la bourse, autre institution victorienne par excellence, parvenait à survivre avant de connaître, à la faveur de nouvelles circonstances, un essor qui ramène à presque rien celui qui conduisit au krach d'octobre 1929.

Maintenant, le moment est venu. Tout citoyen de l'univers capitaliste qui n'est pas directement intéressé au maintien du système boursier par l'avantage d'une fonction ou par l'espérance de gains importants devrait ressentir la nécessité d'organiser un nouveau type de rapports entre les entreprises et les détenteurs de leur capital. La nouvelle fiction organisée au nom de la gouvernance améliorée des entreprises n'a aucune chance de le convaincre pour peu qu'il y applique son esprit critique. Ce qui lui manque encore, c'est la capacité d'imaginer un au-delà du présent système.

Cet au-delà passe essentiellement par une reformulation complète du rapport entre les sociétés et leurs actionnaires. Pour y atteindre, il ne serait même pas nécessaire de tirer du néant de nouvelles institutions : réorienter les institutions existantes suffirait. Car les économies développées disposent pour la plupart de ressources financières abondantes qui demandent à être employées autrement afin de favoriser la solidité des entreprises et la continuité du développement économique.

La société d'épargne de masse

Fermer la bourse, par un acte direct de l'autorité publique ou en organisant la sortie des entreprises cotées de la cage du marché des actions, constituerait un acte transgressif. Mais ce serait changer de régime et non de système.

Réaliser ce projet exige cependant de répondre à une question préalable : *que faire de l'argent qui venait auparavant se placer en bourse ?* La question est profondément différente de celle, qui a cessé de se poser, consistant à demander par quoi il faudrait remplacer la bourse en tant que moyen de financement et de régulation de l'économie. Car si les entreprises ne peuvent plus s'appuyer sur la bourse pour consolider leurs bilans, les épargnants ont plus que jamais besoin d'instruments de placement pour réaliser leurs désirs d'accumulation patrimoniale. Leur ôter le réceptacle boursier soulève une difficulté d'ordre social majeur dans toutes les sociétés riches où la proportion des ménages qui ont à la fois les moyens et le désir d'accumuler n'a cessé de s'accroître.

La théorie économique pourrait nous inciter à éluder la question. Malthus et Keynes ont souligné l'effet potentiellement négatif de l'épargne dans une économie dont la capacité s'accroît. Ce qui importe alors avant tout est que la consommation et l'investissement progressent au rythme exigé par la capacité croissante. Or la consommation peut être entravée par un excès d'épargne, tandis que l'investissement est d'autant mieux financé directement par les profits d'entreprise, et sans appel à l'épargne, que la consommation est forte. En termes triviaux, les analyses de Malthus et de Keynes attribuent à l'épargne le rôle de la dernière roue du carrosse, sans grande utilité, mais qu'il faut continuer de tirer avec soi.

Cependant l'avènement de la consommation de masse n'a pas entraîné cette « euthanasie du rentier » que Keynes appelait de ses vœux pour écarter le risque d'un excès d'épargne. Il est certes vrai que la multiplication des occasions de consommer a maintenu à un haut niveau la propension à dépenser des ménages. Mais cette propension à la dépense des ménages, plus particulièrement marquée chez les jeunes ménages, s'accompagne presque partout d'une propension à épargner des ménages d'âge plus mûr. Le mouvement d'épargne est évidemment stimulé par le vieillissement démographique. Le cas des États-Unis est parfaitement révélateur. À s'en tenir aux statistiques globales, le taux d'épargne des ménages américains est à zéro. Mais il s'agit là d'un chiffre composite qui résulte de la compensation entre l'endettement faramineux des Américains encore jeunes et de revenus modestes ou de la population immigrée, et l'accumulation symétrique d'épargne par les Américains à forts revenus. Un grand nombre de salariés est enfin soumis à une obligation d'épargne légale ou contractuelle par le biais des fonds de pension couvrant les dépenses de retraite ou de maladie. Dans d'autres pays riches, où le contraste entre ménages endettés et ménages épargnants est moins accusé, le taux d'épargne se maintient ou s'accroît. Simultanément, la proportion de l'épargne affectée à l'achat d'actions tend à augmenter. Les pays riches connaissent une tendance lourde à la croissance de l'épargne financière. La société de consommation de masse a ainsi pour corollaire une quasi-société d'épargne de masse. Que faire par conséquent de l'épargne de masse ?

Dans les pays anglo-saxons, la question trouve sa réponse dans un pullulement de fonds d'épargne collective, dont les fonds mutuels et les fonds de pension sont les deux principales expressions. Les uns et les autres sont impliqués pour la plupart dans des placements boursiers ou sur le marché des obligations. Ce sont eux, on le sait, qui font vivre la bourse tout au long de l'année et assurent la souscription des emprunts obligataires lancés par les sociétés ou les États. Il est essentiel de ne pas les confondre. Les fonds mutuels, qui correspondent à nos Sicav, représentent une épargne *libre* : le mot libre signifie qu'il est possible à chaque instant aux membres des fonds d'y entrer, d'en sortir, d'accroître ou de réduire leur participation. En revanche, c'est le gérant du fonds qui détient le pouvoir de choisir à quels types d'actions ou d'obligations les ressources des membres seront consacrées. Les fonds de pension représentent une épargne *contrainte* : ils concentrent les sommes versées régulièrement par les entreprises et leurs salariés liés par des accords prévoyant de financer les retraites ou de couvrir des dépenses de maladie par leur biais. Les fonds anglais et américains ont bénéficié d'une capitalisation croissante tant que les classes issues du baby-boom d'après guerre ont travaillé, mais un processus inverse les menace du fait du départ en retraite programmé de ces classes d'âge.

Se présente maintenant l'occasion de dissiper le malentendu fondamental qui domine le débat relatif aux fonds de pension sur le Vieux Continent. Dans les pays d'Europe occidentale où ces fonds n'ont pas été encore institués, leur création se heurte à la critique violente d'un courant de gauche qui y voit une tentative de liquider progressivement les mécanismes de retraite par répartition. Ce reproche est dénué de fondement. La vérité est que les sociétés cotées, directement intéressées à leur mise en place, n'ont pas pour premier souci de mettre à mal le vieux système de répartition mais de donner naissance à de *grands actionnaires nationaux ou européens* venant équilibrer dans leur capital le poids devenu excessif des fonds anglo-saxons, et si possible de se créer des fonds de pension d'entreprise captifs qui les assureraient de leur présence continue dans leur capital. La question des fonds de pension « à l'européenne » est, dans son tréfonds, la grande question économique de l'actionnariat fidèle et coopératif nécessaire aux entreprises, que nous avons soulevée avec vigueur, et non pas la question sociale d'une consolidation des retraites menacées par le changement démographique. Cet objectif avouable n'a pourtant jamais été avoué. Craignant de laisser apparaître une volonté de cadenasser leur capital avec l'appui de fonds de placement amis, pour échapper à la pression du marché financier, comme s'il était incongru ou scandaleux de rechercher la stabilité de son capital et la fidélité de ses actionnaires, les grandes entreprises ont placé le débat sur le terrain entièrement autre, mais encore plus sensible, du mode de financement des retraites. Pour avoir voulu avancer masquées, ces entreprises sont grandement coupables d'avoir laissé se créer une controverse politique sans issue. Le débat nécessaire sur la nature des actionnaires dont les entreprises ont besoin est ainsi demeuré dans les limbes.

Les entreprises sont d'autant plus coupables que les fonds de pension constituent une réponse détestable au problème bien réel du financement des retraites.

Il devrait être exclu, pour le coup la critique de gauche a raison, de financer des *revenus*, les pensions des retraités, par des plus-values financières, qui représentent des *accroissements de capital* : l'opposition entre la nature des dépenses et celles des recettes, qui caractérise les fonds de pension, crée un risque d'insolvabilité insupportable pour des organismes destinés à procurer les revenus de remplacement de personnes qui ont travaillé et cotisé des décennies durant. L'affaiblissement des marchés d'actions américains, entre 2000 et 2003, a mis en lumière la fragilité des fonds basés sur l'accumulation en bourse et la validité de la critique théorique qui en est faite. Nombre de fonds ont dû être soutenus de l'extérieur. Ainsi le fameux fonds de pension des fonctionnaires de Californie est-il désormais aidé par l'État employeur qui lui verse des cotisations, en creusant à l'occasion son propre déficit. Ainsi nombre de grandes entreprises se sont-elles vues contraintes d'emprunter pour assurer la solvabilité des fonds couvrant leurs anciens employés.

Il devrait, au nom de la même logique, être exclu d'asseoir les retraites des salariés d'une entreprise ou d'une profession sur la base étroite des cotisants concernés : cette deuxième contrainte crée un risque supplémentaire non moins dangereux que le précédent.

Il devrait être enfin exclu, pour le coup le libéralisme militant est pris en défaut sur le terrain de ses principes, qu'on puisse imposer à des personnes économiquement libres un statut d'épargnant forcé. Les fonds de pension introduisent un véritable mélange des genres entre la volonté d'accumulation patrimoniale, qui trouve sa source en chaque individu et s'accomplit par des actes contractuels, et la nécessité sociale de revenus de remplacement qui repose sur un engagement de la collectivité formalisé dans la loi.

Les difficultés récentes indiquent que la survie des fonds de pension actuels repose sur deux conditions alternatives. Ou bien l'élévation régulière des cours de bourse, à un taux supérieur à celui de la production des biens économiques : les fonds pourraient alors assumer leurs engagements statutaires. Ou bien, faute d'une valorisation perpétuelle des cours de bourse, la remise en cause des engagements inscrits dans les statuts des fonds pour les remplacer par une simple promesse de verser les pensions à concurrence de leurs disponibilités, sans que les intéressés aient la garantie de recevoir des pensions d'un montant conforme à leurs attentes.

Encore les fonds de pension américains ont-ils le grand avantage d'être entrés sur ces marchés à l'époque des basses eaux de la bourse, tandis que les fonds de pension européens y entreraient à des taux de placement coûteux : contraints de constituer leur base financière avec des actions aux perspectives de valorisation réduites, leur viabilité apparaît rien moins que douteuse.

Par ailleurs, si l'on comprend bien les raisons stratégiques qui font militer les entreprises pour l'introduction de ces fonds en Europe, est-il vraiment sûr qu'ils répondraient exactement à leurs vœux ? Bâtis sur les mêmes principes que leurs homologues anglo-saxons, largement placés en actions cotées, il n'y a pas de raison que ces fonds suivent une ligne de conduite réellement différente. Pourquoi renonceraient-ils à appliquer la loi d'airain de la création de valeur pour l'actionnaire alors que ce principe, qui constitue leur socle doctrinal, conditionne de surcroît leur solvabilité durable ? Pourquoi accepteraient-ils de demeurer fidèlement campés dans le capital des sociétés européennes qui en ont réclamé la création plutôt que de chercher à saisir les opportunités des marchés boursiers, tout spécialement dans ces zones émergentes où les perspectives sont les plus favorables ? Quelle raison pourrait faire que les fonds qui se montrent exigeants et volages avec le label américain s'avèrent modérés et coopératifs sous le standard européen ? En réclamant la création de fonds de pension en Europe, les dirigeants d'entreprises du Vieux Continent aux prises avec la finance anglo-saxonne ont posé l'énoncé de leur problème d'actionnariat, mais il leur reste à le résoudre.

L'association capital-entreprise

La fermeture des bourses — ou, ce qui revient au même, le retrait progressif des sociétés de la cote du marché *public* des actions — n'est-elle pas devenue une solution réaliste et nécessaire en vue d'un réajustement économique général ? Nous avons assisté depuis vingt ans au double phénomène d'essor de la capitalisation boursière et de montée en puissance des fonds d'épargne collective. Les deux phénomènes présentent une sorte d'équivalence pour beaucoup d'entre nous. Et il n'existe aucun doute qu'ils se sont appuyés l'un sur l'autre. Il n'en découle nullement que le premier n'aille pas sans le second ou le second sans le premier. La bourse a existé bien avant que le premier fonds d'épargne ait vu le jour. Peut-on imaginer symétriquement que les fonds d'épargne qui drainent aujourd'hui d'immenses ressources vers la bourse puissent remplir une mission économique alors que le marché public des actions sous la forme que nous lui connaissons aurait fermé ses portes ?

On peut d'autant mieux l'imaginer qu'existent déjà de façon discrète de nombreux fonds consacrés à des placements dans le capital des sociétés non cotées. Les Anglo-Saxons les englobent sous le terme générique de *private equity*. Les fonds en cause ont pour particularité de consacrer leurs prises de participation aux entreprises non cotées — d'où le mot *private* qui signifie que les sociétés concernées ne font pas l'objet d'une cotation publique — le plus souvent dans des entreprises viables mais qui n'atteignent pas les ratios de rentabilité que leur savoir-faire laisse espérer. Leur politique est de se maintenir au capital durant toute la période nécessaire à la mise en œuvre de ce savoir-faire ou de cette capacité jusqu'ici insuffisamment exploitée. Bien souvent, les fonds apportent un concours financier dans cette phase de développement crucial.

Le *private equity* a connu une forte croissance ces dernières années, *drainant d'autant plus de ressources que les bourses étaient déprimées*, en épousant la logique d'économies où le tissu des entreprises petites et moyennes tend à se densifier. Il a pris une part considérable à la restructuration d'entreprises dont le capital était initialement détenu par des actionnaires familiaux. Il semble devoir poursuivre sa croissance, pour répondre aux besoins d'une économie foisonnante dont seul l'étage supérieur émerge dans le champ de la bourse. Il démontre concrètement que l'inscription à la cote boursière n'est pas la condition nécessaire de la rentabilité financière.

On trouvera difficilement plus capitalistes que ces fonds pourtant extérieurs au monde boursier. Ils ont ainsi valeur d'exemple. On peut imaginer sans trop de peine un mouvement d'ensemble qui conduirait à reconvertir une partie notable de l'épargne placée à la bourse, qui a cessé de s'injecter dans la production, dans des fonds consacrés aux sociétés non cotées. Le *private equity* pourrait alors s'étendre bien au-delà de son territoire actuel pour devenir la forme dominante du placement collectif en actions. Simultanément, avec la sortie progressive des entreprises du champ de la cotation boursière, l'univers des entreprises privées, présentement divisé entre sociétés cotées et sociétés non cotées, tendrait à une plus grande homogénéité.

La multiplication des fonds sur ce modèle procurerait quatre avantages supplémentaires. Premièrement, il permettrait aux entreprises désireuses d'accroître leur capital de trouver des organismes financiers prêts à suivre leurs demandes. Deuxièmement, il élargirait le marché privé où s'échangent les participations au capital des sociétés non cotées, et le rendrait ainsi plus liquide, c'est-à-dire plus apte à offrir une bonne valorisation aux actions cédées. Troisièmement, il faciliterait le remplacement nécessaire des actionnaires du moment de la fondation de l'entreprise, le noyau familial du créateur ou les associés créateurs, par des actionnaires dont la mission statutaire est de s'inscrire au capital des sociétés. Quatrièmement, et ce n'est pas le moindre avantage, il permettrait d'introduire une forme d'évaluation des sociétés sur des critères autres que la psychologie fluctuante des opérateurs de la bourse.

Tâche de professionnel, l'évaluation d'une entreprise n'est jamais un exercice simple, dénué d'arbitraire. Divers critères particuliers l'influencent : les perspectives économiques des zones où l'entreprise travaille, la qualité de ses procédés et de ses produits, sa position concurrentielle, la qualité de ses relations avec ses partenaires, voire son climat social. Ce sont cependant des critères parfaitement objectifs qui permettent aux spécialistes des entreprises non cotées d'entreprendre la détermination de prix réalistes de leur capital. Ils partent de l'excédent brut d'exploitation qu'ils multiplient par un chiffre variable en fonction du secteur d'activité. Ils tiennent compte ensuite de la situation patrimoniale nette de l'entreprise, en déduisant les dettes de l'actif brut, pour obtenir un chiffre pertinent qui peut ensuite être précisé au regard d'autres critères d'appréciation moins factuelle. C'est ainsi que se font les estimations des entreprises non cotées lorsqu'elles sont soumises à fusion ou acquisition.

Dès le moment où les entreprises cesseraient d'être les otages de la bourse, une relation plus logique et plus saine est susceptible de s'instaurer entre elles et leurs principaux actionnaires. La pression obsédante de la valorisation boursière disparaîtrait et la tentation d'embellir les perspectives ou les comptes financiers devrait reculer. Il n'y aurait plus lieu de subventionner les fonds d'épargne par des rachats d'actions. La base préalable au retour de la confiance serait établie. Au total, une partie substantielle du fossé qui sépare aujourd'hui les entreprises et les détenteurs du capital, lorsque leur relation passe par la cotation boursière, serait comblée.

Que resterait-il à accomplir pour combler la partie restante ? Créer le lien juridique formel que l'entreprise et l'actionnaire n'ont jamais pu nouer de façon régulière aux yeux de tous. Dans la relation entre la première et le second, que la société soit cotée ou non, le fait déterminant est la détention des actions représentatives du capital. Tout repose sur le postulat que les propriétaires du capital sont les propriétaires de l'entreprise. C'est là l'une des pires solutions que les juristes aient données à une question complexe. Elle introduit une contradiction entre le principe de l'autonomie de la personne morale économique qu'est l'entreprise et son ravalement en droit à l'état de *pur moyen de production*. Le droit des sociétés est ainsi rabaissé à un droit des propriétaires de capitaux productifs. Or aucun compromis entre les deux conceptions de l'entreprise, entité autonome ou pur moyen de production, n'est concevable.

L'issue logique de la contradiction est de reconnaître enfin la personnalité morale de l'entreprise, firme du point de vue commercial et employeur du point de vue social. À partir de cette reconnaissance préalable pourrait s'opérer un remaniement général du système des droits et des devoirs des actionnaires. Aujourd'hui, la prépotence reconnue par principe aux actionnaires, appelés à désigner les dirigeants en assemblée générale, débouche sur leur impotence. Les dirigeants en place s'efforcent, avec succès, de faire désigner dans les conseils d'administration ou de surveillance de leurs sociétés des personnalités amies ou partenaires, peu susceptibles de venir faire entrave à leur pouvoir. Les managers sont ainsi des rois en leur conseil. Le fameux gouvernement d'entreprise a paradoxalement confirmé ce système tout en compliquant sa mise en œuvre. Le respect formel par les managers des règles établies au nom du gouvernement d'entreprise n'a rien changé aux conduites habituelles des directions d'entreprise, consistant à laisser les actionnaires à l'écart des grandes décisions sensibles de la vie de l'entreprise. C'est même plutôt une aggravation qui a pu être constatée à la faveur de la montée des cours, aubaine pour les actionnaires, ayant aussi pour conséquence négative de leur interdire une position critique. L'hypertrophie des cours qui a marqué l'euphorie boursière a également favorisé la croissance démesurée du pouvoir personnel et des rémunérations des managers, et c'est ainsi qu'on a vu à l'occasion les monarques se muer en despotes, répondant à la définition qu'en donne Aristote dans l'*Éthique à Nicomaque* : « Celui qui poursuit son propre bien. »

Cet immense échec a pour origine l'éloignement des actionnaires des conseils de gestion des sociétés. En pure logique, un tel éloignement représente une anomalie. La preuve nous en est d'ailleurs apportée par les grandes entreprises qui sont restées sous le contrôle d'une famille, entreprises où les représentants des actionnaires principaux siègent tout à fait normalement au conseil d'administration ou de surveillance. Pourquoi les actionnaires institutionnels ne suivent-ils pas l'exemple naturel des actionnaires familiaux en réclamant, dans leur intérêt et dans l'intérêt bien compris de l'entreprise, leur place dans les conseils de gestion ?

C'est à la fois pour une raison pratique et pour une raison de doctrine. Quand — raison pratique — le capital est disséminé entre de nombreuses mains, sans actionnaire principal, la désignation de représentants directs des actionnaires devient problématique. Qui pourrait alors avoir la confiance sinon de l'ensemble des actionnaires, du moins d'une masse représentative de la majorité du capital ? Mais une raison de doctrine s'oppose aussi à ce que cette procédure logique soit respectée par les dirigeants. La doctrine dominante veut que les actionnaires ne s'immiscent pas dans la gestion des entreprises, de manière à ne pas confondre les tâches distinctes remplies par les dirigeants et ceux qui sont censés les contrôler. Doctrine particulièrement fâcheuse. Au lieu de participer à la vie des entreprises, les actionnaires obligent les dirigeants à jouer un rôle peu convaincant et de surcroît désobligeant de bonimenteurs dans des *road shows* où ils s'épuisent à annoncer des journées durant ce que leurs interlocuteurs attendent qu'ils leur disent : que les perspectives restent favorables, que les coûts de production vont être une nouvelle fois réduits, que la situation financière est robuste, etc. Les actionnaires ne doivent pas s'étonner de voir les managers jouer devant eux le jeu de trompe-qui-peut qu'ils leur assignent sans s'en rendre vraiment compte.

Ce serait une vraie transformation que de prévoir explicitement la présence des actionnaires dans les conseils de gestion. Mais cette transformation nécessaire suppose à la fois qu'une part notable du capital soit concentrée entre les mains d'un ou de quelques actionnaires et qu'un lien formel et durable soit établi entre ces actionnaires et l'entreprise. Cela revient à organiser l'actionnariat et ses rapports avec l'entreprise sur le modèle des actionnaires familiaux ou des associés fondateurs. Ces actionnaires remplissent deux conditions essentielles : premièrement, ils exercent un véritable contrôle du capital ; deuxièmement, ils l'exercent durablement de sorte que l'entreprise est assurée de pouvoir appliquer sa stratégie et de ne pas craindre de devenir un enjeu financier pour des tiers.

On est ainsi conduit à préconiser l'institution d'un pacte juridique nécessaire entre l'entreprise et ceux qui accepteraient d'en devenir les actionnaires de référence. Ses clauses principales prévoiraient, d'une part, l'engagement desdits actionnaires de conserver leurs actions ou de ne les céder qu'avec l'accord de l'entreprise et des autres actionnaires de référence et, d'autre part, la désignation de représentants revêtus de leur pleine confiance au conseil d'administration ou au conseil de surveillance. Outre leur présence active dans les conseils, ces représentants pourraient avoir accès normalement aux grandes directions internes de l'entreprise pour suivre auprès de leurs responsables la bonne réalisation des objectifs que la direction générale leur a assignés. Point essentiel, *ils pourraient s'assurer de la désignation de comptables compétents et intègres*.

Cette proposition, qui peut apparaître comme relevant d'un bon sens prosaïque, rompt entièrement avec les grands principes du droit des sociétés tel qu'il est appliqué et défendu par les autorités publiques. Ce droit s'appuie sur un postulat particulièrement fallacieux d'égalité des actionnaires. En principe, il s'agit d'empêcher que les actionnaires majoritaires qui contrôlent le capital, quand ils existent, portent atteinte aux droits personnels des actionnaires minoritaires. Ainsi ont été progressivement prohibées des pratiques qui permettaient d'octroyer des droits de vote double à certaines actions, pour renforcer le poids des grands actionnaires dans les assemblées générales. Loin d'entériner la volonté non dissimulée des directions d'entreprise, qui souhaitent s'appuyer sur un actionnariat stable, le législateur agit en protecteur de la veuve et de l'orphelin, nous voulons dire en protecteur des actionnaires minoritaires. Son intervention sous-entend que les directions d'entreprise, sous prétexte de stabilité, cherchent à se ménager un actionnariat complice ouvrant la voie à une forme de pouvoir autocratique.

Ces nobles considérations sont étrangères aux nécessités économiques. Les directions d'entreprise ne tirent pas leur légitimité du respect de la démocratie actionnariale mais de leur capacité à développer de façon pérenne les entités dont elles sont responsables. Le droit des sociétés établit une fausse symétrie entre la sphère politique, où le bon peuple passablement ignorant des grands problèmes traités par ses gouvernants peut tout de même impulser des changements d'hommes sinon de politique, en faisant jouer la règle de l'alternance, et la sphère économique, où le bon peuple des petits actionnaires tout aussi ignorant des problèmes affrontés par les managers est supposé pouvoir désigner les responsables présentant les qualités requises. On continue de s'étonner hypocritement de ce que les assemblées générales d'actionnaires soient des simulacres tandis qu'il ne peut en être autrement. À la différence de la démocratie politique qui sécrète des personnalités et des équipes de rechange de celles au pouvoir, la démocratie formelle des assemblées générales est impuissante à proposer des noms en remplacement de ceux qui figurent dans les organigrammes des sociétés. Son pouvoir s'exerce dans le vide. Il n'y a donc rien de scandaleux à énoncer une réalité universellement reconnue et surtout à en tirer les conséquences. Une société par actions n'étant pas un organisme démocratique, ni le mode de désignation de ses dirigeants, ni le mode de contrôle de leur gestion ne sauraient être alignés sur ceux d'une démocratie parlementaire. Mais les faux-semblants entretenus par l'idéologie financière et la doctrine du droit des sociétés aboutissent dans les faits à la double aberration illustrée par les scandales financiers : celle d'entreprises soumises à la pression financière abusive de la bourse et celle de managers dont l'action quotidienne échappe à tout contrôle sérieux. L'autocratie des managers, que le législateur prétend combattre, sort intacte de la confrontation avec des actionnaires qui n'ont pas de solution de rechange à la continuation de leur pouvoir.

Recréer un marché des fonds propres

Les propositions qui précèdent, engagement durable des grands actionnaires vis-à-vis de l'entreprise, assorti d'une entrée officielle dans les organes de direction, ne sont pas totalement incompatibles avec la cotation boursière. La bourse est cependant un marché d'opportunités basé sur les anticipations des opérateurs. Or, en arrimant les actionnaires dignes de ce nom au sein du capital des entreprises cotées, nombre de ces opportunités s'évanouiraient. Les OPA et OPE hostiles seraient de facto prohibées. Les fusions et acquisitions cesseraient d'être dictées par la bourse. En d'autres termes, la bourse serait privée des opportunités qui en font le prétendu charme en même temps que de son venin. De ce fait, les titres détenus par la foule des petits actionnaires ou par des minoritaires sans lien juridique formel avec la société perdraient une bonne part de leur attrait. On peut douter que les boursicoteurs les plus fervents y trouvent encore leur compte et qu'une véritable spéculation puisse y prendre son essor.

Poser cette observation revient à soulever le problème du devenir de ces petits actionnaires, d'autant plus chers au cœur de la bourse que leur utilité économique tend vers zéro. Examinons s'il est possible de leur donner un rôle véritable. Dans le principe, on ne peut en effet obliger un individu à passer obligatoirement par un fonds d'épargne pour satisfaire son besoin de placement. La fin de la cotation publique rendrait non liquides, c'est-à-dire difficiles à revendre à un bon prix, faute d'une demande régulière, les titres détenus par les personnes physiques. Il leur faudrait inévitablement les céder aux fonds d'épargne, au grand risque de n'obtenir qu'une modeste contrepartie. Il s'avère donc nécessaire de conserver un marché public des actions ouvert aux personnes physiques désireuses de placer leur épargne en titres de sociétés aussi aisément cessibles que les actions aujourd'hui cotées en bourse.

Mais une autre raison, économiquement plus fondamentale, de maintenir un tel marché tient à la nécessité de recréer un marché des fonds propres pour permettre aux entreprises de se financer, si besoin, par émission de titres non remboursables. Il n'est pas si difficile à envisager. Il suffirait de mettre en place, simultanément à la procédure qui permet de concentrer le capital de contrôle entre quelques actionnaires de référence dotés du pouvoir juridique, *un vaste marché d'actions à dividende prioritaire sans droit de vote*. Ces actions existent déjà. Aussi bien, la suggestion consiste en fait à permettre une séparation logique entre le capital de contrôle et les titres détenus seulement en vue d'un rendement financier. En effet, la formule des actions à dividende prioritaire protège les détenteurs des aléas de la distribution des bénéfices par les conseils de gestion, en leur assurant le paiement d'un dividende en contrepartie de la privation du droit de vote. On peut attendre deux résultats principaux favorables d'une extension décisive du marché qui leur est dédié. Le premier est bien entendu de faciliter la propriété d'actions négociables par les épargnants après le remaniement majeur du contrôle capitalistique des sociétés. Le deuxième provient de la possibilité à nouveau offerte aux sociétés d'accroître leurs fonds propres. Mais d'autres effets bénéfiques peuvent être imaginés sans peine, comme la possibilité d'offrir l'accès à ces marchés à des entreprises moyennes qui répugnent aujourd'hui, non sans motifs, à sauter le pas de l'entrée en bourse. Des entreprises en nombre croissant retrouveraient ainsi le choix entre le financement par l'emprunt et le recours aux fonds propres, sans risquer de perturber l'équilibre obtenu au sein du capital de contrôle proprement dit.

Ce marché pourrait encore s'appeler la bourse, s'il s'avérait utile ou nécessaire de conserver ce nom de baptême pour en faciliter le succès. Cependant, une fois la séparation opérée entre les actions de contrôle et les actions détenues dans le seul souci du rendement financier, plus rien ne pourrait être comme avant. La stratégie et la gestion des entreprises auraient cessé d'être polluées par le mécanisme de la cotation de l'ensemble du capital, la prédation aurait pris fin, les coûts exorbitants de fonctionnement du marché seraient ramenés à des proportions minimes, car il est exclu que le nouveau marché public des actions connaisse la frénésie de l'ancien.

Il faut donc réfléchir activement à la perspective d'une clôture des bourses sous leur forme actuelle si nocive. Plus nous sommes intimement convaincus qu'il n'existe d'autre organisation efficace économiquement et socialement que le capitalisme sous sa forme concurrentielle et plus nous devrions être conduits à envisager cette perspective comme la plus souhaitable qui soit pour son équilibre et sa pérennité. La vieille institution victorienne ne tient plus que par l'artifice du soutien que lui apporte le banquier central américain et par l'espérance, fort illusoire, que la mondialisation démultipliera les profits d'entreprise. Or elle ne peut escompter le maintien définitif du soutien monétaire qui l'a sauvé récemment de la dépression. Ses opérateurs devront un jour reconsidérer leurs anticipations de profits à la lumière des résultats découlant du libre-échange mondial. Ce jour-là, le principe de réalité économique l'emportera. La domination de la bourse sur les économies et les esprits connaîtra une fin et, avec cette fin, viendra le moment de la reconstruction.

7
La grande transformation et la grande illusion

C'est dans les faubourgs de Lisbonne, face au monastère des Hiéronymites, là où l'océan s'ouvre à l'infini, qu'a commencé voici cinq siècles le mouvement d'unification du monde. Depuis, un enchaînement ininterrompu n'a cessé de rapprocher, soit par la violence, soit par la libre volonté des peuples ou des États, les pièces innombrables de l'ensemble planétaire. L'Antiquité n'a rien connu de comparable. Les grandes civilisations du passé n'avaient cessé de se penser non seulement comme supérieures, mais comme centrales sur une Terre dont elles ne cherchaient pas à connaître les contours véritables. Autre chose commence avec les grands navigateurs portugais. En la personne de ces premiers ambassadeurs de l'Europe des Temps modernes, le sentiment de supériorité intellectuelle et morale naturelle à tous les peuples ne fait plus obstacle à un désir profond de connaître l'au-delà de son monde présumé meilleur. Les traversées maritimes qui permettront la découverte du Nouveau Monde inaugurent une nouvelle compréhension de la géographie naturelle et humaine. Les navigateurs d'Henri du Portugal appréhendent la Terre comme un objet qu'il faut découvrir pour le conquérir ensuite certes mais aussi pour le comprendre. Ils engagent le processus qui permettra à l'Europe d'englober le monde dans ses réseaux politiques et commerciaux et de réaliser, sans son accord préalable, l'ébauche de son unification. La mondialisation commence avec eux.

Le monde fini que nous connaissons est-il engagé pour de bon dans un nouveau dépassement qui le conduirait à une unité profonde, synonyme d'entente des nations et des peuples, non seulement pour vivre dans une paix acceptée de plein gré mais aussi pour mettre en commun leurs capacités et leurs créations ? C'est l'ambition apparente du projet dit de mondialisation : créer un ensemble d'entités politiques et économiques intégrées par leurs échanges commerciaux et financiers. Cependant l'ambition, louable superficiellement, du projet repose sur un double postulat. Le premier est que l'unité du monde procède effectivement de l'ouverture des frontières dans un contexte de paix, entraînant des effets favorables en chaîne pour les populations reliées par le libre-échange. Le second est que cette unité se réalise au nom d'une vision commune de l'humanité, enfin éclose après la disparition du communisme, fondée sur les droits de l'homme et les institutions de marché en honneur aux États-Unis.

Nous avons surtout traité du premier postulat pour avancer tous les arguments inclinant à penser que le libre-échange mondial est, dans son principe, une aventure inutile et dangereuse. Nous n'y reviendrons pas. En revanche, le second postulat tend à rejeter dans l'ombre la grande transformation réalisée en Europe, infiniment plus importante que les modalités d'organisation particulières mises en avant comme un modèle par les dirigeants économiques et politiques des États-Unis. C'est pourquoi nous nous permettrons de donner une esquisse de cette transformation, auprès de laquelle la prétention de l'Amérique contemporaine à incarner le devenir de l'humanité en marche apparaît quelque peu dérisoire.

Il nous semble ne faire aucun doute que le monde humain est entraîné de longue date dans un processus d'unification progressive, précisément entamé avec les premiers exploits des grands navigateurs portugais. Ce processus est d'initiative et d'inspiration européennes. Il consiste à faire partager sur toute la superficie de la planète l'essentiel des valeurs et des institutions nées en Europe occidentale entre le XVe et le XVIIIe siècle. Chacun d'entre nous peut les récapituler pour son propre compte : principe de la pensée critique, recherche méthodique de l'efficacité matérielle, développement d'un État de service, égalité juridique des individus, primauté de l'entreprise comme institution productive, privatisation des croyances religieuses.

La victoire de ces valeurs et de ces institutions est devenue d'autant plus éclatante que les nations d'Europe ont cessé d'être des puissances coloniales. Tant qu'elles étaient l'emblème de pouvoirs dominateurs, ces valeurs pouvaient être combattues d'autant plus violemment par les populations colonisées. L'entreprise coloniale se contredisait elle-même : la domination et les traitements infligés à maintes populations colonisées infirmaient les valeurs humanistes de l'Europe issue des Temps modernes. Le reflux colonial a cependant démontré qu'après l'épisode de domination des nations européennes les nouveaux États n'inventeraient pas de système nouveau, en puisant éventuellement dans leur patrimoine historique, et préféreraient mettre leurs pas dans ceux des anciennes puissances coloniales. Ils hésitèrent un moment entre le socialisme réel dont la Russie, l'Europe centrale et la Chine faisaient l'expérience, à partir d'une idéologie d'ailleurs typiquement européenne, née de la volonté de dépasser la société bourgeoise, et précisément cette société bourgeoise, dans l'acception de Karl Marx, dont les représentants les avaient colonisés. Le choix lui-même étant révolu, du fait de l'implosion matérielle et morale du socialisme réel, ces États s'efforcent, avec une difficulté très variable selon les degrés de latitude et de longitude où ils se situent, de construire le système de droit et l'organisation économique inspirés de ceux en vigueur de longue date en Europe occidentale.

Ces faits récents donnent une portée actuelle à la grande

vision d'un ardent détracteur de la politique coloniale, Auguste Comte, qui annonçait cependant sans nuances que le modèle de pensée et de société de l'Europe allait conquérir le monde. Sa vision précoce de cette conquête ne relevait pas d'un quelconque ethnocentrisme, mais de la conviction qu'une forme de l'esprit humain née en Europe, quelle que soit la définition qu'on en retienne, allait l'emporter sur les autres qui l'avaient précédée ou qui prétendaient encore rivaliser avec elle. Comme celle de Marx, mais avec d'autres attendus, la pensée de Comte présumait un sens ou une direction de l'Histoire que les inventions décisives réalisées en Europe prédéterminaient largement.

Marx, Comte, d'autres encore ont eu le pressentiment que l'Europe réalisait une grande transformation sans équivalent dans l'Histoire ancienne. À la différence de ces esprits précurseurs qui ne faisaient que pressentir les évolutions ultérieures, l'esprit de l'homme contemporain est mieux à même de saisir le contenu exact de cette transformation, qui inclut naturellement ce que Marx appelait le capitalisme et Comte la société industrielle. En ce début de siècle, nous discernons que le capitalisme n'était pas une forme contingente d'organisation économique, et moins encore, ainsi que le prétendait Marx, la dernière forme sociale de la préhistoire humaine. Ce n'est pas tant son efficacité matérielle, incontestable cependant, que sa capacité, pour y parvenir, à mobiliser universellement et durablement le potentiel humain à tous les échelons déterminants de la création, de la planification et de l'exécution, qui ont définitivement assis sa supériorité. Ce n'est pas tant la liberté de choix qu'il procure, indéniable pourtant elle aussi, que la sensation qu'il donne aux acheteurs de s'inscrire dans un monde de symboles de vie, qui lui donne maintenant une tournure naturelle quotidienne.

Cependant cette nouvelle étape d'une évolution pluriséculaire s'effectue sous l'influence délibérée des États-Unis d'Amérique qui en revendiquent la responsabilité et le contrôle effectif. Cette influence tire sa puissance de deux sources. D'abord, le crédit politique qu'on accorde à l'Amérique après le combat qu'elle a mené contre le socialisme soviétique quand tant d'autres étaient prêts à composer avec ce dernier : ce crédit ne justifie pas sa prétention à imposer aux autres son modèle économique, financier et social. Ensuite, le préjugé favorable que ses performances économiques récentes ont fait naître : le fait que l'Amérique connaisse encore une croissance supérieure aux autres zones économiques anciennement industrialisées continue, en dépit de sa faillite commerciale apparente, d'annihiler tout effort critique à son égard, sauf quand il s'agit de ressusciter le vieil antiaméricanisme de commande que les Soviets et leurs complices mobilisaient dans l'après-guerre. Mais ce que l'Amérique a pu accomplir pour la sauvegarde du monde libre à un moment décisif de son histoire et la croissance qu'elle obtient, non sans mettre à contribution l'épargne étrangère, ne l'autorisent pas à imposer ses conceptions et ses mœurs économiques ou financières aux nations qui sont ses partenaires sur d'autres continents. Les dirigeants américains semblent habités par l'illusion que leur nation a mis au point le modèle socio-économique dont le monde avait besoin, d'une façon qui n'est pas sans rappeler l'illusion nourrie par les dirigeants soviétiques jusque dans les années quatre-vingt, dirigeants qui, porteurs d'une idéologie de sens opposé, croyaient eux aussi pouvoir universaliser le système appliqué chez eux.

La grande transformation[1]

Les premiers coups d'audace des navigateurs portugais ont valeur illustrative de la grande transformation européenne, transformation intérieure par l'invention d'une nouvelle civilisation économique et transformation extérieure par la mise en relation irréversible des différentes parties du monde à son

1. Le titre renvoie à celui, identique, du livre de Karl Polanyi (Paris, Gallimard, 1983) qui attribue la transformation à une extension décisive de la relation marchande au travail, à la terre et à la monnaie.

initiative. Nous nous contenterons de soumettre à l'attention les éléments que nous croyons essentiels de la transformation intérieure.

L'Europe occidentale a hérité du bas Moyen Âge un mode de relations entre la ville et la campagne qui rompt avec tout ce que les civilisations antiques, les plus marquantes y compris, avaient connu auparavant. À compter de cette époque, dans le périmètre défini par l'Europe du Nord-Ouest, la ville n'exerce plus de pouvoir prédateur sur la campagne. Ou plus exactement, le prélèvement qu'elle opère n'est plus de nature à empêcher irrémédiablement l'expansion économique des campagnes. Le producteur de la campagne réussit à se ménager un degré de liberté économique suffisant pour trouver intérêt à être plus productif, son souci principal étant au contraire de bénéficier d'un marché plus large que celui auquel il a accès. Symétriquement, il bénéficie des services économiques que la ville commence à rendre à la campagne. Les producteurs des villes ne sont plus là seulement pour servir à l'entretien matériel et à l'agrément d'une classe de loisirs composée des dirigeants politiques et militaires et de leurs bureaucrates et guerriers subordonnés, ils servent aussi les campagnes dans le cadre d'une première spécialisation décisive des tâches entre les deux secteurs rural et urbain de l'économie [1]. Cette division des tâches est à la source d'un développement régulier des échanges et de gains de productivité. La lenteur du processus ne permet pas d'en voir d'emblée l'importance décisive, sauf à partir du XVIIe siècle en Hollande et en Angleterre. Le futur système capitaliste, encore dans les limbes jusqu'au XVIIIe siècle, s'appuiera sur ces bases simples mais fondamentales pour son expansion progressive. Le passage déterminant de la ville antique prédatrice à la ville moderne productive constitue l'étape préalable donnant accès à la nouvelle civilisation économique. C'est là d'ailleurs un point d'opposition radicale entre les visions respectives de Marx et de Weber, le

1. Voir Guy Bois, *La Grande Dépression médiévale, XIVe et XVe siècles*, Paris, PUF, 2000, p. 48 sq.

premier prétendant que le capitalisme fait sauter les verrous qui empêchaient l'exploitation des travailleurs ruraux par les capitalistes urbains, le second insistant au contraire sur l'apparition au sein des villes de communautés de bourgeois producteurs. Si Weber a raison, ainsi que nous le pensons, tout se joue au préalable dans ce changement de nature des relations entre les deux secteurs économiques et sociaux constitués dès l'origine des civilisations. C'est le stade préparatoire de la grande transformation.

Le premier stade effectif en est la constitution du marché national. Il faut tout le talent réducteur d'un Braudel pour, d'une part, nous décrire avec force détails convaincants cette constitution, qui s'effectue d'abord en Hollande et en Angleterre, là où précisément les relations entre la ville et la campagne ont été les plus précocement fondées sur l'échange économique des biens et des services, sur une base d'équité, et, d'autre part, tenter de nous imposer une interprétation de la dynamique capitaliste qui consiste à faire découler, en sens inverse, la montée en puissance des nations du nord de l'Europe de leur capacité à exploiter les ressources lointaines par la domination coloniale et le commerce prédateur du grand large [1]. Ce procédé confine à la falsification quand Braudel aborde la question cruciale de la productivité. Soulignant les efforts sans précédent accomplis dans l'Europe du Nord-Ouest pour rendre plus efficaces l'agriculture, l'industrie et les transports, il omet remarquablement d'en tirer la moindre leçon économique de portée générale. L'un des historiens consacrés du capitalisme se refuse à voir dans la recherche de la productivité la première preuve tangible de la concurrence naissante et s'ingénie à imposer la vision d'un capitalisme de razzias, aux manifestations changeantes, mais à partir d'un schéma unique indéfiniment reproduit. À ses yeux, le capitalisme étant prédateur par essence, toute indication témoignant d'une autre logique ne peut être que fortuite et finalement négligeable.

1. Fernand Braudel, *Civilisation matérielle et capitalisme*, t. 3, chap. IV, « Les marchés nationaux », Armand Colin, 1986.

Non pas que le capitalisme naissant à cette époque ne se soit accompagné de manifestations prédatrices, à l'extérieur ou à l'intérieur, comme il continue de l'être aujourd'hui. Mais ces phénomènes n'en constituaient pas et n'en constituent toujours pas l'essence. On ne saurait imaginer d'opposition logique plus nette entre le choix de la productivité, qui implique, pour les agents économiques qui s'y efforcent, l'espérance de voir leur efficacité librement reconnue par leurs acheteurs, et le choix de la prédation, qui consiste à imposer un avantage indu découlant d'une position de force dans les relations économiques. C'est pourtant le tour de force qu'accomplit Fernand Braudel, dont les écrits ont malheureusement contribué à la méconnaissance persistante de la vraie nature du capitalisme, mais plus malencontreusement encore à la dénaturation de cette étape décisive de la transformation économique de l'Europe représentée par la constitution du marché national.

Cette étape a une portée double. D'un côté, le marché national offre aux producteurs nationaux la faculté d'élargir leurs débouchés de telle façon qu'ils ne dépendent plus de la relation étroite définie par l'échange entre la ville et la campagne. Une certaine dépersonnalisation de la relation marchande apparaît. L'échelle de la production n'est plus donnée *a priori* par le débouché naturel lentement croissant situé à la ville ou à la campagne, mais peut être déterminée sur la base d'un pari rationnel de débouchés plus larges dont la possibilité conditionne une organisation plus efficace de la production. Les premières entreprises en développement peuvent se permettre de solliciter le crédit pour engager les campagnes commerciales auprès d'une clientèle dont l'extension dénoue peu à peu le lien de dépendance entre le producteur et l'acheteur. De l'autre côté, la formation du marché national suppose qu'aucune concurrence étrangère intempestive ne vienne annihiler les efforts d'expansion des producteurs. L'essor décisif des industries textiles de l'Angleterre n'aurait pu avoir lieu sans l'invention de nouveaux métiers à tisser, mais il aurait été également empêché sans la décision de fermer le territoire national aux importations à bas prix en provenance de l'Inde. Dans cette phase de constitution du marché national, la sanctuarisation du territoire apparaît constituer la condition préalable d'une concurrence saine, limitée aux producteurs locaux, mais fondée sur le principe d'une confrontation de leur productivité et de leur qualité.

S'impose ici la nécessité de faire apparaître le rôle singulier de la nation dans le schéma économique, par opposition à la cité et à l'empire antiques. Les philosophes classiques envisageaient les deux grandes formes sociales de l'Antiquité comme des organisations symétriques. En dépit de leur opposition apparente, elles présentent l'une et l'autre un point commun de première importance : commerce intérieur et commerce extérieur y sont étroitement liés. En effet, la cité antique s'efforce d'obtenir, grâce à sa supériorité navale et militaire, le contrôle des circuits commerciaux qui lui permettra d'imposer à ses acheteurs des prix de revente particulièrement élevés. Elle est prédatrice. Mais la politique ainsi menée implique en contrepartie que la cité se ménage, pour la subsistance matérielle de ceux qui travaillent à sa suprématie militaire et commerciale, un hinterland dont les classes dirigeantes contrôlent l'activité et les prix. Ce point est à la source de l'esclavage dans l'Antiquité gréco-romaine. Les cités médiévales telles que Venise ou Gênes ont été les héritières du modèle antique dans l'espace de l'Europe occidentale prémoderne. Inversement mais symétriquement, l'empire asiatique ou proche-oriental offre un modèle d'économie « fermée » dont les dirigeants s'efforcent de contrôler les échanges extérieurs. Tandis qu'ils organisent la servitude du paysannat et de l'artisanat, nécessaire à l'entretien matériel du despote, de sa cour, de son armée et de sa bureaucratie, ils laissent se développer, sous leur surveillance attentive, un courant d'échanges portant sur des objets précieux qui leur est une source de revenus exceptionnels, de nature quasi fiscale. À la différence de la cité qui s'empare directement ou indirectement des marchandises précieuses de ses voisins pour les revendre au prix fort, l'empire fait en sorte que ses propres objets précieux soient vendus en lui permettant de prélever au passage un « droit de douane à l'envers » qui échouera dans les caisses du despote.

La nation, comme entité politique et économique, repose sur d'autres bases. L'autorité politique n'y prélève pas le travail ou les marchandises à la source mais s'efforce de profiter d'un accroissement progressif des échanges intérieurs et extérieurs pour accroître les ressources publiques. Elle accepte ainsi le principe selon lequel sa prospérité est liée à la prospérité d'agents économiques échappant à son emprise. Une entente tacite se forme entre l'État national et les classes productives. L'intérêt majeur de cet État n'est pas de procéder à des razzias sur les productions des autres peuples ni de tirer profit de la servitude du sien, mais de retirer peu à peu les dividendes d'une prospérité qu'il sait lui profiter même quand il n'en aperçoit pas clairement les mécanismes. Son intervention dans le commerce intérieur ou extérieur est donc largement orientée vers la consolidation des positions économiques des producteurs locaux. La nature originale de cette nouvelle forme politique devrait être au cœur des analyses renouvelées qu'appelle le sujet de la dynamique capitaliste dans l'Histoire.

La constitution du marché national s'accompagne de la naissance des premiers prototypes de l'entreprise capitaliste, au sens que Weber lui a donné, et de l'émission d'une nouvelle espèce de monnaie. Cette monnaie, dénommée monnaie de crédit par Schumpeter, a pour objet de répondre aux besoins nouveaux, nés progressivement d'une circulation accrue de marchandises sous l'impulsion des agents économiques. C'est pourquoi elle combine le principe d'une reconnaissance légale, qui conditionne son acceptabilité sur l'ensemble du territoire, et celui d'une émission réglée tant bien que mal pour épouser la croissance des besoins économiques. Elle se superpose dans un premier temps à la monnaie métallique qu'elle supplantera définitivement au XXe siècle. C'est la monnaie économique par excellence. Sa raison d'être consistant à accélérer les échanges de biens et de services, elle n'a pas vocation à être thésaurisée comme les monnaies anciennes dont la première fonction était celle de réserve de valeur.

Nous voyons donc apparaître dans un espace déterminé de l'Europe occidentale, à un moment déterminé, une nouvelle civilisation économique qui s'épanouit sous l'ombrelle protectrice de l'État-nation. Cela empêche de considérer la nouvelle entité politique comme une forme politique ordinaire, prenant la suite des cités et des empires antiques. La vulgate économique libérale qui sévit aujourd'hui ne lui reconnaît guère, dans l'hypothèse favorable, qu'un rôle utile de garant des contrats privés et de rendu de la justice sur les litiges survenus entre les contractants. C'est un notaire et un arbitre. Sa mission historique passe ainsi pour l'essentiel à la trappe de l'idéologie. Les libéraux de ce début de siècle semblent incapables de concevoir à quel point le développement économique prodigieux de ces trois derniers siècles nécessitait un mouvement de rénovation décisive de la forme politique cessant de s'appuyer sur la logique de la prédation pour épouser celle de l'innovation et de l'échange. Pas de grande transformation dans l'espace privé sans grande transformation de la nature du pouvoir.

Dans les faits, la révolution industrielle n'a été autre chose qu'une mutation des conditions de la production dictée par l'explosion d'une demande que l'artisanat et la manufacture primitive ne parvenaient plus à satisfaire. Son aspect spectaculaire tend à dissimuler le fait plus décisif et radicalement nouveau dans l'Histoire économique d'une demande qui s'accroît de manière exponentielle et cet autre fait, pas plus évident, d'un système de production qui s'y adapte par des innovations majeures au lieu de procéder à des hausses de prix permettant de rationner la demande. Ces deux faits témoignent conjointement du surgissement de la concurrence.

La concurrence n'est pas fondamentalement liée à un principe formel de liberté légale des échanges mais à la disponibilité d'agents économiques susceptibles d'innover et de transformer tant les conditions de la production que les comportements des acheteurs. Elle est substantielle. C'est peut-être le plus grand enseignement de Schumpeter. Le marché concurrentiel ne se fabrique pas à coup de libéralisation des échanges commerciaux et financiers comme le *free market*, produit idéologique de l'économie néolibérale autrichienne et anglaise qui a fini par infester les esprits outre-Manche et outre-Atlantique. Nous n'entendons pas dire ainsi que la réglementation étatique et le corporatisme protégé sont dénués d'effets contrariants ou paralysants sur la concurrence. Mais la concurrence ne provient pas, en substance, d'un abandon des réglementations. Sans une nouvelle pratique de l'esprit humain dans le champ économique et social, toutes les déréglementations resteraient sans effet. Pour que la concurrence se manifeste, il faut, et il suffit presque, que des producteurs soient disposés à entreprendre leurs activités futures sur de nouvelles bases dans l'espoir de prendre un avantage déterminant sur leurs rivaux. Dans cet esprit, l'antithèse de la concurrence ne nous est pas fournie par le marché réglementé mais par le marché captif. Celui-ci se constitue quand les vendeurs et les acheteurs sont unis par des liens extraéconomiques. De tels marchés captifs, dissimulés aux regards superficiels, représentent une survivance des relations de dépendance réciproque qui régnaient sur l'ensemble de l'économie avant la grande transformation. Mais, même en l'absence de marchés captifs ou de privilèges légaux attribués à certaines catégories de producteurs, la concurrence connaît des degrés d'intensité variable. Le triomphe épisodique d'une entreprise entraîne temporairement une sorte de paralysie des concurrentes qui doivent reprendre leur souffle et leurs idées avant de partir à l'assaut de l'entreprise placée en position dominante.

C'est pourquoi les phases successives de la transformation économique sont marquées par la remise en cause périodique des positions dominantes acquises à l'occasion des phases précédentes. La concurrence se présente ainsi comme un phénomène discontinu, marqué, pour chaque grand marché, par des temps forts et des temps plus faibles. Le mouvement irrésistible et irréversible vers une compétition toujours plus intense parce que toujours plus large, décrit par l'économie officielle d'organismes internationaux tels que le FMI ou l'OCDE, représente un travestissement idéologique du principe de la concurrence. Faudrait-il croire que, une fois l'économie complètement mondialisée, la concurrence s'éteindrait faute de pouvoir entraîner de nouveaux territoires et de nouveaux peuples dans l'échange international ?

On peut englober en une seule étape les différentes manifestations du capitalisme européen, américain et japonais qui s'étalent de la fin du XIXe siècle à la deuxième moitié du XXe. Au tournant de la deuxième révolution industrielle, la réorganisation de la production par Taylor ne marque pas seulement un nouveau stade dans la recherche de l'efficacité, elle met aussi en lumière la vraie nature du travail salarié dans l'enceinte de l'entreprise moderne. Pour être efficace, pour que l'employeur puisse établir des plans de production durables avec le degré de fiabilité nécessaire, ce travail doit être continu. L'intermittence de la relation de travail est, dans la plupart des cas concrets, incompatible avec la productivité, la qualité et les délais exigés par la production capitaliste. Si les employeurs ont besoin de flexibilité pour ajuster leur force de travail aux résultats économiques, ils ont en revanche besoin de fidélité et d'assiduité pour obtenir les bénéfices de l'apprentissage du mode industriel par une main-d'œuvre qui prend à son compte, implicitement ou explicitement, les objectifs matériels de l'entité entreprise. Dans son principe, le mode de production fordiste, pour lui donner le nom retenu par la critique marxiste, basé sur une main-d'œuvre dont au moins le noyau central est lié durablement à l'entreprise, concrétise un nouvel aspect de la transformation économique appelé à se prolonger au-delà de l'épisode de la deuxième révolution industrielle. Il marque la nécessité de regrouper la force de travail et les talents de façon cohérente, donc durable, pour que l'entreprise puisse se projeter dans l'avenir.

Les changements que Taylor apporte à l'organisation du travail industriel ont leur équivalent du côté de la demande avec le marketing et le crédit à la consommation. L'innovation qu'est la méthode du marketing peut être vue comme un moyen de traquer le consommateur pour le soumettre à la volonté de produire et de vendre des entreprises : toute une littérature a pu se constituer sur ce thème. Mais on peut aussi, en sens contraire, la comprendre comme une nécessité objective pour les entreprises de trouver les voies d'accès au cœur irrationnel du consommateur, précisément parce que, dans un système où ces entreprises ne disposent pas de marchés captifs, il leur faut s'employer à trouver les débouchés requis par une production dont elles accroissent incessamment l'échelle. Dans cet esprit, le marketing s'inscrit précisément dans le schéma logique d'une économie concurrentielle où les producteurs, jamais complètement assurés de réaliser leurs plans de vente, doivent vérifier méthodiquement si leurs produits ont une chance raisonnable d'être accueillis favorablement par les acheteurs.

Quant au crédit à la consommation, son absence remarquable des modèles économiques de croissance élaborés après la Grande Dépression ne l'empêche pas d'avoir pris une place centrale dans le schéma de l'expansion réelle. La question n'est plus de savoir s'il soutient le processus d'expansion, mais de mesurer si l'endettement qu'il provoque ne peut être à la source de crises d'un type nouveau issues de l'insolvabilité des ménages. En tout cas, le bénéfice qu'en ont retiré indirectement les entreprises est inappréciable. C'est ainsi que leur taux d'autofinancement des investissements a pu se rapprocher ou égaler le chiffre de 100 % qui serait resté hors de portée sans lui. Mais l'endettement des ménages couronne l'étape de la transformation économique qui a vu apparaître dans l'ordre l'organisation du travail de Taylor et la méthode du marketing.

Avons-nous maintenant abordé une nouvelle étape de la grande transformation ? C'est cette idée que le discours mondialiste nous réclame de comprendre, d'accepter et de soutenir. Mais ce discours a la forme d'un écheveau. Soit il nous présente le libre-échange intégral comme une condition nécessaire de l'expansion future, soit il nous le décrit comme un mouvement irréversible issu des entrailles de l'économie concurrentielle auquel personne de sensé ne saurait s'opposer. L'ambivalence dont ce discours est empreint est une marque habituelle des constructions idéologiques. Il importe cependant de savoir si la grande transformation est toujours à l'œuvre, et de quelle manière. Assurément, le ralliement au capitalisme opéré avec conviction par nombre de peuples extérieurs à l'aire d'origine du système en constitue un nouveau jalon essentiel. Assurément, la mondialisation des entreprises auxquelles les États des différents continents acceptent d'ouvrir leurs territoires en représente un autre jalon. Mais, tandis que nous discernons sans peine ces éléments, nous ne voyons pas se constituer en parallèle les institutions protectrices qui pourraient encadrer le monde nouveau qui s'établit grâce à eux.

Une véritable régulation ne saurait convenir à la communauté des affaires qui sacrifie toujours, malgré la montée des scandales et des périls, au culte des idoles « mondialisation » et « financiarisation ». Toutefois le véritable obstacle au renversement des deux idoles réside dans un autre culte, celui de l'idole américaine. Le schéma de l'expérience en cours a été largement élaboré par les élites dirigeantes d'outre-Atlantique dont l'emprise s'est affirmée par deux moyens : un moyen pratique, celui de l'implantation de leurs financiers et de leurs comptables sur les autres continents où ils tentent d'imposer les dogmes qui ont force de loi en Amérique ; un moyen intellectuel, le postulat sans cesse réitéré de l'excellence du modèle de croissance américain, qui reléguerait les autres organisations économiques nationales au cimetière des organisations préhistoriques. C'est surtout ce postulat qui entrave le débat sur le fond. En effet, puisque l'Amérique s'accommode ou prétend profiter de la mondialisation qui inquiète tant ailleurs, puisque ses marchés résistent admirablement aux turbulences nées des scandales et des oscillations de la conjoncture, n'est-ce pas la preuve de la validité du modèle que l'Amérique propose au monde ? Mais toute personne douée de logique peut s'inquiéter de voir au contraire que le colosse américain est fragile, qu'il est sous la menace d'une faillite déclarée et qu'il a lié dangereusement le sort de sa population à la santé apparente des marchés financiers. Les dirigeants américains et les admirateurs inconditionnels de l'Amérique qui sont aujourd'hui légion dans les milieux d'affaires et dans les médias économiques ou financiers entretiennent cependant l'illusion de cette supériorité et du modèle socio-économique sous-jacent.

La grande illusion

La réflexion économique s'est laissé imposer depuis quelque trente années la notion de modèle qui n'a pourtant jamais pu trouver une formulation théorique digne de ce nom. C'est ainsi qu'ont vu le jour, successivement, des modèles suédois, allemand, japonais et américain. Nous n'insisterons pas sur les trois premiers, en dépit du fort intérêt qu'ils présentent pour l'analyse économique, financière et sociale. Car la Suède, l'Allemagne et le Japon n'ont jamais prétendu constituer des modèles. Leurs dirigeants économiques et politiques ont toujours eu conscience du caractère profondément national de leurs types d'organisation et ont évité de s'en faire les prosélytes auprès de leurs partenaires dans le monde. Ce sont bien plutôt ces partenaires qui, impressionnés par les performances économiques et sociales des trois pays en cause, ont élevé ces types au rang de modèles.

Reconnaissons d'ailleurs que la notion de modèle ne doit être utilisée qu'avec la plus grande circonspection. De modèle il n'y a que si le type d'organisation en cause est susceptible d'être largement copié par de nombreux autres pays, en d'autres termes si le modèle est en fait celui d'une économie et d'une nation placée en avant-garde. Il aurait ainsi été légitime de parler d'un modèle anglais après la révolution industrielle, dans la mesure où les conditions de sa réussite pouvaient être reconstituées ailleurs. Il aurait été acceptable d'évoquer un modèle américain au lendemain du deuxième conflit mondial, quand les progrès des entreprises américaines dans les domaines du management et du marketing, clefs de leur efficacité, pouvaient être imités par les Européens ou les Japonais. Il n'aurait pas été incongru de souligner que le Japon des années soixante avait montré aux Tigres asiatiques les méthodes à suivre pour constituer de grands groupes tournés vers les marchés intérieur et extérieur. En revanche, ni la Suède de la social-démocratie triomphante, ni l'Allemagne des années soixante-dix, ni le Japon des années quatre-vingt ne pouvaient faire figure de modèles. Leurs réussites reposaient sur des types de relations sociales qui ne pouvaient être reproduits au-dehors.

C'est pourquoi l'émergence d'un nouveau pseudo-modèle en la personne de l'Amérique contemporaine, sous l'impulsion des dirigeants économiques et politiques américains eux-mêmes, relayés par leurs admirateurs disséminés sur les autres continents, crée un précédent. Tandis que les modèles suédois, allemand et japonais n'avaient pas été revendiqués comme tels par les élites des nations concernées, les choix économiques, financiers et sociaux opérés par l'Amérique durant ce dernier quart de siècle sont désormais proposés au reste du monde comme la bonne économie, la bonne finance et la bonne société dont il aurait besoin. Nous voici donc conviés à nous aligner sur les principes et les usages américains.

Les arguments principaux qu'on peut avancer en faveur du « modèle américain » sont les taux de croissance et d'emploi enregistrés durant la glorieuse décennie quatre-vingt-dix. De fait, certaines conditions sociales y sont plus favorables à l'expansion et à l'emploi que dans d'autres régions du monde. Les États-Unis sont toujours un paradis pour le créateur d'entreprise. Nulle part ailleurs, le fait de lancer un projet nouveau ne reçoit un accueil spontané aussi favorable et ne reçoit un soutien aussi actif de l'environnement économique. Nulle part ailleurs, des spécialistes confirmés de la vente, de la finance, de la gestion des personnels ne sont disposés, comme ils le sont aux États-Unis, à apporter leur concours à un projet de nouvelle entreprise. Nulle part ailleurs encore, les réorientations d'activités par les entreprises existantes ou les changements de métier par les hommes au travail ne se font aussi aisément. Le changement est une catégorie première de l'entendement économique des Américains. Il serait particulièrement tendancieux et maladroit de nier cette sorte de soubassement psychologique sur lequel est posé le système de production des États-Unis. Celui-ci en bénéficie sûrement, quoique dans une mesure qu'aucun ne peut quantifier.

Mais d'autres caractéristiques, majeures, donnent matière à débat : soutien inconditionnel des marchés financiers par les autorités publiques ; opposition croissante entre les couches fortunées et la masse des Américains endettés ; concentration de l'industrie sur les activités à forte valeur ajoutée ; accaparement de la matière grise du monde par la science et l'économie des États-Unis.

Nous avons fait observer que la banque centrale américaine faisait désormais sa politique à la corbeille. Mais cette politique encourt-elle d'abord une critique économique ou une critique morale ? Si la banque centrale n'est plus en fait qu'un instrument de la spéculation boursière, destiné à protéger l'enrichissement sans cause qui s'y réalise, et à encourager les opérations telles que ces désastreuses fusions et acquisitions réalisées durant la dernière décennie, quelle autorité morale lui reste-t-il dans les faits ? Que peut-on penser d'une nation où, du fait de la reddition de la banque centrale aux opérateurs boursiers, l'accumulation financière est devenue la loi et les prophètes ?

Cependant une opposition catégorique traverse à la fois la société américaine et son économie, opposition entre une couche sociale compacte de détenteurs d'actifs financiers et une masse de ménages endettés. Deux Amériques se regardent : l'Amérique riche d'épargne et l'Amérique riche de dettes. C'est ici que les considérations économiques les plus banales prennent une résonance sociale et politique digne d'attention. La question n'est plus seulement de savoir comment le surendettement des ménages américains va se résorber, mais de comprendre à quelle logique sociale obéit le système que les États-Unis proposent au monde. Elle n'est pas non plus de mesurer le degré d'inégalité matérielle qui peut affecter cette nation. Elle consiste dans la contradiction entre deux sociétés, la société de créanciers et la société de débiteurs, qui marque la nation américaine. Le capitalisme local offre une antithèse des sociétés de l'Antiquité où les pauvres des villes survivaient grâce aux dépenses de l'oligarchie ou de la ploutocratie dominante. Aux États-Unis, les dettes des ménages modestes ou moyens, qui soutiennent la demande adressée aux entreprises, font prospérer indirectement les marchés financiers dont les autres ménages tirent une richesse exponentielle. Les écarts de patrimoines et de revenus s'y accroissent donc naturellement.

Les États-Unis présentent une troisième caractéristique contestable qui peut s'apprécier sous l'angle économique pur ou sous un angle social et politique. L'activité proprement industrielle tend à se concentrer sur les productions dites high-tech d'essor récent. Le phénomène n'illustre pas exactement la théorie économique dite des avantages comparatifs. Celle-ci suppose qu'une économie déterminée tend à concentrer ses moyens en capitaux et en hommes sur certaines catégories d'activités pour lesquelles elle bénéficie d'un avantage par rapport à ses concurrents. Or l'immensité territoriale, la masse de la population et la surabondance d'argent dont bénéficie l'économie américaine lui permettraient au contraire de poursuivre sa marche en *ajoutant* les activités high-tech à la plupart des autres productions industrielles ou intellectuelles. Les contraintes de la spécialisation ne pèsent vraiment que sur les petites économies et à un moindre degré sur les puissances économiques moyennes. Il n'est donc aucune raison majeure pour que les Américains *abandonnent* aux importateurs, comme ils le font, les activités industrielles plus traditionnelles, au grand détriment de leur équilibre commercial déjà altéré par la surconsommation des ménages. Ce choix résulte des préjugés en vigueur dans la sphère financière, qui tendent à pénaliser toutes les activités où le retour sur investissement demande du temps, où les espérances de profit restent en deçà de la norme établie par ses analystes et ses banquiers d'affaires. Ainsi peut-on comprendre que les États-Unis subissent un mouvement discret mais puissant de désindustrialisation. Nombre de talents et de savoir-faire qui pourraient trouver à s'employer sur le territoire américain ne le peuvent plus. En pratique, on ne fera bientôt plus de chaussures ou de meubles aux États-Unis. L'évolution, qui entraîne la disparition d'activités et d'emplois sans raison économique valable et creuse le déficit des échanges extérieurs, confine à l'absurde. Si les entreprises du monde entier se mettaient à obéir passivement au dogme régnant à la bourse de New York, les habitants de la planète ne trouveraient plus à se chausser ou à se meubler et les États devraient ressusciter des entreprises publiques dans le but de satisfaire leurs besoins.

Cette orientation dogmatique a pour corollaire un recours croissant aux importations mais aussi une dichotomie croissante de l'économie américaine entre des activités dites high-tech encore dynamiques et des secteurs traditionnels en voie d'érosion continuelle. La sociologie du pays en est affectée. Les États-Unis s'acheminent vers un état où les classes salariées pourraient n'être plus formées que par une couche relativement mince d'ouvriers et de techniciens des secteurs de pointe et une masse d'employés travaillant dans l'immense réservoir des services aux particuliers.

Une étrange configuration sociale en résulte. Au sommet de la pyramide, nous trouvons les classes objectivement privilégiées par le système économique, composées de dirigeants d'entreprises, de financiers, de consultants, de médecins et d'avocats, largement abrités des aléas de la conjoncture, qui bénéficient de surcroît de la faculté rare de fixer eux-mêmes leurs rémunérations, faute d'un véritable marché du travail pour contenir leur avidité. Juste au-dessous, se situe la couche des « chevilles ouvrières » de l'économie concurrentielle, petits et moyens entrepreneurs, techniciens et vendeurs de tous secteurs, employés hautement qualifiés, qui vivent et acceptent les contraintes de la concurrence et les aléas de la conjoncture. Encore au-dessous d'eux se profile une innombrable classe « servante » au travail dans la masse des petites entreprises des secteurs de services. Tout en bas survit un sous-prolétariat et une classe de délinquants professionnels anormalement nombreux au regard de la richesse collective du pays.

La sociologie de l'Amérique résulte de ses choix économiques. D'une part, l'opposition horizontale entre les créanciers et les débiteurs, d'autre part, une structure verticale de plus en plus marquée par la stratification de classes privilégiées, de classes entreprenantes, de classes servantes et de sans-statut. Une distance considérable sépare cette Amérique de celle de l'immédiat après-guerre dont pouvaient s'inspirer partiellement toutes les nations éprises de progrès. À l'observer, certains pourraient se dire : à quoi bon la richesse ? À quoi bon les efforts incessants réclamés par le jeu d'une concurrence que le libre-échange intégral rend plutôt féroce ? Malgré la boulimie des consommateurs, entretenue par leur endettement, boulimie qui renvoie l'image d'une société de plus en plus prospère, une analyse schématique des États-Unis contemporains suscite le doute concernant sa viabilité et plus encore son exemplarité. Non seulement les autres nations du monde ne peuvent se permettre d'adopter le modèle d'économie endettée et déficitaire, mais elles devraient se garder de reprendre sa configuration sociale qui conjugue les privilèges des uns et les obligations des autres, le confort et la désinvolture des couches supérieures avec les contraintes et l'anxiété collective des couches inférieures.

Le dernier trait caractéristique de cette Amérique baroque qui s'est formée dans le dernier quart du XXe siècle est l'appel massif aux cerveaux étrangers. Voilà encore un domaine où elle est couramment donnée en exemple. En attirant la matière grise d'origine extérieure, principalement asiatique et européenne, dans ses universités et ses laboratoires, l'Amérique montrerait sa capacité à reconnaître les talents nés sur d'autres territoires et sa vocation à leur donner les moyens de s'exprimer qu'on leur refuse ailleurs. Le diagnostic est foncièrement juste. Nos concurrents américains disposent des structures universitaires et des institutions scientifiques adaptées pour offrir les conditions de travail que réclament aujourd'hui la plupart des individus aptes à une véritable réflexion et à une véritable recherche. Le lien étroit qui s'est établi aux États-Unis entre le monde proprement universitaire et le monde des entreprises garantit en outre que ce recours aux cerveaux étrangers ne sera pas privé d'effets économiques favorables. Enfin, l'arrivée d'innombrables cerveaux sur le territoire des États-Unis donne une preuve massive de sa xénophilie.

Ces considérations louangeuses ne peuvent occulter le fait dérangeant, sans précédent, que constitue la concentration de la matière grise par la nation la plus riche et la plus puissante du monde. Les cerveaux détournés de leur territoire d'origine, au risque de manquer là où on a fait l'effort coûteux de les former initialement, vont développer leurs capacités inventives dans un pays qui dispose de tous les moyens normalement disponibles pour couvrir ses besoins en matière de recherche. Émettre cette remarque factuelle n'implique pas une opposition de principe à la mobilité géographique des techniciens, des scientifiques et des intellectuels, bien au contraire. Il y aurait tout lieu d'approuver ce mouvement s'il consistait à donner à la majorité des jeunes chercheurs attirés aux États-Unis une formation à leur métier qu'ils pourraient ensuite exercer au profit de leur nation d'origine et s'il favorisait la rencontre de personnalités venues de différentes parties du monde qui pourraient garder des liens enrichissants tout au long de leur future carrière. L'Amérique jouerait ainsi un rôle profitable de creuset de la recherche mondiale. Mais l'ampleur du mouvement et l'enracinement progressif de la majorité des scientifiques attirés aux États-Unis justifient de les qualifier d'accaparement ou d'appropriation de la matière grise du monde, dans un sens critique. Il est vraisemblable, par exemple, que ce mouvement débouchera sur un monopole américain de fait dans le secteur des sciences de la vie, monopole dangereux aux différents points de vue scientifique, économique et politique.

Cependant le drainage des cerveaux vers l'Amérique peut aussi s'apprécier à la lumière de l'Histoire. Les aventures coloniales européennes, qui ont préparé l'arrivée d'un monde fini extérieurement et ouvert intérieurement, sont trop diverses pour qu'on puisse les englober dans un jugement unique : trop de différences séparent la portugaise de l'espagnole, celles-ci de la hollandaise, l'anglaise de la française. Mais le recul du temps nous permet de voir ce qui a été, dans le fond, le plus répréhensible : non pas l'atteinte aux cultures locales, non pas le statut inégalitaire imposé aux autochtones colonisés mais l'implication excessivement modeste du colonisateur dans la promotion et l'acculturation européenne des autochtones. Ou bien en effet l'occupant colonial s'est contenté de créer des liens économiques au profit de la métropole pour lui permettre de se constituer un commerce privilégié (solution hollandaise ou parfois portugaise), ou bien il a opté pour une politique de peuplement de la colonie par des ressortissants nationaux (solution anglaise), en allant jusqu'à provoquer la quasi-disparition des populations indigènes, ou bien il a conduit une politique sans plan préétabli reposant sur la cohabitation équivoque du colonisé et du colonisateur (solution française). Mais on peut dans tous les cas lui faire reproche de ne pas avoir investi assez de ressources humaines et matérielles pour former les élites et les populations d'origine locale aux modes de pensée et de travail qui ont assuré la supériorité du Vieux Continent. Néanmoins, chaque fois qu'il s'y est efforcé, il est possible de tirer un bilan moins négatif de son action que le bilan ordinairement dressé par l'historiographie anticoloniale. Les efforts de formation des colonisateurs ont d'ailleurs une responsabilité lointaine mais sûre dans la conversion progressive du monde anciennement colonisé aux grands choix de civilisation européens.

L'absorption des cerveaux étrangers par l'Amérique contemporaine procède d'une logique inverse. Tandis que le colonisateur allait imposer sa loi au colonisé, les universitaires et chercheurs étrangers installés en Amérique y sont venus de leur plein gré. Ils y jouissent d'un statut flatteur et d'une considération plutôt supérieure à celle que les Américains huppés témoignent à leurs propres compatriotes de moindre rang, à l'opposé de la condition servile ou d'infériorité dont souffraient les populations coloniales. Mais leur mouvement libre vers l'Eldorado scientifique américain constitue un détournement de l'inventivité et de la créativité du monde au profit d'une nation. Ils s'inscrivent objectivement dans un processus d'exploitation du savoir susceptible d'apporter à la nation américaine un pouvoir scientifique, aux effets considérables, sans commune mesure avec le pouvoir politique, aléatoire et contraignant pour le colonisateur lui-même, que les anciennes puissances européennes ont instauré à l'occasion de leurs aventures outre-mer. Ils permettent enfin aux États-Unis de former dans leurs laboratoires, leurs universités et leurs entreprises des esprits brillants qui se feront plus tard les propagandistes des thèses américaines dans les cénacles internationaux, renforçant ainsi la domination de ces thèses.

L'Amérique de ce début du siècle constitue inopinément, aux yeux d'un Européen sans préjugés favorables ou défavorables excessifs, un nouveau système économique, social, culturel et politique, fort différent de celui qu'il pouvait observer dans l'après-guerre. De ce fait, un fossé transatlantique s'est bel et bien creusé, discrètement et par étapes, entre l'Europe et sa plus grande colonie de peuplement. Il n'existe aucune chance ou aucun risque que l'Europe puisse caler ses institutions et ses pratiques sur une nation où l'État s'est soumis aux marchés financiers, où la montagne des fortunes s'élève parallèlement à la montagne des dettes, où les activités économiques sont biaisées par des critères de rentabilité arbitraires, où s'opère une nouvelle forme de colonisation, d'autant plus pernicieuse qu'elle se présente sous les traits politiquement conformes de la xénophilie et du brassage des races et des peuples.

On comprend d'autant plus mal les tentatives réitérées de l'aréopage bruxellois de mettre en place des réformes inspirées de l'évolution américaine la plus récente, comme s'il voulait que l'Europe finisse par égaler ou dépasser son prétendu maître. Bien au contraire, les actions que le Vieux Continent aurait à initier consisteraient plutôt à promouvoir d'abord un nouveau régime des relations entre les actionnaires et les entreprises, différent de celui qui a fait faillite, et à développer les institutions financières qui soutiendraient ses entreprises tout en les mettant à l'abri d'une colonisation par les fonds d'épargne anglo-saxons. Elles insisteraient aussi sur le redressement de nos systèmes d'éducation, particulièrement efficaces dans le passé, mais aujourd'hui menacés de déclin. Elles devraient tendre encore à relever de façon notable le taux de fécondité anormalement bas de nos populations qui risque d'anéantir à terme le dynamisme intellectuel et matériel qui a fait la force historique de l'Europe. Elles pourraient enfin donner l'impulsion décisive réclamée par la prévention des périls écologiques, tels que le réchauffement climatique, que les États-Unis traitent encore par le mépris. Toutefois, sur l'ensemble de ces sujets, il nous faut constater que l'Europe n'agit pas ou se satisfait de discours.

S'agissant, de façon plus générale, du capitalisme comme mode de production de la richesse sociale, son adoption par de nombreuses nations de tous les continents signifie qu'elles sont toutes, et chacune à sa manière, légataires de ses principes essentiels et responsables de son avenir. Rien ne serait plus préjudiciable et dangereux que de confier à une nation, si emblématique soit-elle du système nommé capitalisme, le soin d'en assurer une présumée bonne application partout où s'affirme l'économie fondée sur la concurrence et l'entreprise. Plus cette économie se mondialise, et plus elle a vocation à emprunter des formes nouvelles qui l'écarteront d'un modèle unique. Si l'avenir appartient bien au capitalisme, à la condition qu'il puisse surmonter les contradictions matérielles qui menacent son équilibre, il appartient aussi à toutes ces nations qui en ont adopté les principes essentiels. Aucune nation n'a le droit d'imposer son avenir au capitalisme.

Composition I.G.S. Charente Photogravure
et impression Bussière
à Saint-Amand (Cher), le 11 janvier 2005.
Dépôt légal : janvier 2005.
Numéro d'imprimeur : 050038/4.
ISBN 2-07-077336-1./Imprimé en France.

133489